微信运营管理之道

陈文广　李伟　编著

编委会成员：

王胜清　　徐达内　　刘志同　　孙庆磊

刘　徽　　何　银　　冯雪松　　于　洁

电子工业出版社
Publishing House of Electronics Industry
北京·BEIJING

内 容 简 介

本书作为"微信运营管理师"职业技能培训教材，全面、系统地阐述了微信运营管理师应该掌握的基本技能。内容包括微信运营管理师的职业介绍、微信运营的总体规划、微信公众号的基本操作、微信内容运营、微信用户运营、微信活动运营和微信营销；同时解析了微信的各种开放平台，介绍了微信运营的常用工具。

职业化、体系化和实操性是本书的特点；本书从职业的角度出发，阐述了如何成为一名合格的"微信运营管理师"；本书内容注重系统化和逻辑性，全面讲解了"微信运营管理师"应该掌握的技能体系；同时注重实操和案例，通过对大量案例的解读，能让读者更加清晰地掌握如何在实际中应用这些技能。

本书适合准备开始或刚刚开始从事微信运营管理岗位的读者阅读，创业初期的企业经营者以及对移动互联网运营感兴趣的读者也可从中获得启发与灵感。本书同时可作为全国大中专院校互联网或电子商务相关专业的教材或教辅。

图书在版编目（CIP）数据

微信运营管理之道 / 陈文广，李伟编著. —北京：电子工业出版社，2016.6
ISBN 978-7-121-28696-4

Ⅰ．①微… Ⅱ．①陈… ②李… Ⅲ．①网络营销 Ⅳ．①F713.36

中国版本图书馆 CIP 数据核字(2016)第 092190 号

策划编辑：林瑞和
责任编辑：葛　娜
印　　刷：北京天宇星印刷厂
装　　订：北京天宇星印刷厂
出版发行：电子工业出版社
　　　　　北京市海淀区万寿路 173 信箱　　邮编 100036
开　　本：787×980　　1/16　　印张：21　　字数：393 千字
版　　次：2016 年 6 月第 1 版
印　　次：2016 年 6 月第 1 次印刷
定　　价：59.00 元

凡所购买电子工业出版社图书有缺损问题，请向购买书店调换。若书店售缺，请与本社发行部联系，联系及邮购电话：(010) 88254888，88258888。
质量投诉请发邮件至 zlts@phei.com.cn，盗版侵权举报请发邮件至 dbqq@phei.com.cn。
本书咨询联系方式：010-51260888-819　faq@phei.com.cn。

序　言

　　微信作为移动互联网的超级应用，已经成为一种生活方式，深度植入人们工作生活的每个角落。微信坚持创新驱动，保持全球领先的用户规模和发展速度。微信作为"连接器"，通过开放合作，使相关行业服务和产品更进一步触达用户，并带动各领域升级。

　　微信通过开放平台与生态系统，广泛深入连接经济社会各领域，加快产业分工协作，培育新的工作岗位与就业机会，同时带动中小微企业及个人创业，从而助力社会整体就业。微信拥有超 1000 万公众号，60 万企业号，开放平台第三方开发者达 20 万。调查显示，90%的公众号和企业号运营人员在 1~5 人之间。通过测算，微信带动社会就业规模达 1747 万人，其中直接就业 439 万人，间接就业 1308 万人[1]。

　　通过以上数据说明，目前社会上已经有大量的从业者在做着与微信运营相关的工作，微信运营管理师已经成为名副其实的工作岗位。对于面临着"互联网+"转型的企事业单位来讲，这一岗位的重要性不言而喻，对专业化人才的需求也非常迫切，常常面临着高薪聘请仍一将难求的窘境。

　　正是由于这一职业的快速发展以及这一岗位的重要作用，国家行业主管部门和国家行业协会对相关的人才培养工作也非常重视。国家工信部人才交流中心、中国职工教育和职业培训协会、中国电子商务协会，都相继开展了微信运营管理相关岗位的职业技能培训工作。

　　从岗位技能培训来讲，一套合适的教材是必不可少的。目前市面上有很多与微信相关的优秀书籍，但这些书更加偏重于某一方面。从职业建设和岗位培训角度来讲，还缺乏一

1　2016 年 3 月 18 日，腾讯研究院《微信社会经济影响力研究报告》。

本系统化的教材。正是基于这样的急迫需求，北京大学与北京校咖网络有限公司合作，联合高校、企业、行业专家，组成了专业的编委会，经过了数月的奋斗，共同开发了本套教材。

我觉得，这本书的出版，非常及时，也非常重要，对于即将步入和刚刚从事微信运营管理岗位的人来讲，是一件大好事。对于推动这一岗位的快速发展和人才培养，意义深远！

正是有此原因，我对这本教材也非常重视，有幸先于读者拜读，感觉这是一本难得的优秀教材，主要有三个特点：

（1）本书内容巧妙地结合了一名叫"小咖"的刚刚毕业的大学生的职业成长史，阐述了他是如何从一名懵懂青年，在行家的指导下，一步一步成为一名合格的微信运营管理师的。其成长过程，正是大多数从事这一岗位工作人员的真实历程。

（2）本书内容体系完整、逻辑清晰。内容包括职业介绍、总体规划、基本操作、内容运营、用户运营、活动运营和微信营销等，使读者能够全面学习和掌握"微信运营管理师"的技能体系。

（3）本书非常注重实际操作和案例分析。书中的大量案例均来自于实践，实用性强。通过对大量案例的解读分析，同时结合实际操作，直观、形象，为广大微信运营管理师的实务工作提供了宝贵的借鉴。

据悉，与本书同步，北京大学和校咖网络共同开发了相关的视频课程，通过"北京大学华文慕课网"和"小咖来了"微信公众号等平台发布，广大读者在阅读本书的同时，可以观看老师的精彩视频课程，相信会有更大的收获。

我坚信本书可以使广大读者开卷有益，相信编委会的辛勤努力对微信的推广、对微信运营管理师的职业化道路意义非凡。通过认真阅读此书，相信使广大读者能够形成系统化的互联网思维模式，能够掌握微信运营管理的专业技能，提升在实际工作中的应用能力，最终成为合格的微信运营管理师。

微信运营管理师是当下非常热门的职业，也是一份非常有前途的职业！希望有更多的人加入进来，共同推动移动互联网事业的发展！

中国电子商务协会理事长　张会生

小咖的职业新方向

小咖本名叫康晓北，两年前从北方一所三本的工商管理专业毕业后来到北京找工作，两年之中先后在不同的公司做过销售、行政职员，甚至做过一段快递员，这些工作他都不太喜欢，待遇也不高，整个人经常感觉很疲劳。但最让他感到困惑和苦恼的是没有找到自己未来的职业发展方向。

小咖平时喜欢上网，也经常在微信上和朋友聊天。他在一个互联网微信群里结识了一些职场的成功人士。其中的一位叫张凯，是某大型企业负责新媒体运营工作的高级经理，算得上是一位新媒体行业的大咖；另一位叫何然，通过微信自主创业取得了不俗的成绩，在年轻的创业圈中小有名气。

这一天小咖看到张凯在微信群里发了一篇介绍"微信运营管理师"这个新职业的文章。里面谈到现在有越来越多的企业开始使用微信公众号，帮助企业实现品牌提升、产品销售和渠道扩展。里面提到的运营微信公众号，直观上就是企业建立公众号，然后吸引粉丝关注，让粉丝产生消费的过程。虽然岗位缺口巨大，但是很多企业却招不到合适的"微信运营管理师"人才。不久前某知名企业招聘微信运营总监，开价年薪70万！

小咖看了文章很是兴奋，以前不知道微信运营这么火爆，应该是个很好的职业方向。但是小咖马上想到，这么火爆的职业，入行门槛会不会要求很高？

于是他在微信上联系了何然，得到的回答是："这个可以放心，我之前也有很多事情不懂，但是通过不断学习和实践，借助微信取得了创业成功。只要你现在开始学习微信运营，不久后一定可以成为一名受人尊重的微信运营管理师。"

小咖从此下决心成为一名微信运营管理师，开始学习微信运营知识和技能，步入自己新的职业生涯。

学习更多知识，请关注"小咖来了"微信公众号，有精彩视频课程等着你！

目　录

第1章

微时代的微信
运营管理师

微信运营，是一份有前途的职业吗？

　　在与何然、张经理的沟通中，小咖找到了自己的职业发展方向，确定要做微信运营，也开始学习微信运营的相关知识和技能。

　　虽然张经理向小咖解释过微信运营是什么，但是小咖对微信运营的一些相关知识还不是很了解，像微信运营是怎么产生的，都需要干些什么，这个职业的价值体现在哪里，最关键的是，这是一份有前途的职业吗？

　　小咖上网搜了一些关于微信运营的资料，同时也向何然和张经理请教。综合网上找到的内容和何然、张经理的分享，小咖终于明白了微信运营是什么，微信运营管理师是干什么的。

学习目标

- 了解微信运营的概念
- 了解微信运营管理师的职业状况
- 熟悉微信运营管理师应该掌握的知识与能力

本章预览

微信一经推出，即迅猛发展，现在已经成为移动互联网的最重要应用之一。尤其是随着微信公众平台的推出，各种围绕微信的应用和解决方案层出不穷，逐步形成了"连接一切"的微信生态系统。

随着微信的广泛应用，市场对专业人才的需求急剧加大，微信运营管理师成为了移动互联网时代最为热门的职业之一，有着广阔的职业发展前景。

本章阐述了微信运营的背景和概念，微信运营管理师的职业价值和发展前景，微信运营管理师的工作职责、技能和职业要求。帮助读者认识微信运营管理师这一新兴职业，从零开始学习如何成长为一名优秀的微信运营管理师。

1.1 微信与微信运营

1.1.1 微信与微信体系

微信（WeChat）是腾讯公司于 2011 年年初推出的一款为智能终端提供即时通讯服务的应用程序。微信支持跨通信运营商、跨操作系统平台，可以通过网络快速发送视频、图片和文字，同时提供了（如摇一摇、漂流瓶、朋友圈、公众平台等）丰富的插件应用。微信作为新兴媒体，在信息传播和人际沟通方面发挥了重要的作用，突破了传统媒体的束缚，增强了信息的传播效果。

"微信希望建造一个森林，培育一个环境，让所有的动植物在森林里面自由生长出来，而不是建造一座自己的宫殿。"腾讯公司微信负责人张小龙如是解读微信生态。"再小的个体，也有自己的品牌。"这是微信在推出公众平台时为自己打出的口号。

随着微信的快速发展，它已经从一个即时通讯软件发展为一个超级 APP，连接一切，记录着中国 90％以上网民的各种信息和数据，我们每一天的工作、生活、娱乐、信息传递几乎都离不开微信了。

微信雄踞移动社交市场并广泛涉足于消费、电商、营销等商业领域，同时广泛应用于政务、科技、文化等方面。微信以"心灵鸡汤"、"晒幸福"、"秀恩爱"的生活理念为主要传播内容，丰富了流行文化内涵，满足了人们基本文化娱乐需求。而且，微信以它独特的魅力，在通过商务平台改变和丰富人们物质生活的同时，来努力构建"O2O"生态闭环，向更为丰富的硬件终端延伸，为未来媒介资源变现充分布局。

微信是一套完整的系统体系，包括基础层、软件层、运营层、用户层，以及安全保障体系、标准规范与管理机制，如图 1-1 所示。

图 1-1　微信体系架构图

（1）基础层。主要指运行微信的基础设施，包括网络系统、服务器系统、存储系统等。

（2）软件层。主要指微信系统软件及其他相关软件。

（3）运营层。主要指对微信公众号开展的各种运营行为。

（4）用户层。主要指各种粉丝用户。

（5）安全保障体系、标准规范与管理机制。主要是从安全、标准和管理等角度出发，保障整个微信体系正常运行。

1.1.2　微信运营体系

运营管理就是对运营过程的计划、组织、实施和控制，是与产品生产和服务创造密切相关的各项管理工作的总称。在互联网化和全球化的今天，互联网和移动互联网产品呈爆发式增长，远超人们的日常所需。依靠产品和技术的领先就能垄断市场，从而获得稳定收益的日子越来越少，"酒香也怕巷子深"。免费的思想开始深入人心，对各种补贴逐渐习以为常，在这种大势之下，最后胜出的企业，一定是有着更优秀的运营团队、能在同类产品中找到更佳运营策略的企业。

微信运营是伴随着微信产品的诞生而产生的一项互联网产品运营活动。运营者以手机或平板电脑中的微信客户端进行日常的运营推广，商家通过微信和微信公众平台进行针对性运营。微信运营具有随意性、移动性和便捷性等特点。

微信运营通常的目的包括两个方面：一是获取目标用户，不断提高平台影响力；二是利用微信公众平台实现品牌宣传、企业营销、用户关系维护等。这两个方面是有机结合并且相互促进的，其中第一个方面是手段和基础，第二个方面是很多企业运营微信公众号的最终目的。

微信运营不仅仅是发文章、吸粉丝这么简单，它是一项复杂的系统工程，涉及的方法和领域很多。在整个微信的体系架构中，微信运营主要围绕"运营层"的工作开展，常规工作主要包括：内容运营、用户运营、活动运营和营销推广等几个方面，如图 1-2 所示。

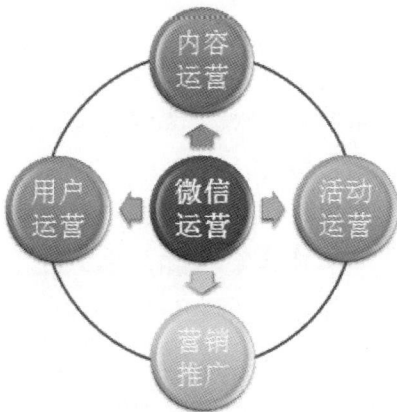

图 1-2　微信运营结构图

1. 内容运营

申请了一个微信公众账号以后，首先要做的工作是把内容丰富起来，先做内容运营。

通过定位内容、规划账号，以及使用各种技巧来编辑内容，让内容看起来更加吸引人。

2．用户运营

获取用户是微信运营的核心工作之一。运营好用户，就可以将更多的用户转化为客户，实现最终目的。

3．活动运营

有了"粉丝"，必须让他们活跃起来，否则就成了"僵尸粉"。激活"粉丝"，通常的方法就是"活动"，通过活动来活跃用户，这个过程就是活动运营。

4．营销推广

微信营销推广是基于微信平台、建立用户关系、创造并获取价值的过程。要让用户感觉到价值，并帮助用户解决问题，进而实现与用户之间的长期关系，并使用户产生购买行为。

1.1.3 微信产生的背景

随着云计算、移动互联、4G、物联网、大数据技术发展的相互叠加与嵌套，人们的生活正在发生翻天覆地的变化。伴随着人们日常生活和工作节奏的不断加快，海量信息扑面而来，人们越来越倾向于接受简洁明了的信息和便捷高效的生活方式，随之而来的是微博、微信、微电影、微小说、微课等各种"微"如雨后春笋般涌现。从日常生活的交流通信、休闲娱乐，到工作和学习，到处都有它们的影踪。在这股"微"潮流的推动下，人们步入了"微时代"。

微时代，是以微信息、微媒体、微社区为主要形态的新网络空间，是以微媒体作为传播媒介，以短小精练作为文化传播特征的时代。微时代信息的传播速度更快，传播的内容更具冲击力和震撼力。它以手机、掌上电脑等现代电子设备为依托，在网络系统中塑造"微支付"、"微创造"、"微阅读"等个人生活体验方式和思维方式。生活在微时代的每个人，是曾经做着微不足道的事、发出微小声音的"微民"，当"微民"的行动和力量在无组织状态下集结时，那将是一股推动事件发展的强大"微动力"。这个"微民"造就微动力的时代给人们原本细微琐碎的生活注入了新的意义，微民生活融入时代洪流，带来广泛影响。微时代本质上昭示着一个以网络媒介传播活动日常化为特征的新兴媒体时代的到来。

微时代的到来以微媒体的诞生为表征与标志。微媒体是以微博、微信等新兴平台为传播媒介代表，以移动终端为传播载体的媒介，微媒体以精准短小的微内容为传播对象，在传播上以移动化、社交化、跨平台、流动、瞬时性、扁平化的微传播为基本特征，传播对象面向小范围的微社群（微圈子）用户。因此，通过微媒体对微内容进行的面向"微圈子"的微传播就成为微时代最为典型的特征。[1]

微时代中，信息是流动的传播。3G 技术的发展解决了信息接收终端的移动难题，4G技术的应用和普及，以及信息接收终端种类不断增加，使得信息的传播更加便捷、范围更加广泛。

微时代中，信息是迷你的传播。进入微时代，各类移动便携的终端将大行其道，它们的体积将大大缩小，屏幕等信息展示框的面积将相应变小。在这种情况下，原有的传播内容已经不合时宜，迷你的传播内容将备受青睐。不仅如此，信息接收或发送设备的体积将在一定程度上重新塑造受众的时空观。移动终端使得人类的传播更加流动，也将人们的传播时间分割得更加琐碎，人们会选择无聊与零散的时间来进行信息的传播或接收活动。时间的琐碎决定了人们不可能有大量时间来接受大篇幅的电影、电视剧、漫画或小说。不仅如此，移动的信息终端也在无形中改变着人们进行传播活动的心态，人们更青睐一种"快餐式"的文化消费内容，没有耐心和精力接受冗长沉重的内容。

微时代中，信息是瞬时性的传播。微时代带来了信息传输的高效率，传播活动也随之具有瞬时性的特点，信息的传播速度更快，传播的内容更具冲击力和震撼力。对于传播者而言，小的信息量提高了传播速度，加快了信息内容更新，更可以通过手机等便携通信设备在很短的时间内发布信息。对于接受者而言，接收信息、消化信息的时间非常有限，而信息内容与数量却异常丰富。这就要求信息生产者提供具有高黏度、冲击力巨大、可以在极短时间内吸引受众并提高受众的阅读兴趣的内容。

微时代中，信息是扁平化的传播。数字技术使传者与受者位置互换、重叠并且逐渐变得模糊；传播活动逐渐"去中心化"，甚至出现"无限中心化"的趋势，传播活动早已不再

1　杜建华."微"时代：表现、特征及传统媒体的着力点——以纸媒体为例[J]. 新闻大学, 2015,02:60-67.

是自上而下的单向式传播，而是呈现信息传播的网状结构、双向结构。在微时代，传播的扁平化趋势更加明显，每一个手持移动终端的个体都是一个传播节点，相比之前，人们进行传播活动更加便捷、高效、平民化。微时代使得人人在对话中实现决策参与，成为传播活动的主体，使得传播的长尾效果更加明显。

微信作为微媒体的代表，从诞生至今，逐渐从一个即时通信工具演变成一个移动互联网通信的生态系统，给人们的生活带来巨大的变化。

1.2 微信运营管理师

1.2.1 微信公众号的价值

微信每月活跃用户已近 7 亿，用户覆盖 200 多个国家、超过 20 种语言。微信公众号总数已突破 1000 万，并以每天 1.5 万个的速度增长。微信用户关注公众号的比例超过七成，通过微信公众号获取资讯的比例高达四成，微信公众号已成为用户获取信息的重要途径。

神器微信的出世，催生了新的职业，微信运营管理师成为微时代的一个金领职业。微信运营管理师的出现，是整个社会分工细化在互联网上的表现。社会分工和服务的细化、个性化、分众化，专业人才的涌现，是整个社会发展的大趋势。

政府、企事业单位都在纷纷建立和运营着自己的微信公众号，成为机构运行重要的组成部分，并为其带来了越来越大的价值。

1. 对企业的价值

随着"互联网+"战略的不断深化，企业发展离不开移动互联网，移动互联网离不开微信。所以，对企业而言，使用微信是必不可少的。微信正在深入企业的各个部门，不仅重构了企业的沟通方式，也在逐渐改变着企业生产、经营、营销、宣传等各个环节，甚至改变了企业的商业模式。微信公众号可以实现企业与用户的直接沟通，成为蓄积企业用户的活水池；可以实现精准的信息传播，成为品牌文化和企业资讯的传播出口；微信是天然的客户服务工具，可以大幅提升客户资源管理的效率；可以汇聚海量粉丝，直达用户，实现产品营销和电子商务。

【案例思考】

海尔开启了"人人创客"计划。海尔计划招 3 万个微信微店店主，在微店上卖海尔的电器商品。通过这个计划，海尔开启了微时代的新型商业模式，让利给微店商家，让单独的个人成为海尔的渠道。微信让海尔改变了传统的销售模式，充分借助微信平台和微信用户的个人资源，颠覆了企业的传统销售模式，充分利用了微时代的特点，极大地提升了海尔的销量。

基于微信平台，很多企业开发出了很多的功能，如智能儿童玩具，可以实现微信直接控制，分隔两地实时互动；很多企业开发的智能家电，通过微信直接控制空调开关、温度调节、洗衣机洗衣服等。微信在生活中不断得到普及应用，为人们的生活、工作带来方便。微信随着人们的生活习惯的改变而改变，而企业的运营者在随着客户的变化和微信的变化，正在创造出更多的服务模式。

2．对政府的价值

随着"互联网+政务"的快速发展，政务微信的重要地位和关键作用日益凸显，政务微信已经成为与"政府新闻发言人制度"、"政府网站"并列的第三种政务公开途径。

近两年一个个"政务微信"账号雨后春笋般出现，覆盖了公安、共青团、旅游、教育、文化、税务、政府新闻办、检察院、纪检监察、劳动保障、公共卫生、法院等 20 多个行业。据统计，目前已有近 20 万个政务微信号，这些政务微信在政府信息公开、在线政务服务、政府与公众互动沟通等方面发挥着重要的作用，实现了"沟通"、"便民"、"施政"的价值。

【案例思考】

广州卫生局公众号"广州健康通"上线后，纳入了广州市的 60 家大型医院。通过微信号实现了在线挂号、缴费、查看体检报告等功能，极大地方便了市民就医，也缓解了由于医院拥挤、等待时间长等给患者带来的焦虑情绪。

微信"城市服务"是政务微信中非常重要的一个方面，越来越多的用户切身感受到了智慧生活带来的便利。微信"城市服务"已经上线了 80 多个城市，提供服务涉及公安、交管、医疗等 27 个类别，覆盖用户超过 2.5 亿，累计服务超过 4000 万人次。通过"城市服务"，可以进行医院挂号、办理车辆违章、查询交通出行信息；可以通过微信缴费，如手机话费和水电、煤气等费用，让我们足不出户即可购水购电。

3. 对个人的价值

随着"大众创业、万众创新"的推进，很多人都在摩拳擦掌，在创业大潮中跃跃欲试。而微信作为移动互联网的代表，已经成为了一个上佳的创业平台。其广泛的用户群体、完善的闭环功能、低廉的创业成本，都使得微信创业者们蜂拥而至，微商、微店、O2O 等各种应用模式和成功案例层出不穷。正如微信公众号的口号，"再小的个体也有自己的品牌"，微信正在为无数的个体提供创业的机会。

微信的发展，同时促进了自媒体的快速崛起，涌现出了众多的微信自媒体人。他们通过大量的原创内容，结合专业的微信运营，吸引和活跃着大量的粉丝，产生了很多的"意见领袖"。一个优质的自媒体号少则数万粉丝，多则数十万、上百万粉丝。微信自媒体人在服务这些读者的同时，也为自媒体人的发展带来了新的机遇。

【案例思考】

"凯叔讲故事"是一个专门给孩子讲睡前故事的微信公众号。凯叔名叫王凯，他离开央视后，开始建立和运营这个微信公众号，现在用户数量已达 400 万，总播放量累计超过 2.5 亿，成为"中国孩子的哄睡神器"。依据这个品牌，还定制了以凯叔为原型的凯猴子、凯唐唐《西游记》故事机和绘本产品，并同步推出了"凯叔讲故事视频节目"在电视台播出。可以说，在互联网思维下，从软件到硬件，"凯叔讲故事"微信公众号正在加速完成亲子教育的生态布局，实现全终端与中国孩子及其父母的亲密接触。

1.2.2 微信运营管理师的工作职责

微信运营管理师主要负责承担本单位（政府或企事业单位）的微信运营管理工作，主持、负责微信公众号的策划、运营以及推广，并且及时跟踪评估微信营销方案的实施效果，拓展微信合作伙伴，维护客户关系。微信运营管理师的具体职责主要包括：

1．总体策划工作

根据本单位的实际需求，制定总体的微信运营管理方案。

2．运营管理工作

负责微信的日常运营管理，包括微信公众平台的构建、信息内容的优化发布、粉丝的吸引与互动、各种运营数据的分析等。

3．营销推广工作

负责利用微信，开展各种营销推广活动，包括目标客户的分析与锁定、营销活动的策划与执行、营销效果的量化与评估等。

1.2.3　微信运营管理师的基本技能

微信运营管理师的出现，是整个社会分工细化在移动互联网上的表现。微信运营管理师岗位入门易，做精难。这个岗位对从业人员的综合能力要求较高，工作中涉及的专业知识和技能涵盖面广，需要通过专业的知识学习，在实际工作中不断演练，逐步提升实操能力，最终成为一名优秀的微信运营管理师。

从事微信运营管理师职业，需要具备以下基本技能。

1．总体把握能力

微信运营管理师需要从总体上把握微信的运营，娴熟运用各种技能，开展不同的运营管理行为，以达到最终的效果。因此微信运营管理师需要具备大局把握能力、总体分析能力、良好的逻辑思维能力。

2．文案编辑能力

微信运营管理师要随时跟踪相关热点事件和行业信息，判断出能引起共鸣的信息，并及时用合适的表达形式发布出去。一方面，内容是微信运营的基础，一名合格的微信运营管理师需要具备良好的文案功底，结合各种营销技巧，才能更好地开展运营工作；另一方面，编写各种策划方案，是微信运营管理师的岗位职责之一，也需要具备一定的方案写作基础。同时要具备一定的文字驾驭能力，懂心理学、营销学、管理学等理论知识及实践应用。

3. 美工设计能力

微信运营管理师在进行文案编写、活动策划过程中需要对内容进行精准的表达。利用图片来表达是重要的方式之一，因此微信运营管理师要具有一定的美工设计能力。同时要具备营销学中的视觉营销与美工设计的结合能力，让图片更具有营销力。

4. 网络营销能力

微信运营管理师的基本职责是开展微信的运营管理和营销推广等工作，因此需要具备一定的市场感知能力，能够敏锐把握市场动态方向；需要有基本的互联网基础知识、网络营销基础知识、电子商务基础知识；在日常工作中，也要不断接触新媒体的一些典型工具。

5. 团队协作能力

一方面，微信运营需要团队内部的协作，不同岗位的团结合作、互补互助，需要快速响应、及时执行，以达到团队工作效率最大化；另一方面，微信运营团队需要与其他团队精诚合作，如产品团队、市场团队、营销团队等，这样才能形成合力，充分发挥新媒体的作用，产生效力。因此微信运营管理师需要具备一定的团队协作能力。

6. 终身学习能力

从发展的角度来看，一方面，微信运营管理师职业要求具备较高的综合素养；另一方面，网络知识快速的更新交替，作为一名合格的微信运营管理人员，不仅要刻苦钻研业务知识，将专业性的学习作为终身学习，同时还要不断更新知识内容，不断创新知识架构，具有长期的持续、高效的学习能力和终身学习能力。

1.2.4　微信运营管理师的职业路径

微信用户量大、传播速度快、人群定位准确、网络影响力强等特点，让各行各业对微信的力量越来越重视。目前有超过千万的微信公众号，每一个微信公众号的背后，都有一个微信运营管理团队在辛勤地工作着，这意味着有超过千万的微信运营管理岗位需求。社会需要大量专业的微信运营管理人才，而现实是这样的专业人才非常缺乏，相应的系统化、职业化的培训也少之又少。因此经过专业化训练的微信运营管理师有着非常广阔的就业前景。

从职业广度来讲，微信几乎可以应用在各行各业，行业选择面宽；从行业发展来讲，只要移动互联网仍然是主流，运营岗位也就必然火爆，职业持续性长。

微信运营管理师有着非常光明的职业前景，从职业发展轨迹来讲，其发展路径为：

（1）入门阶段（运营专员）。通过对微信运营管理的专业化培训，掌握了运营的基本技能，成为职业的微信运营者。

（2）成长阶段（运营师）。成为有经验的从业者，通常经过 1~3 年的历练，已掌握部分专业技能，并拥有一定的实战经验，对行业和业务的理解也在逐步加深。

（3）骨干阶段（运营专家）。成为业务骨干，通常经过 3~5 年的历练，某方面专业技能突出，除了运营微信，同时运营管理其他互联网应用，对行业和业务的理解逐渐深入，开始从单一的执行者更多转换到策略制定者。

（4）专家阶段（运营经理）。通常经过 5 年以上的历练，同时在管理方面有所提升，如情商、逻辑、领导力等；对于产品、业务、用户、行业等的理解都已经比较深入，善于制定策略和推动执行；能够带领团队执行公司整体互联网运营管理任务。

（5）高级专家阶段（运营总监或首席运营官）。通常拥有 5~8 年的经验，综合能力出众。同时能够连点成线，把各种细碎的运营事务串联为一个整体；能够对公司的运营业务进行总体规划和管理，带领公司实现业务目标。

1.3 微信运营管理师的职业道德

职业道德，是从业人员在一定的职业活动中应遵循的、具有自身职业特征的道德要求和行为规范。微信运营管理师的职业道德是对微信运营管理人员在职业活动中的行为规范。优良的职业道德是微信运营管理师在职业活动中的行为指南，同时也是高质量产品与高质量服务的有效保证，对于促进本行业发展有着积极的推动作用。

1. 遵纪守法、坚守规则

遵纪守法和坚守规则是微信运营管理师职业活动能够正常运作的重要保证。遵纪守法指的是微信运营管理师要遵守职业纪律和与职业活动相关的法律法规，如 2014 年 8 月 7 日国家互联网信息办公室发布的《即时通信工具公众信息服务发展管理暂行规定》、2015 年 2 月 4 日国家互联网信息办公室发布的《互联网用户账号名称管理规定》、2016 年 2 月 4 日国家新闻出版广电总局联合工业和信息化部公布的《网络出版服务管理规定》等，这些法律法规都要认真学习并遵守。坚守规则是要求微信运营管理师坚守微信运营规则，微信公众账号运营者必须阅读并遵守《微信公众平台服务协议》。

2. 忠于职守、坚持原则

各行各业的工作人员，都要忠于职守，热爱本职工作。这是职业道德的基本规范。作为微信运营管理师，忠于职守就是要忠于微信运营管理师这个特定的工作岗位，自觉履行应负职责，认真做好本职工作。微信运营管理师要有强烈的事业心和责任感，坚持原则，注重正能量的传播，反对不良思想和作风。

3. 恪守信用、严守机密

微信运营管理师必须恪守信用，维护企业的商业信用，维护自己的个人信用。要遵守诺言；言必信，行必果。在商务活动中，微信运营管理人员应当严格按照合同办事。通过网络安排的各种活动，自己要事先做好准备工作，避免因个人的疏忽对工作造成不良影响。

严守机密是微信运营管理师的重要素质。微信运营管理师的一个显著特点是掌握的机密较多，特别是商业机密。因此，要求微信运营管理师必须具备严守机密的职业道德，自觉加强保密观念，防止机密泄露。

4．实事求是、工作认真

微信运营管理师要坚持实事求是的工作作风，一切从实际出发，理论联系实际，坚持实践是检验真理的唯一标准。微信运营管理师工作的各个环节都要求准确、如实地反映客观实际，从客观存在的事实出发。微信运营管理师无论是搜集信息、提供意见还是撰写文章，都必须端正思想，坚持实事求是的原则。

5．刻苦学习、勇于创新

微信运营管理师的基本职责是开展微信的运营管理和营销推广等工作，微信运营管理师需要从总体上把握微信的运营管理，娴熟运用各种技能，这需要较高的综合能力。所以，一名优秀的微信运营管理师需要刻苦学习，不断提高自己的专业知识和综合素质，具有时代创新精神。

6．钻研业务、敬业爱岗

微信运营管理师需要认真钻研业务，将理论知识紧密联系社会实践，热爱自己的岗位，必须加强"网德网风"建设，将网络技术发展与人文精神培养有机结合起来，必须树立良好的职业道德风尚，做德才兼备的管理者。

1.4　本章小结

1．微信运营出现的背景

在微时代，最具代表性的就是微信。微信的诞生直接推动了微时代的产生，反过来，微时代也推动了企业开始着眼于移动互联网的应用。越来越多的企业开始使用微信作为企业经营活动中的重要工具，这也催动了微信运营管理师这个职业的诞生。

2．微信运营的相关概念

微信运营是伴随着微信产品的诞生而产生的一项互联网产品运营活动。运营者以手机或平板电脑中的微信客户端为主要工具，进行日常运营推广，商家通过微信和微信公众平台进行针对性运营。微信运营具有随意性、移动性、便捷性的特点。

3．微信运营管理师的职责和技能

微信运营管理师的主要工作内容有三项：总体策划工作、运营管理工作和营销推广工作。

微信运营管理师的基本技能主要包括：总体把握能力、文案编辑能力、美工设计能力、网络营销能力、团队协作能力和终身学习能力等。

4．微信运营管理师的职业道德

微信运营管理师在企业中担任着重的角色，因此需要遵循职业道德要求，尤其要遵守相关的法律法规。

1.5　思考与练习

（1）根据你所了解的移动互联网的现状，你认为微信是否还有更多的应用空间？

（2）分析移动互联网行业发展趋势，并着重分析微信在其中起到的作用和微信的发展趋势。

（3）微信运营是伴随着时代的发展而出现的产物，那么你认为什么是微信运营，自己给出定义。

（4）通过互联网或身边的人寻找微信运营管理师，分析在实际工作中的微信相关岗位都有哪些，工作内容都有什么。

（5）分析题

当下，传统企业面临着转型的威胁，但是大多数企业又不知道该怎么进行转型，面对互联网和移动互联网的冲击，企业主都很迷茫。在这种情况下，很多企业都盲目地去触网，结果造成自身企业一身是伤，这也导致了很多企业主并不相信现在的互联网和移动互联网能够为自己的企业带来更好的结果。面临这种大趋势，如果你是企业主，你会如何进行"互联网+"？如果你身边有人是企业主，那么你认为他应该做出什么样的改变，才能正确地进行"互联网+"？

第 2 章

微信运营总体规划

谋定而后动

　　小咖通过朋友介绍，进入了一家食品企业做微信运营的工作。虽然这家企业也很想使用好微信这个平台，但是由于老板不懂，所以经常会出现老板想到什么，或者看到别人家有什么，就要下面的人去做什么，结果造成现在微信方面的工作混乱，也没有得到很好的结果。

　　在小咖接手后，也同样面临这样的问题，这让小咖很头痛。这天，小咖实在没办法了，求助于张经理，问张经理这种情况该怎么办？

　　张经理说："面对这样的情况，首先你要有一个总体规划设计。也就是说，从全局出发，配合公司的整体发展战略，制定出微信的运营方案，从定位到团队都要有一个详细的规划，这样才能更好地去做接下来的执行工作。"

　　小咖点了点头，明白了症结所在，立即开始了微信运营的总体规划工作。

学习目标

- 了解微信运营总体规划的重要作用
- 掌握微信公众号定位的方法
- 熟悉微信公众号运营的主要工作内容
- 掌握如何进行数据分析

本章预览

本章对微信公众号的运营管理从总体规划的角度进行了概述。

微信运营管理，首先要明确微信公众号的定位，而后微信运营团队通过内容生产、用户运营、活动策划、营销服务等手段，不断获取潜在用户，逐步扩大平台影响力，为企业整体业务服务。

在这一过程中，运营团队还需要不断通过数据分析来评估工作成效，复盘反思，不断优化。同时，通过对各岗位人员的考核、激励奖励，促进微信运营业务的健康发展。

2.1 什么是微信运营总体规划

微信运营是一个复杂的系统工程，涉及众多领域。因此，在运营微信公众号之前，必须进行总体规划设计，不能盲目运营，走一步看一步。只有按照总体规划、分步实施的原则，才能逐步实现最终的运营目标。

2.1.1 总体规划的重要作用

微信运营总体规划就是个人或组织制定的比较全面、长远的微信运营发展计划，是对未来整体性、长期性、基本性问题的思考和考量，而设计出来的整套行动方案。正确应用总体规划方法，可以充分规划内部管理，提高工作效率，获取竞争优势，从而实现最终的运营目标。

根据企业的实际需求进行微信运营的总体规划，可以确定微信运营的发展目标和方向。确定目标之后，总体规划使人力、物力、时间的安排合理、有序，以保证将来的运营工作能够顺利进行。有了明确的目标和具体的步骤，就可以协调大家的行动，增强工作的主动性，减少盲目性，使工作有条不紊地进行。

微信运营总体规划是企业战略规划的一个重要组成部分，是决策者、管理者和运营者共同制定和遵守的文件。总体规划是运营的前提条件，是运营管理的纲领，是运营成功的保证，是运营效果的评价依据。

当一个企业的前期运营总体规划工作做得较好时，企业的微信运营管理就会实施得很顺利；而当一个企业还没有一个清晰的总体规划时就进行微信运营，这个企业的微信运营工作就是不系统的，是很难达到最初设定的目标的。

2.1.2 总体规划的工作内容

微信公众号运营总体规划的主要工作内容包括：定位分析、任务分析、团队管理、数据分析和经费管理等。

1. 定位分析

建立和运营一个微信公众号，首先必须明确定位，否则"方向不对，努力白费"。公众号的定位必须与组织（企业）的特性和目标相契合，微信定位需要综合考虑目标受众、内容风格、平台功能等因素。

2. 任务分析

围绕微信的定位和目标，需要开展具体工作，完成指定任务。微信运营管理的主要任务包括：内容运营、用户运营、活动运营、营销推广、技术开发、数据分析和其他相关工作。

3. 团队管理

微信运营管理不是一个人在战斗，需要团队的配合。微信运营管理的总体规划需要合理设计团队建设方案，包括清晰的组织架构、明确的岗位职责、科学的考核指标、激励的薪酬算法和完善的管理制度。

4．数据分析

能否善用数据来指导工作是微信运营出色的决定因素之一。通过微信公众号后台可以查看各种数据统计，通过科学的数据分析方法，实现对传播力度评估、号召力评估、营销力评估和服务力评估；通过用户画像，帮助运营者对用户有更加清晰、深刻的了解。

5．经费管理

保障经费是微信能够正常运营的基础条件，因此，在做总体规划设计时，必须科学地做出经费预算。微信运营管理的成本主要包括：人工费用、认证费用、版权费用、活动费用、推广费用、渠道费用和其他相关费用。

2.2　定位分析

每一个优质的微信公众号都应该有着鲜明的特色，包括目标受众、内容风格、平台功能等方面。微信公众号作为组织整体工作的一部分，其目标定位应当与组织特性相契合，成为组织的一个有机组成部分，发挥不可替代的独特功能。

微信公众号的定位主要从以下三个维度来考虑。

1．目标受众

不同的企业、不同的单位、不同的组织，本身在长期发展过程中都有比较明确的服务对象。微信公众号作为组织的一部分，目标受众应当与组织既有服务对象和潜在目标群体相一致；否则，吸引来的用户对于组织毫无意义。

目标受众可以从多个方面来分类，包括年龄、性别、地域、职业、消费水平、兴趣偏好等。不同的目标受众使用微信的习惯各有不同，这就要求运营者根据不同的目标受众采用不同的内容和互动策略。

2．内容风格

作为一个组织的公众号，微信运营管理师必须在内容风格上与主管领导达成一致意见。

在社交媒体时代，即使作为企事业单位和政府部门，也应该考虑受众感受，避免僵化、刻板、宣传论调。

整体上而言，微信公众号作为企事业单位对外的一个窗口，发布内容首先应当是准确、权威的；其次，应当符合社会主流价值观；第三，应当贴合目标受众偏好。企业公众号毕竟不是个人自媒体，可以表达个人喜好，而应当要有底线、有调性，符合企业品牌特点。

3．平台功能

微信公众平台具有多种可能性，资讯发布、品牌打造、营销推广、客户服务、电子商务等，这些都有不同的企业在尝试。不同的功能侧重，需要不同的内容与技术开发配合。

一般企业微信公众号仍以资讯发布和品牌宣传为主要功能，但通过推送优惠券、打造CRM、连接微商城等措施，公众平台正在向多功能化和服务化方向发展。

通过以上三个维度的分析，微信公众号想吸引什么人、采用何种风格、设计什么功能就比较明确了，这就为目标的制定和运营规划指明了方向。

微信公众号的影响力建立需要一个过程，不可能一蹴而就，而且企业对公众号的期望和要求也可能随着业务的调整而有所改变。因此，在运营微信公众号的过程中，不能只想完成发布任务了事，而是应该结合外部环境、企业需求与微信公众号本身的特性，制定中长期规划。

2.3　任务分析

微信运营管理要做到有效、有序，需要做好内容运营、用户运营、活动运营、营销推广、社群建设、技术开发、数据分析和其他相关工作。

1．内容运营

内容运营主要工作内容包括：

- 图文编辑：编辑公众号的图文消息内容。
- 美工：在编辑图文消息的同时，也要参与部分美工的工作，制作配图、宣传图片等。
- 发布：通过公众平台发布相应的内容，包括图文消息、活动等内容。

2．用户运营

用户运营主要包括引流、吸粉、管理和维护等内容，主要工作内容包括：

- 运用诸如微信群、朋友圈、QQ 群、二维码、平台互推等各种引流和吸粉方法，以实现微信粉丝增长的目的；
- 利用微信公众平台、微信群、QQ 群等工具对现有微信用户进行管理；
- 通过微信群、论坛、QQ 群、多客服等工具实现品牌与用户、用户与用户之间互动；
- 利用福利等方式管理和刺激微信用户，以获得更好的运营效果。

3．活动运营

对于公众平台运营而言，除了内容运营之外，活动运营是另一个优质运营技巧。一个完整的活动运营包括如下几个环节：

- 活动方案策划；
- 活动文案撰写；
- 活动具体执行；
- 活动效果追踪；
- 活动改进措施。

4．营销推广

营销推广是指企业为实现企业营销目标，借助微信进行的一系列营销推广活动，它包括朋友圈营销、微信群营销、口碑营销、互动营销、O2O 营销等多项营销内容。其营销目的包括：

- 借助微信平台传播塑造企业形象；
- 借助微信平台吸引潜在用户；
- 借助微信平台增强与用户的互动和交流；
- 借助微信平台拓展移动电商渠道，销售产品；
- 借助微信平台树立良好的口碑，引导用户；
- 通过微信平台实现线上与线下相结合。

5．社群建设

社群建设是指运营人员以公众号为基础平台，将散落的用户聚集到一起，通过有机的组织，建设成为一个具有认同感和活跃度的共同体，成为公众号的铁杆粉丝，以便于实现更广泛的目的。目前，社群建设已经成为微信运营中不可或缺的一部分。

6．技术开发

技术对微信运营也是一个必须要重视的工作。比较复杂、系统性的技术开发任务目前一般采用外包制，这样可以有效降低微信运营的人力成本。但是技术开发完成之后的使用和维护同样很重要，需要运营人员掌握。

随着新工具的普及，一些轻量的技术开发工作由一般运营人员来负责成为可能，比如数据表、问卷、H5、微商城、投票等常用技术工具，都已经有专门的平台提供大量的现成模板，运营者只需按照自身平台特性进行调整即可使用。

7．数据分析

数据分析是开始运营之后每天的必备工作，通常数据分析的工作包括：

- 收集、统计每天产生的数据内容，如新增粉丝、退订粉丝、阅读量等；
- 将收集到的数据整理到相应的表格当中；
- 对整理的数据进行分析，得出结论；
- 通过结论对正在进行的任务做出正确的调整。

8．其他

微信运营管理除了上述工作之外，还涉及团队管理工作，包括团队人员架构设置、团队人员招聘、团队人员工作职责分配、公司制度、薪酬制度、团队协作能力衡量、绩效评估以及团队激励等。

2.4 团队管理

微信团队管理是指在一定的范围内，通过计划、组织、指挥、控制等工作，对企业（或组织）所拥有的资源（包括人力、物力、财力、时间、信息）进行合理配置和有效利用，以实现组织预期目标的过程。

2.4.1 团队组成

一个微信运营管理团队，涉及的岗位主要包括：管理总监、文案编辑、美工、技术开发、渠道推广、客服、活动策划、数据分析等。其组织架构如图 2-1 所示。

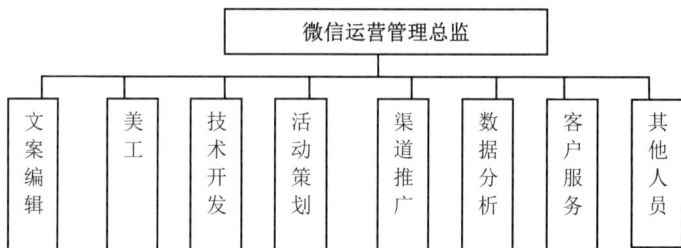

图 2-1 微信运营团队组织架构图

这里微信运营团队组织架构是按照微信运营工作职能来划分的，并不一定要求企业招聘这么多人员，可以一人多岗。目前，大多数企事业单位的微信公众号一般由组织内部人员兼职运营，但随其重要性的不断提高，以及微信运营职业化程度的不断提升，设置专门的部门和职位正在成为普遍趋势。

2.4.2 岗位职责

微信运营管理团队各个岗位职责如下：

1. 微信运营管理总监

微信公众号作为企业营销的一种渠道和工具，它是以市场为导向的，这就要求微信运营管理总监必须具备一定的营销知识。此外，微信公众号也是自媒体，是媒体就要求运营这个媒体的人具有媒体人的特性。所以有传统媒体编辑、记者从业经验的人比较适合微信运营管理总监的职位，从事过广告营销、市场营销的人也值得考虑。同时，因为社交媒体的年轻化特性，具备较强网感和丰富实践经验的年轻人，正在成为队伍的中流砥柱。

微信运营管理总监的职能范围包括：

（1）负责微信营销的整体策划、公众号平台的整体策划，代表公司对外发布品牌、产品和服务信息。

（2）审查微信公众号平台、微网站、微商城、微社区等平台的设置，分配、调整和管理平台公众人员。

（3）日常管理平台工作人员，检查各平台的内容进展情况。

（4）负责微信活动的整体策划，并进行相应控制。

（5）对微信整个平台拥有最高管理权限，有权对各平台内容进行修改、删除和调整，有权对微信活动推广策划进行调整。

（6）代表本部门与组织内其他部门进行沟通，尤其在重大事件、大型活动和公司的整体规划等工作上。

（7）每月需要向公司直接领导汇报微信运营管理工作进展情况。

2．文案编辑

文案编辑主要负责微信公众号图文信息的题材选取和编辑工作，如果微商城、微网站、微社区等多个平台同步进行，则可以设置多名文案人员，分为平台基础文案人员和策划文案人员。其工作职能如下：

（1）为自己负责的公众号去找定位相似、内容优秀的其他公众号，或有相关稿源的网站，将其作为参考。

（2）每天对公众号内容进行大量的稿源阅稿、选稿、定稿、编稿和内容发布工作。

（3）每日都要查阅订阅号后台数据，了解发布内容的数据反馈，发现问题，并及时做出编辑调整。

（4）负责所在平台栏目的策划、调整、撰写和维护工作。

（5）接受运营主管监督，对主管负责并在主管授权范围内，对位开展联络事项。

（6）文案策划人员还负责各平台页面、活动文案策划设计，并牵头组织公众号各项营销活动。

（7）每周定期向主管提交工作小结，汇报各项工作进展。

3．美工

当公众号进展到一定程度时，尤其是快速进入商业化运营阶段时，专职的美工就成为运营过程中的重要人员；否则许多商业活动无法开展，或者开展不好。美工的工作职能如下：

（1）设计公众号 Logo，美化页尾的公众号定位图文，以及页头引导关注图文。

（2）负责微信公众号所需的图片素材设计，以及微网站、微商城、微社区所需的图片素材设计。

（3）负责微信线上、线下活动所需的图片素材设计，并按照活动策划负责人的意见进行修改和调整。

（4）负责 H5 页面的设计。

（5）负责公众号线上、线下宣传材料设计。

（6）制作公众号推广与营销活动中的各种文宣。

（7）每周定期向主管汇报工作情况，对工作定期进行总结。

4．技术开发

技术开发人员包括微信公众号前端技术开发人员和后端技术开发人员。其具体工作职能包括：

（1）负责微信公众账号的基本设置，微网站、微商城等第三方接口对接，以及微社区的申请等相关工作。

（2）负责微信公众号对接第三方接口平台的各项功能，或者自行根据微信运营独立开发微网站、微商城、大转盘、会员卡、CRM 客户管理系统等功能。

（3）负责 II5 的设计开发工作。

（4）负责配合主管申请微信支付、微信认证，搭建微商城、微信小店，解决接口平台出现的技术问题。

（5）定期对各平台的各项功能进行维护、调整和改善。

（6）每周定期向主管提交工作总结，汇报各平台运营情况。

5. 活动策划

活动策划人员是在微信营销过程中开展活动时所需要的人员。其工作职能包括：

（1）负责设计微信活动创意。

（2）负责微信活动流程设计。

（3）负责撰写活动方案、内容策划及细化活动执行流程。

（4）执行和监测活动进展情况，并根据活动进展情况提出意见，做出调整。

（5）活动结束后，总结和分享活动效果，并向运营主管和其他负责人汇报情况。

6. 渠道推广

渠道推广人员主要负责公众号推广、公众号内容推广以及活动推广等工作。其工作职能包括：

（1）策划微信公众号线上与线下推广活动、推广方式、平台选择，并配合文案、美工、技术同事开展工作。

（2）负责微信营销对外合作媒体、渠道、平台、公众号的洽谈工作，并制定相应的合作计划。

（3）负责通过外部渠道增加微信公众号粉丝，如软文营销、微博、网站等外部渠道。

（4）负责微信公众号平台推广功能的日常操作，定期制定公众账号付费投放计划、收集、整理、汇总、归档效果数据，集中分析后提交给主管审核。

（5）根据部门运营需要，调整推广思路、方法和途径。

（6）每周定期向主管汇报工作进展情况。

7. 数据分析

数据分析人员可以由运营人员或运营总监兼任，主要是根据微信公众号或其他第三方接入平台后台数据，分析总结微信营销情况，并对下次营销活动提出调整意见。其工作职能包括：

（1）每天关注微信公众号平台粉丝变化情况，关注微商城、微官网、微社区客流量变化情况。

（2）每天对公众平台内容推广后的用户反映情况进行总结分析，包括阅读量、点赞数、评论数，甚至是打赏情况等。

（3）了解和分析微信公众号用户情况，包括年龄、性别、所在区域、关注方向等。

（4）定期了解微信用户的活跃程度。

（5）定期分析微信活动、微信营销所带来的收益情况，分析出有效的渠道和有效的营销方式。

（6）关注同行业竞品运营情况，分析竞品情况。

（7）定期向运营主管和其他负责人汇报工作情况，根据数据分析结果提出微信营销修改、调整意见。

8. 客户服务

微信客服人员主要负责与微信用户的互动交流工作，如果微信进入了商业化运作，如开通了微商城、微信小店，则需要专人去打理。其工作职能如下：

（1）负责根据企业的产品服务制定微信运营的客服话术，定期调整和修改更新。

（2）负责收集、整理、汇总、归档客户的仔细问题，制定对应的标准答案文档，提交至各平台。

（3）负责微信公众号多客服、微商城等平台工具的操作。

（4）负责微社区日常管理工作，包括话题发起、信息收集和整理等。

（5）负责对微信各平台互动的用户进行回访，并将其转化为微信好友或公众号粉丝。

（6）运营社群，管理社群，对现有的用户及粉丝进行管理。

（7）根据客户反馈意见进行汇集、整理，定期反馈给其他同事或在部门会议中讨论。

（8）每周定期向运营主管提交工作进展情况。

9. 其他

除了上述微信运营人员之外，在企业微信运营过程中需要根据企业的具体情况（如营销目标、微信公众号情况等）设置其他方面的人员，如微信公众号具有一定影响力之后，可以设置商务拓展经理，与其他平台、渠道进行商务拓展事项。

2.4.3　考核标准

科学设计微信运营管理岗位的 KPI 指标，对于提升微信公众号的运营水平，具有很重要的作用。微信运营的成效，主要从三个维度来考量：

一是粉丝数，新增粉丝意味着影响力的扩大，而流失粉丝意味着用户的不满，要综合考虑；

二是活跃度，僵尸粉毫无意义，只有打开、阅读、参与互动才能算是真实用户；

三是营销效果，企业运营微信的终极目标还是为了营销宣传，服务于其他业务。

结合以上三个维度，综合设计微信运营管理各个岗位的考核标准。

1．运营岗位考核标准

微信运营岗位负责整个微信的运营活动。微信运营岗位的考核指标主要有以下几个：

（1）粉丝，包括微信总粉丝数，日、月、季度、年粉丝净增长率，粉丝增减趋势，以及粉丝行为等。

（2）互动，包括用户互动人数、人均互动数、互动率、老客户转化率、新客户转化数等。

（3）消息，包括群发消息调试、群发消息打开数、自动回复数、消息转发率等。

（4）浏览，包括浏览 UV、浏览 PV，微商城/微网站首页跳失率、商品页跳失率、店铺平均停留时间、页面转化率等。

（5）订单数，包括付款订单数、成交金额、客单价、订单转化率、支持转化率等。

2．文案岗位考核标准

微信文案岗位考核除了按时按量地编辑、上传、发送公众号图文消息之外，其考核还需要从下面几个方面入手：

（1）图文编辑发送量，是指对微信文案人员在一定时间内编辑发送图文消息的数量和质量的考核。

（2）原创率，是指微信文案人员在编辑图文消息时，原创文章所占的比率。从长远的角度看，必然以原创为主。

（3）阅读率，是指用户点击打开图文信息的比率。从图文消息的阅读率可以反映出图文标题制作的好坏情况。

（4）阅读人数，是指图文消息被用户阅读的次数。从阅读人数可以看出公众号内容的传播力度。

（5）转发率，是指图文消息被转发的情况。转发率是对图文消息标题以及内容质量衡量的一个重要标准。

（6）收藏率，是指某图文消息被用户收藏的情况。收藏率是对图文消息内容质量衡量的重要指标。

（7）评论数，是指用户在阅读公众号图文消息后，对图文消息的评论情况。

（8）流失率，是指在某段时间内用户流失的情况比率。它同样是对公众号平台及公众号图文消息衡量的标准。

3．美工岗位考核标准

微信美工岗位的考核标准比较简单，包括：

（1）按时交图率，即微信美工人员能否按时提交所需要的美工图片。

（2）对图片质量团队满意度，即团队对微信美工人员所设计图片的满意程度调查，也包括用户对微信美工人员所设计图片的满意度调查等。

4．技术岗位考核标准

微信技术岗位因为工作相对比较单一，其考核标准也比较简单，主要包括：

（1）后台维护，是指微信技术人员对微信公众号后台技术维护情况分析。

（2）接口调用率，是指在一段时间内，微信技术人员对各个接口调用次数，包括调用失败率和平均调用耗时等。

（3）游戏点击率，当微信公众号设置了有奖游戏后，有奖游戏的点击率也是衡量技术开发人员的一个指标。

（4）H5 传播度，目前 H5 在微信公众平台上已经成为一种普遍被采用的互动方式，H5 的传播度和互动率也应纳入考核标准。

5. 线上推广岗位考核标准

微信推广的结果无法直接用一个确定的数字来计算，但是我们可以根据微信推广的工作内容和效果来设置考核标准，包括：

（1）粉丝数，是微信推广人员的第一考核指标，这决定了推广的直接效果，包括累计粉丝数和新增粉丝数。

（2）直接推广数，是指微信公众号平台在各大平台的推广情况，包括推广图文数、推广图文点击率和推广图文转化率。

（3）知名度和覆盖度，是指在微信推广过程中，公众平台在目标人群中的知名度和覆盖情况。

6. 线下推广岗位考核标准

微信线下推广是微信运营推广过程中的重要环节，对微信线下推广岗位考核可以参考如下标准：

（1）新增粉丝数，是指通过线下活动新增加的粉丝用户情况。

（2）工作时间，是指在线下活动过程中，累计工作的时间长度。

（3）营销效果，是指通过线下活动所带来的其他营销效果，如影响力、传播力度，以及直接的经济效果。

2.4.4 薪酬算法

微信运营管理的考核直接关系到员工的薪酬待遇，这也是除了工作改进之外做考核的重要意义。微信运营管理有大量的基础工作，有些难以量化，在整体评估的基础上，设置合理的 KPI，制定激励措施，能够调动运营人员的积极性。

KPI 的设定：以业界平均水平和本账号上月平均水平为基础设置。

参考公式：薪资=80%的基础底薪+20%的业绩表现+突出贡献。

突出贡献主要是为了鼓励运营人员发挥自身主动性，积极创新。尤其应该注意的是，在考虑创意性做法最终结果的同时，更应该注意创意本身对既有运营模式的突破和改进空间，不能因初次尝试失利而一概否定。

2.4.5 相关制度

微信运营团队需要遵守的工作制度大致有如下几个部分：

（1）工作纪律，是指各部门人员在工作过程中需要遵守的一些规章制度，如各部门人员认真完成本部门工作内容、工作时间安排、工作保密情况，以及工作流程等方面的规章制度。

（2）会议制度，是指微信运营管理团队在团队会议中需要遵守的基本事项和规则。

（3）复盘制度，是指在微信运营管理中定期对工作得失进行的全面总结和反思。

（4）奖惩制度，是指企业对公众号团队、部门、个人进行的奖惩事项和奖惩规则。

（5）其他制度，企业根据微信运营管理团队的管理情况，制定其他相关制度。

2.5 经费管理

目前国内微信公众号已经超过千万，但只有一小部分公众号是由专业的微信运营团队在操作，绝大部分微信运营并不专业，有些甚至是个人在运作。之所以出现这种情况，主要是因为筹建一个专业的微信运营团队涉及成本开销。

在公众号营销运营过程中的成本费用主要包括：

（1）人工成本，即微信运营团队人员的常规工资，以及团队激励奖惩资金费用等。作为知识密集型工作，人工成本是微信运营中主要的成本支出。

（2）认证费用，是指在微信公众号及其他第三方平台进行认证时需要的费用，如微信公众号认证需要缴纳300元的认证费，年审也需要同样的费用。

（3）版权费用，是指在微信运营中采用第三方稿件或者图片时，为获得合法授权而支付的相关费用。目前随着微信对原创保护日益严格，以及政府相关法规政策的完善，盗版侵权风险越来越高。

（4）活动费用，是指在微信活动推广过程中所涉及的费用支出，包括奖品采购费和快递物流费等。

（5）推广费用，是指在微信运营推广中所涉及的费用，如户外广告费、邀请大 V 推荐费用、朋友圈广告或微信公众号广告费等。

（6）渠道费用，是指在微信内容推广过程中可能涉及的第三方渠道推广，如权威网站转发、媒体报道转载等需要的费用。

（7）其他费用，是指除了上述费用之外的费用，如基本办公费用、办公场地租金等。

2.6　数据分析

数据的即时反馈是新媒体区别于传统媒体的重要方面，通过数据我们可以直观地知道一篇文章或者一次活动的效果如何，这是传统媒体所不具备的优势。从某种程度来说，能否善用数据来指导工作是微信运营出色的决定因素之一。

一个正常的运营策略是如何开始以及如何优化的呢？大致如下：

（1）拍脑袋运营策略——初始状态的策略是根据经验拟定的。

（2）按策略运营执行——不管方案如何，磕磕绊绊先做出来。

（3）用数据验证策略——数据出来，重新调整策略。

（4）从数据获得启发——从数据中发现潜在的问题，发现新的机会。

（5）重新制定策略——再来一轮循环，越做越好。

可以看出，有了数据分析，上面这个循环才能不断优化、不断完善，这就是数据分析最重要的作用。

2.6.1　后台数据统计

自从公众号开通后台数据之后，微信公众号后台的统计模块已经为我们提供了不少的统计数据和分析维度，微信运营管理师有必要每天都要登录公众号后台去了解和分析相关的数据。数据分析主要分为 3 个部分：用户增长来源分析、图文阅读分析和用户属性分析。具体操作方法如下：

（1）打开 https://mp.weixin.qq.com 网址，输入账号和密码，登录微信公众号后台。点击【统计】下的【用户分析】选项卡，进入【用户统计】页面，在这个页面中我们可以清楚地知道每天用户变化情况，如新关注人数、取消关注人数、净增关注人数、累计关注人数，以及趋势变化图。

（2）点击【用户分析】页面中的【用户属性】选项卡，进入【用户属性】统计分析页面，在该页面中我们可以清楚地知道用户基本属性特征，包括性别、语言、省份、城市、手机移动终端等信息。

（3）点击【消息分析】选项卡，进入【消息分析】统计页面，在这个页面中我们可以知道公众号与用户消息互动的情况，包括消息发送人数、消息发送次数、人均消息发送次数，以及趋势变化图。

（4）点击【消息分析】页面中的【消息关键词】，通过该跳转页面，可以知道用户与公众平台互动的关键词情况。

2.6.2 数据分析方法

1．周期性数据分析

每天、每周或者每月全面采集和统计微信后台数据，应当成为运营中的基础工作之一，这是进行深度分析和复盘的必要材料。微信后台除了直观的数据之外，一般还提供了 Excel 数据表格下载，可以便利地获得数据并进行多维度比较。

周环比数据是最值得关注的点。以上月的平均数据作为基础考量 KPI，可以对比各项指标的波动情况。

2．定点观测分析

每次在精心策划的活动或者专题文章发布之后，可以更加精细地进行数据的监测和分析。

3．异常数据分析

数据异常可能是潜在的机会，也可能是潜在的问题。通过及时关注异常数据，见微知著。

（1）在整体互动方面，用户在一日的使用上有明显的分布。对于自身产品的认知，峰值应该出现在晚上；但从实际的效果来看，用户在每天清晨也有一个产品使用的高峰。那么，一旦充分挖掘并推广这批用户的使用习惯，就给我们的产品带来了新的使用场景和机会。

（2）文章的平均阅读量依靠编辑的素养和判断力，但文章突发的高或者突发的低都值得分析和利用。

- 对于突发的高，可以尝试复制此类题材，试验用户的偏好性；
- 对于突发的低，则应该先查看一下当日有无冲突的热点事件，然后再排查文档的调性问题。

（3）在销售方面，订单量、订单金额分布是两个值得关注的指标。

2.6.3　传播力度评估

微信公众号具有媒体的基本属性，因此在对公众号进行评估时，我们需要重点考虑公众号的传播力度。它包括如下几个因素：

1．信息到达率

信息到达率是指微信公众号发送图文消息之后，图文消息送达公众号用户的人数。通过数据可以看出，信息到达率与公众号累计的人数，以及所选择发送目标人群的类别密切相关。

2．信息转发率

信息转发率是指图文消息发送出去后，微信用户对该图文进行转发的人数占总送达人数的比值。这是衡量公众号图文是否满足目标客户需求的重要指标。在微信这个社交媒体上，转发引起的"链式传播"是内容影响力爆发的关键，因而转发率是一个值得追求的指标。需要注意的是，微信公众号后台只统计图文发出后 7 天的数据。

3．收藏率

收藏率是指图文消息发送出去后，微信用户对该图文收藏的人数占总送达人数的比值。收藏率跟转发率一样，同样是衡量公众号图文消息质量的重要指标，也只能统计图文发送后 7 天的数据。

4．阅读量

阅读量是指图文消息发送出去后，微信公众号用户阅读该图文消息的人数。阅读量是衡量公众号图文消息传播效果的一个重要指标，同样也只能统计图文发送后 7 天的数据。在图文阅读量统计中，点击【查看图文详解】还可以对阅读用户的属性进行统计，包括阅读人数、阅读次数、转发人数、收藏人数、用户性别比例、用户地域分布、用户阅读终端使用等。

5．新增用户数

新增用户数是指每天微信公众号平台通过推广、运营等手段新增的用户人数。它是衡量微信公众号吸粉引流效果的一个重要指标。

新增率是指微信公众号在运营一段时间后（如 1 周）新增用户数量占累计用户数量的比值。

除此之外，我们还可以对新增用户来源进行统计。新增用户来源包括搜索公众号名称、搜索微信号、图文页右上角菜单、名片分享和其他等五大类型。

6．流失用户数

流失用户数是指每天微信公众号平台用户取消关注的人数。它是衡量用户对公众号内容满意度的一个重要指标，每个微信公众号运营者对这个数据都非常重视。其中新增用户数减去流失用户数，就是每日用户的净增关注人数，当净增关注人数为正数时，微信公众号累计用户是增加的；当净增关注人数为负数时，微信公众号累计用户是减少的。

微信用户流失率是指用户在某段时间内关注微信公众号，经过一段时间后（如 1 周），取消公众号关注的用户占当时新增用户的比率。这是衡量微信运营效果的一个重要指标。

7．留存率

微信用户留存率是指用户在某段时间内关注微信公众号，经过一段时间后（如 1 周），依然关注公众号的用户（叫作留存用户）占当时新增用户的比率。常用的用户留存率指标有：次日留存率、第 7 日留存率、第 30 日留存率等，分别对应于 DAU（Daily Active User，日活跃用户数量）、WAU（Weekly Active User，周活跃用户数量）、MAU（Monthly Active User，月活跃用户数量）。

8．文章初次打开率

文章初次打开率 = 会话渠道图文阅读人数 / 所有渠道图文阅读人数

除了会话渠道之外，微信文章基本全部都是转发分享阅读的，而转发分享阅读已经是二次传播了，所以该数据指标即代表了文章初次打开率。初次打开率除了可以衡量文章是否吸引人之外，还可以衡量公众号粉丝的活跃度，如果初次打开率持续低于 3%，则可以视为粉丝活跃度极低，这种公众号即使粉丝再多，其实也没多大影响力。

9．转发分享率

转发分享率 = 分享次数 / 所有渠道图文阅读人数

转发分享率就是统计那些所有阅读过文章的人，有多大比例选择了分享出去。很多文不对题的标题党即使打开率高，但是用户转发率极低也白费。比较合理的转发分享率应该持续超过 10%。

10．转发拉粉率

转发拉粉率 = 粉丝净增数 / 转发分享次数

每次转发可以带来多少粉丝。优化得好，可以超过 100%，如果只有 20%-30%，则算是拉粉能力很差的了。这个指标很关键，直接决定了拉粉效率。

11．二次传播率

二次传播率 = 转发阅读人数 / 总阅读人数

对于一个已经有很多粉丝的微信公众号来说，二次传播率意味着文章通过朋友圈（以及微信群）的传播能力。如果二次传播率始终低于 50%，则说明用户对公众号的忠诚度是很低的。

2.6.4 号召力评估

号召力评估是指微信公众号在进行营销活动时，所产生的影响力效果评估。它包括如下两个因素：

1．用户关注度

号召力评估中的用户关注度是指微信公众号平台在进行营销活动时，经过各种渠道推广后，对用户关注、阅读、了解等情况的分析。它是衡量营销效果的重要指标。

2．活动参与度

活动参与度是指微信公众号在进行活动营销时，用户参与微信活动的人数。它同样也是衡量活动效果的重要指标。

2.6.5 营销力评估

微信公众号营销力评估是指对公众号定位、公众号包装与推广、公众号运营策略、微信运营团队，以及微信公众号在行业中的影响力等因素的一种综合评估。公众号营销力体现为如下几个方面：

（1）产品力，即公众号内容所满足用户的能力。产品力与公众号用户需求和公众号内容的质量有关。

（2）服务力，是指公众号提供用户与企业之间互动交流的能力；服务力除了客服互动之外，还与内容题材的选择和内容质量密切相关。

（3）品牌力，是指公众号在行业、用户心目中的地位。品牌力与公众号的定位、包装、形象、知名度等密切相关。

（4）团队运营力，是指整个微信团队、个人的运营能力，是微信公众号运营效果的关键。

（5）微信运营力，是指整个微信团队在微信营销过程中所展示的能力，包括创意、策划、点子、执行能力等。

营销力并没有明确的数据依据，更多的是一种感官认识，是用户对微信公众号、微信运营团队的一种综合评价。

2.6.6 服务力评估

在微信公众号运营过程中，要想让普通的用户成为忠实的粉丝，除了不断传播有价值的内容之外，还需要公众号与用户之间不断互动交流，进而建立情感。这部分工作属于公众号服务范畴，服务水平的高低直接决定了客户的满意程度。其评估指数如下：

1. 用户投诉率

用户投诉率是指在微信公众平台与用户交流互动过程中，由于各种原因对公众平台服务不满意所收到的投诉比例。这是衡量微信服务人员的重要指标，也是衡量微信用户对微信运营满意度的一项重要指标，在微信运营过程中必须重视。

2. 申请各项服务的用户人数

申请各项服务的用户人数是指关注或未关注公众号的用户，根据公众号的设置申请各项服务的人数，如参加转发活动人数等。

3. 用户满意度

用户满意度是指微信用户对公众号运营人员、内容推广人员以及服务人员的总体评价，是整个微信公众号运营的综合用户评价。

2.6.7 用户画像

除了根据数据对微信公众号的传播、营销、服务等进行评估之外，数据分析的一个重要用处在于帮助运营者对用户有清晰、深刻的了解，一方面能够知道当下的订阅用户是否是自己的目标用户；另一方面也能通过对用户的画像指导内容生产和运营工作。

什么是用户画像？男，31 岁，已婚，收入 1 万元以上，爱美食，团购达人，喜欢红酒配香烟。这样一串描述即为用户画像的典型案例。如果用一句话来描述，即：用户信息标签化。

为什么要做用户画像分析？用户画像的核心工作是为用户打标签，打标签的重要目的之一是为了让人能够理解并且方便处理。

目前微信后台数据中提供的用户属性数据包括性别分布、语言分布、地域分布（细分为省份和城市）、终端分布、机型分布。但这些属性的维度仍然比较简单，无法得出太多的结论。在实践中，运营者仍然需要结合经验，包括文章偏好分析、问卷调查、社群调研以及第三方平台分析等，得出更加翔实的用户画像。

用户画像的数据模型，可以概括为下面的公式：用户标识 + 时间 + 行为类型。某用户因为在什么时间、地点、做了什么事，所以会打上某标签。

用户画像是一种比较实用的数据分析方法，但因微信强调用户隐私保护，单靠后台数据无法推导出精确的用户画像，因此我们需要投入大量的精力，并结合丰富的经验，去做更详尽的数据收集统计，以做出最详细的用户画像。

2.7　本章小结

1. 总体规划的重要作用

从微信运营管理的角度来说，总体规划工作决定着企业微信运营的成败。必须重视微信运营的总体规划，在运营微信公众号之前，一定要做好相关工作。

2. 定位分析和任务分析

每个微信号都必须有明确的定位，本章介绍了如何从目标受众、内容风格、平台功能等几个维度进行综合考虑。为实现微信的定位和目标，微信运营需要开展的工作主要包括：内容运营、用户运营、活动运营、营销推广、技术开发、数据分析和其他相关工作。本章对这些工作内容进行了概述。

3．团队管理和经费管理

微信运营需要建立一支专业的团队，本章介绍了微信运营团队的组织架构、岗位职责、常用的考核标准和薪酬算法，同时列举了一些相关制度。

经费管理是总体规划的重要内容之一，本章介绍了微信运营管理常见的费用，包括：人工费用、认证费用、版权费用、活动费用、推广费用、渠道费用和其他相关费用等。

4．数据分析

本章介绍了如何通过微信公众平台查看数据统计，包括用户增长来源分析、图文阅读分析和用户属性分析等。

同时介绍了分析这些数据的主要方法，包括周期性数据分析、定点观测分析、异常数据分析等。通过这些方法，能够更好地帮助微信运营管理师进行深度分析和复盘。

有了运营数据，还需要设定关键指标来评估微信运营的效果。本章从多个维度出发，给出了多个关键指标：

- 传播力度评估：信息到达率、信息转发率、收藏率、阅读量、新增用户数、流失用户数、留存率、文章初次打开率、转发分享率、转发拉粉率、二次传播率；
- 号召力评估：用户关注度、活动参与度；
- 营销力评估：产品力、服务力、品牌力、团队运营力、微信运营力；
- 服务力评估：用户投诉率、申请各项服务的用户人数、用户满意度；
- 用户画像模型：用户标识 + 时间 + 行为类型。

2.8　思考与练习

（1）你是如何进行微信公众号定位的？

（2）在微信公众号的总体规划中，你觉得什么才是最重要的？

（3）对于团队管理，你有什么好的想法和建议？

（4）分析题

老赵自己开了一家家具厂，专门从事家具定制的业务。但是由于近年来市场不景气，业务量开始下滑，老赵开始着急了，想着试试互联网的方式是否可以帮助企业带来新的机遇。但是，老赵对互联网一窍不通，不知道该怎么办，他问了问自己的儿子小赵，小赵是做过营销的，他应该会有一些思路。

小赵建议老赵开一个微信公众号，扩展新的渠道。

如果你是小赵，你会如何帮助老赵规划这个公众号呢？

第3章

微信公众号

一切从基础操作开始

　　小咖完成了微信运营的总体规划设计，开始摩拳擦掌，跃跃欲试。原来公司的公众号基本都不能用了，小咖需要重新注册。

　　重新注册公众号，该注册哪种，订阅号还是服务号？要不要用企业号呢？

　　账号的注册和认证该怎么做呢？

　　后台有什么功能？怎么操作？

　　小咖面临着一堆的问题。

　　但这些问题也没难倒小咖，经过一番咨询和学习，小咖把微信公众号的一些基础知识总结出来了，这也帮助小咖更深度地认识了微信公众号，为接下来的运营工作奠定了良好的基础。

学习目标

- 掌握微信公众号选择的方法
- 掌握微信订阅号、服务号、企业号的基本操作
- 熟悉微信公众号的主要运营规则

本章预览

微信公众平台是腾讯公司在微信的基础上增加的功能模块，通过这一平台，个人和企业都可以打造一个微信公众号，并实现和特定群体的文字、图片、语音的全方位沟通、互动。微信公众平台分订阅号、服务号和企业号三类平台。

微信运营管理师的主要工作，就是依托微信公众平台运营管理微信公众号。本章所介绍的内容，是微信运营管理师应该掌握的最基本技能，包括微信公众号的注册、认证、基本功能操作等。

3.1　什么是微信公众号

腾讯公司发布微信公众号，对其赋予了鲜明的时代使命。移动互联网时代的到来，使传统的社交活动和传统的商业活动面临改变。面对用户体验和感受，人们对日常生活和商业活动更需要一种便捷和理想的模式，微信公众平台无疑满足了目前人们的这种需求。

3.1.1　微信公众号的定义

微信公众号是腾讯公司开发的，为用户提供信息分享、传播以及获取的平台，提供给企业、政府及商家在微信公众平台上实现和特定群体进行文字、图片、语音、视频的全方位沟通与互动。

3.1.2　微信公众号的分类

微信公众号主要包括订阅号、服务号和企业号三种。

- 订阅号主要为媒体和个人提供一种新的信息传播方式，主要功能是给用户传达资讯，

比较适合自媒体、宣传推广等方向的应用。

- 服务号主要为企业和组织提供更强大的业务服务与用户管理能力，主要偏向服务类交互，比较适合提供特定服务、电子商务、客户服务等应用。
- 企业号主要用于公司内部办公使用，需要先有成员的通讯信息验证才可以关注成功。

如果想简单地发送消息，达到宣传效果，建议选择订阅号；如果想进行商品销售，或提供更多的服务功能，建议申请服务号；如果想用来管理内部企业员工、团队，对内使用，可申请企业号。

订阅号与服务号有很多相似之处，两者的主要区别如表 3-1 所示。

表 3-1　订阅号与服务号的区别

序　号	功　　能	订　阅　号	服　务　号
1	申请限制	个人身份可以申请订阅号，但不能认证	个人身份不可以申请服务号
2	发送消息数量	1 天内可群发 1 条消息	1 个自然月内可群发 4 条消息
3	信息显示位置	群发消息，折叠在订阅用户的"订阅号"文件夹中，在微信会话列表中会有新消息提示（"红点"标志）	群发信息，会显示在订阅用户的聊天列表中，并且在发送信息给订阅用户时，订阅用户将收到及时的信息提醒
4	功能接口	部分高级功能接口（认证后）	全部高级功能接口（认证后）
5	支付功能	不能申请微信支付功能	可以申请微信支付功能（认证后）
6	微信小店	不能申请微信小店	可以申请微信小店（认证后）

3.1.3　微信公众号的应用原则

微信公众号的应用主要遵循以下几个原则。

原则一：定位精准

面对复杂的商业环境，企业要让自己的微信公众号发挥最大潜力，必须对潜在用户、产品维度、营销推广有明确的定位，这样微信公众号才能做到有的放矢，从而产生最大效益。

原则二：简单明了

面对越来越多的碎片化时间，用户不可能花过多的时间去关注一个公众号，因此公众号的内容和形式都要求简单明了，让用户在最短的时间看懂、看明白商家的产品和服务。

原则三：价值为王

微信公众号所发布的内容，对用户是有价值的，能够吸引用户不断关注，只有这样，才能让企业微信公众号顺利地运行下去，而且会不断增加粉丝用户，该微信公众号最终给企业带来价值。

原则四：注重体验

如今的商业活动已经不仅仅是简单的买卖关系，用户的消费体验、个性化需求不断突显。因此企业公众号在内容和形式上，都必须根据用户的心理感受、消费特征来设计。

原则五：用户利益

微信公众号不仅要在内容和形式上不断满足用户的特殊需求，还要不断给予用户利益，例如发红包、打折返利、赠送优惠券等活动，给予用户实实在在的利益。

3.2　订阅号的基本操作

3.2.1　订阅号的注册

企业申请订阅号需要准备的资料有：企业名称、企业邮箱、企业地址、企业所在地邮编、营业执照注册号、营业执照所在地、成立日期、营业期限、经营范围、营业执照副本扫描件、注册资本、组织机构代码等。

另外还需要准备运营者的一些资料：运营者身份证姓名、运营者身份证号、运营者手持证件照片、职务、手机号码、授权运营书（打印出来签名盖章后扫描上传）。

准备好以上资料后，即可开始申请，步骤如下：

（1）通过电脑登录微信公众平台官网：http://mp.weixin.qq.com/，点击右上角的【立即注册】。

（2）填写注册邮箱和设置公众号登录密码。（使用未绑定微信的邮箱进行注册）

（3）登录邮箱查看邮件，并激活公众平台账号。

（4）点击邮件中的链接地址，完成激活。

（5）选择账号类型，在此选择【订阅号】。（一旦成功建立账号，则类型不可更改）

（6）选择主体类型。

（7）主体信息登记。（不同主体账号登记的信息不同，需要按照相应的要求准备资料）

（8）运营者身份验证。

（9）设置公众号信息。

（10）成功创建公众号。

3.2.2 订阅号的认证

微信认证是微信为了确保公众账号信息的真实性、安全性而提供的服务。微信认证后，将获得更丰富的高级接口，向用户提供更有价值的个性化服务，用户将在微信中看到微信认证特有的标识。

1．认证的好处

订阅号认证后的特权：

- 自定义菜单（可跳转至外部链接）；
- 部分高级功能接口；
- 可以申请广告主功能；
- 可以申请卡券功能；
- 公众号头像、详细资料中会显示 V。

2．认证的条件

订阅号支持以下几种认证类型：

- 个人——同时满足以下三个条件的个人类型公众号，可申请微信认证：2014 年 8 月 26 日之前注册；没有开通流量主；未纠错过主体信息。
- 企业——企业法人、非企业法人（个人独资企业、合伙企业、企业法人的非法人分支机构、中外合作经营企业中的非法人企业）、个体工商户、外资企业驻华代表处。
- 网店商家——目前只支持天猫店铺、QQ 网购店铺申请，以店名作为认证名称；店铺的经营者必须是申请主体。
- 媒体——事业单位媒体、其他媒体。

- 政府及事业单位——政府（可免费认证）、事业单位。
- 其他组织——社会团体（组织机构代码证上显示为社团法人）、民办非企业组织（组织机构代码证上显示为民办非企业）、其他组织（基金会、国外政府机构驻华代表处，可免费认证）、其他组织（组织机构代码证上显示为其他机构，基金会、国外政府机构驻华代表处除外的其他组织类型）。

3．认证的步骤

（1）进入微信公众号，有两种方式进入认证流程：

【设置】→【微信认证】→【开通】；或者通过【设置】→【公众号设置】→【账号详情】→【申请微信认证】。

（2）验证身份。

（3）同意遵守《微信公众平台认证服务协议》。

（4）填写认证资料。

（5）确定名称。

（6）填写发票。

（7）支付费用审核，可选择两种方式：微信支付或银行账户打款。

（8）认证审核，如图 3-1 所示。

图 3-1　认证审核

3.2.3 基本功能概述

登录微信公众号后，可以看到如图 3-2 所示的页面。公众号的基本信息，可以在此页面查看。

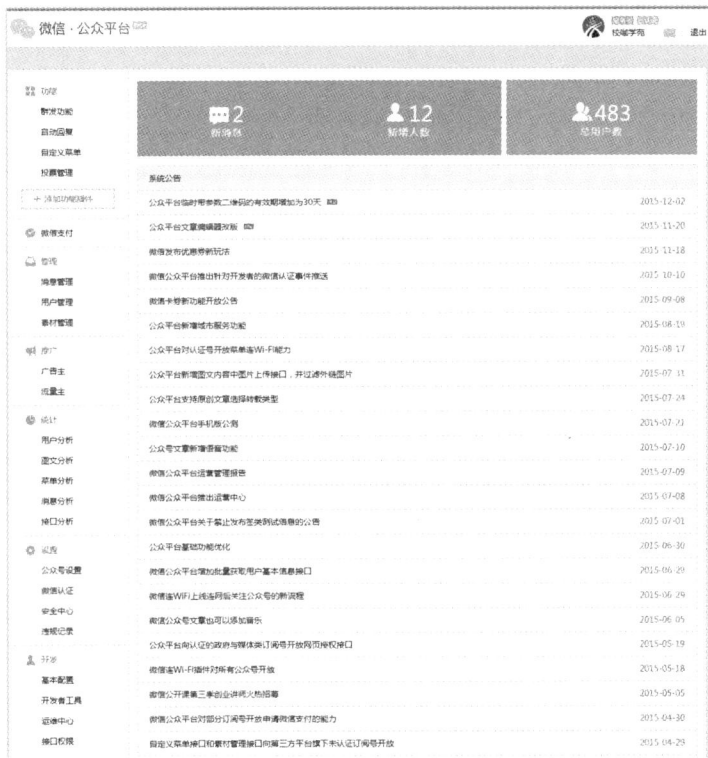

图 3-2　微信后台页面

- 最上面右侧是基本信息，包括头像、账号类别、是否认证、账号名称、消息通知、退出按钮等；
- 左侧区域是功能区，包括六大模块：功能区、管理区、推广区、统计区、设置区和开发者中心等；
- 右侧区域是展示区，包括新消息数量、新增人数、总用户数、系统公告等。

3.2.4　基本参数设置

在设置模块中，主要包括公众号设置、微信认证、安全中心、违规记录 4 个功能，如图 3-3 所示。

图 3-3　设置模块

- 公众号设置：对公众号的基本参数进行设置。
- 微信认证：开通微信认证页面，未申请认证的，可在此页面开通微信认证。
- 安全中心：设置管理员微信号、风险操作保护、风险操作提醒、修改密码及查看风险操作记录，根据需要直接点击详情，进行相关操作即可。
- 违规记录：记录公众号的违规情况，运营者可随时进行查看，以更清晰地了解账号违规情况及相关规则。如果对违规记录存在异议，则可通过站内信处罚通知的申诉入口进行申诉。

登录 mp.weixin.qq.com ，进入微信公众号，点击左侧功能列表下方的【公众号设置】，进入公众号设置页面。

1．头像设置

- 头像有两种展示方式，即圆形和方形。圆形一般在订阅用户的客户端展现；方形一般在公众号后台及二维码中展现；
- 头像设置尽量中心突出，避免被覆盖文字和图像；
- 与企业 Logo、商标相符合。

2．二维码设置

二维码可以直接下载使用，格式为 jpg。

3．名称设置

- 微信公众号名称注册后不可修改；
- 名称可设置 3~30 个字符（1 个汉字算 2 个字符）；
- 微信公众号名称不支持设置特殊符号；
- 微信公众号名称不能和微信认证账号、微博认证账号名称重复；
- 目前公众账号没有改名功能，在微信认证过程中有重新提交命名的机会。

4．微信号设置

- 微信公众号的微信号只可设置一次，一旦设置过就无法再修改，页面会显示已设置完成的微信号；
- 微信号设置要方便、好记、易推广；
- 尽量不用符号。

5．功能介绍设置

- 修改后需要 3 个工作日审核；
- 功能介绍不需要和公司经营范围等内容相关，但不能带有被保护、违规的词汇，如微信、热线、兼职、相册、男科、QQ 号码、QQ 群、手机号码、网站等信息。

6．客服电话设置

- 目前仅对微信认证用户开放（需名称审核通过，即加 V 认证成功）；
- 如果是固定电话，需填写区号；
- 客服电话设置后，公众号资料页面将会出现该客服电话，方便后续客户联系；
- 若客服电话未设置，则不显示；
- 目前支持 iPhone/Android 5.3.1 及以上微信版本显示。

7．邮箱设置

一个月（30 天）内只能申请修改一次。

8．主体信息设置

自 2015 年 1 月 1 日起，已注册成功的个人类型或企业类型公众号无法申请修改主体信息，若账号主体信息有误，建议重新注册公众平台账号。

9．运营者信息修改

- 个人类型：主体信息，即运营者资料，目前不再支持修改，若主体信息有误，建议重新注册公众平台账号；
- 其他主体类型运营者信息修改方式：进入公众号→【公众号设置】→【主体信息-详情】→【修改】→修改完成后【提交】。

10．功能设置

（1）功能设置——隐私设置
- 设置禁止用户通过昵称搜到该账号后，粉丝通过 id 和二维码可以搜到该账号；
- 设置成功，半小时后即可生效。

（2）功能设置——图片水印功能
- 可设置添加水印和不添加水印；

- 若直接将复制的图片粘贴至正文内容中，图片则不会显示水印。

（3）功能设置——域名相关设置

- 仅针对已开通了微信认证的公众账号（资质、名称均需通过审核）；
- 设置业务域名功能后，在微信手机端输入账号信息时，不会出现"防欺诈盗号，请勿支付或输入 QQ 密码"信息；
- 填写业务域名要求是二级或二级以上域名（三、四级域名），需通过 ICP 备案的验证；
- 修改域名频率限制为：3 次/月，设置成功 15 分钟后生效。

3.2.5 基本功能设置

功能模块主要包括：群发功能、自动回复、自定义菜单、多客服、投票管理等功能，如图 3-4 所示。

图 3-4 功能模块

1．群发功能

群发功能是微信公众号最常用的一个功能。通过微信公众号，将编辑好的图文、文字、图片、视频、语音中某一类消息发送给订阅用户，可实现 100%到达率。

在此功能下，如图 3-5 所示，还可以对订阅用户进行分组发送。按照在用户管理中的分组、性别、地区三种模式进行分组发送，可以将不同的信息发给不同的人群，使信息传达更加精准。

绑定腾讯微博，可以同时将内容推送到腾讯微博上。

图 3-5　群发功能

- 图文消息发送：可以选择单图文或多图文，根据需要新建图文消息，或者在素材管理中选择已保存的图文消息。
- 纯文字消息发送：根据需要填写文字，选择对群发对象、性别、群发地区发送即可。
- 图片消息发送：根据需要上传图片，或者在素材管理中选择已上传的图片。
- 语音消息发送：根据需要填写文字，选择群发对象、性别、群发地区发送即可。
- 视频消息发送：根据需要上传视频，或者在素材管理中选择已上传的视频。

2. 自动回复

自动回复功能是微信公众号中的智能客服，若接入第三方平台，则自动回复功能会更加丰富。

被添加自动回复：当订阅用户关注微信公众号时，如图 3-6 所示，微信公众号自动发送一条信息给订阅用户。可以发送文字、图片、语音、视频，如果使用第三方平台，则可以设置图文消息等。

图 3-6 自动回复功能

- 消息自动回复：当关注微信公众号的订阅用户在对话框中发送任何信息给微信公众号时，微信公众号自动回复给订阅用户的内容如图 3-7 所示。可以是文字、图片、语音、视频，如果使用第三方平台，则可以设置图文消息及更加丰富的自动回复功能。

图 3-7　消息自动回复

- 关键词自动回复：当订阅用户进入公众号并输入某个指定关键词时，微信公众号自
  动回复相应的内容给订阅用户。关键词可以是数字、文字、英文字母、符号等单独
  或组合设置；相应的回复内容可以是图文、文字、图片、语音、视频中的某一类。
  操作步骤如图 3-8 所示。

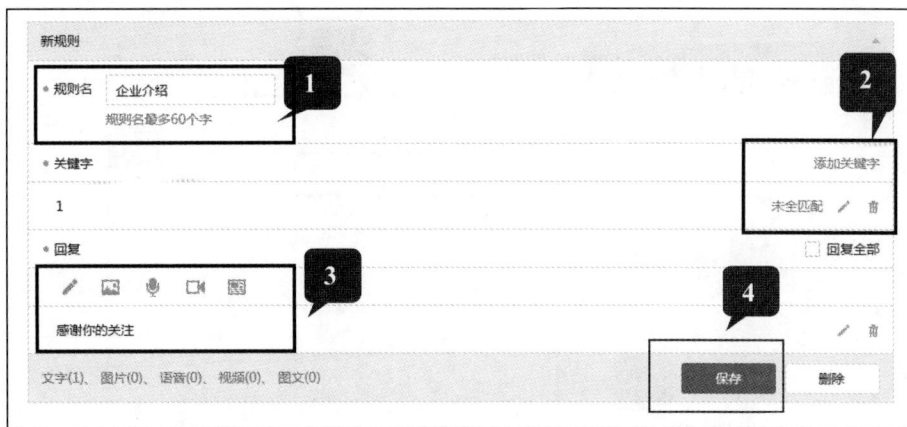

图 3-8　设置关键词自动回复操作步骤

3. 自定义菜单

公众账号可以在会话界面底部设置自定义菜单，菜单项可按需设定，并可为其设置响

应动作。订阅用户可以通过点击菜单项，收到设定的响应，如收取消息、跳转链接。如表 3-2 所示是不同类账号中自定义菜单的功能类型。

表 3-2　不同类账号中自定义菜单的功能类型

动作类型	功能类型	普通订阅号	微信认证订阅号	普通服务号	微信认证服务号
发送消息	纯文字		√	√	√
	纯图片	√	√	√	√
	纯语音	√	√	√	√
	纯视频	√	√	√	√
	图文消息	√	√	√	√
跳转页面	外部链接（其他网站）		√	√	√
	素材管理（图文消息）	√	√	√	√
开发者模式	开发者模式		√	√	√

自定义菜单设置步骤如下：

（1）开通菜单。

进入【公众平台】→【自定义菜单】→【点击这里】开启。

（2）设置菜单内容，步骤如图 3-9 所示。

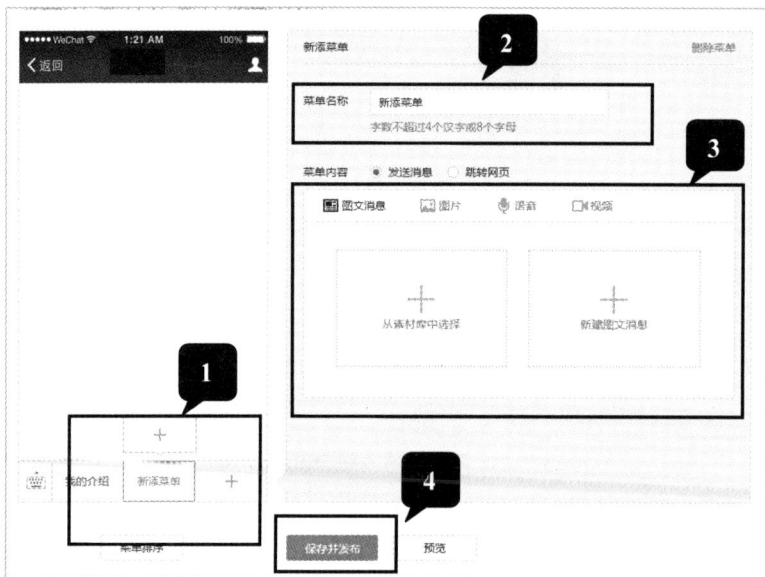

图 3-9　自定义菜单设置步骤

在左侧点击【+】，添加新菜单，在右侧设置此菜单的名称、菜单内容，设置完成后可预览。

4．投票管理

投票功能用于在比赛选举等活动中收集粉丝意见，如图 3-10 所示，例如：XX 宝宝大赛，可以提供参赛者信息给粉丝参与投票。

可以通过微信公众号的图文消息发布，让其他人针对设置的问题进行投票，并可以在后台统计投票结果。

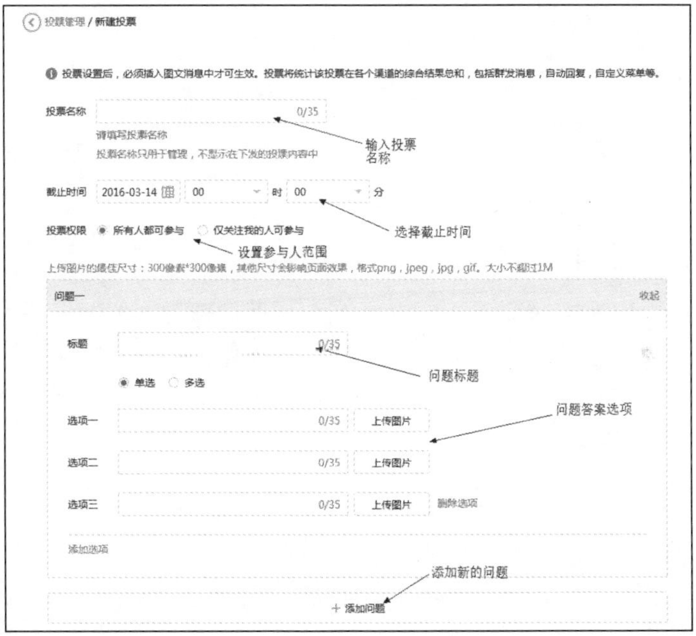

图 3-10　创建投票信息

5．原创保护功能

微信公众平台上线的原创声明功能，是提供给原创作者保护原创的机会。原创声明实为文章原创者在微信公众平台的主动自发行为。原创文章在原创声明成功后，微信公众平台会对原创文章添加"原创"标识，当其他用户在微信公众平台发布已进行原创声明的文章时，系统会为其注明出处。

6. 多客服功能

多客服功能面向认证通过后的服务号和订阅号开放。

如图 3-11 所示，认证的微信公众号可以在公众平台选择【功能】→【添加功能插件】→【多客服】插件进入点击开通即可。申请成功后，在左菜单栏选择【功能】→【多客服】，设置微信号。

接下来，添加客服工号即可使用。

图 3-11　开通多客户功能

7. 摇一摇周边

摇一摇周边是微信在线下的全新功能，为线下商户提供近距离连接用户的能力，并支持线下商户向周边用户提供个性化营销、互动及信息推荐等服务。

通过"摇一摇·周边"，用户就可以在线下的商铺、餐厅、橱窗甚至货架前，摇到由商家提供的红包、优惠券、小游戏，或者导航等服务。基于"摇一摇·周边"，可以将所处的空间更加紧密地连接起来。

申请方法：

- 需开通微信公众账号，且公众账号处于认证成功状态，订阅号及服务号均可（通过资质认证即可）；
- 登录 MP 平台→点击【添加功能插件】→添加【摇一摇周边】功能插件；
- 直接在 PC 侧登录【摇一摇周边】的申请入口：https://zb.weixin.qq.com。

8. 设备功能

设备功能是微信硬件平台为智能硬件厂商提供的接入能力，通过设备功能，智能硬件可以使用微信硬件平台提供的各种服务，实现如微信运动、微信控制、微信配网等场景。

申请开通设备功能必须是通过微信认证的公众号。

9. 评论功能

评论功能可以使公众账号内文章被关注用户评论，加强公众账号与关注用户之间的互动。

10. 模板消息

通过模板消息接口，公众号能向关注其账号的用户发送预设模板的消息。模板消息仅用于公众号向用户发送重要服务通知，如信用卡刷卡通知、商品购买成功通知等。

申请方法：

目前支持微信认证的服务号可使用模板消息功能。进入【公众平台】→【功能】→【添加功能插件】→【模板消息】进行申请并获得使用权限后，即可开始使用。

11. 城市服务功能

目前的开放范围：仅支持已经认证过的政府/事业单位公众号。这两类公众号可在公众平台管理端看到城市服务插件的申请入口。

12. 摇一摇电视

微信摇电视，是微信在电视场景下的行业解决方案，通过摇一摇实现用户和电视的双向连接、实时互动。微信摇电视支持电视台节目进行实时互动、内容运营、效果统计等，可帮助电视台：

- 提升收视率，微信平台，连接亿级观众；
- 延展电视内容，多屏互动，丰富节目内容；
- 实现商业价值，移动终端，拓展商业空间。

申请步骤：

（1）登录 https://yao.weixin.qq.com 注册账号。

（2）根据摇电视平台指引填妥资质审核信息，在两周时间内会有审核结果，运营者届时请登录平台查看状态变更。

13．公众平台手机版

微信公众平台手机版是在手机上管理公众号的工具，目前只支持收发用户消息、管理文章评论、管理文章赞赏。

运营者微信关注"公众号安全助手"（mphelper），即可在移动端微信中管理公众号。

14．卡券功能

微信卡包享有微信固定二级入口，可便捷收纳各类型卡券。结合 SNS、LBS 等能力，更可在多渠道投放，进而拉新留存，沉淀用户。通过实现电子卡券的创建、投放、领取、使用，并配套数据对账、门店管理等功能，连接商家与用户，构建 O2O 消费闭环。

微信卡券功能支持代金券、折扣券、礼品券、团购券、通用券、电影票、飞机票、汽车票、景点门票、会议门票、会员卡等，如图 3-12 所示为卡卷样例。

15．微信 Wi-Fi 功能

微信连 Wi-Fi 是微信推出的快速连接 Wi-Fi 热点的功能。商户启用后，其顾客仅需通过微信"扫一扫"二维码等方式，即可快速连接商户提供的 Wi-Fi 免费上网。连接成功后，用户微信主界面顶部就会出现"正在连接 Wi-Fi"的状态提示，点击该提示，即可查看优惠活动信息，以及使用商户提供的在线功能和服务。

图 3-12 卡券样例

3.2.6 管理功能解析

如图 3-13 所示，管理模块主要包括消息管理、用户管理和素材管理。

图 3-13 管理模块

1. 消息管理

在消息管理模块中，可以查看订阅用户与公众号对话的全部消息，如图 3-14 所示。

图 3-14　消息管理

注意事项：

- 文字消息保存 5 天，其他类型消息只保存 3 天；
- 在"消息管理"中对粉丝发送的消息标记为"收藏消息"，将永久保存该消息；
- 与单个粉丝的实时聊天消息记录最多只保留 20 条；
- 图片需在有效期内标记为"收藏消息"才有效，如果超出 3 天有效期将无法保存；
- 图片、语音在有效期内可另外保存到素材管理模块中；
- 目前微信公众号暂不支持接收名片、动画表情及动态图片；
- 不支持手动删除粉丝发过来的消息，系统会保留最近 5 天的消息，超过时间的消息会自动清空；
- 在微信公众平台中粉丝即时给自己发过来的消息没有导出功能，只有粉丝发送的语音和图片可以保存为素材或者下载到本地电脑中，单纯文字无法进行以上操作；
- 粉丝发送给公众账号的消息在 48 小时内未回复粉丝的，48 小时后则无法再主动发送消息给该粉丝，但如果下次该粉丝主动发送消息，则可以进行回复。

2. 用户管理

在用户管理模块中可以查看所有订阅用户的基本信息，以及对用户进行分组、修改备注等操作，如图 3-15 所示。

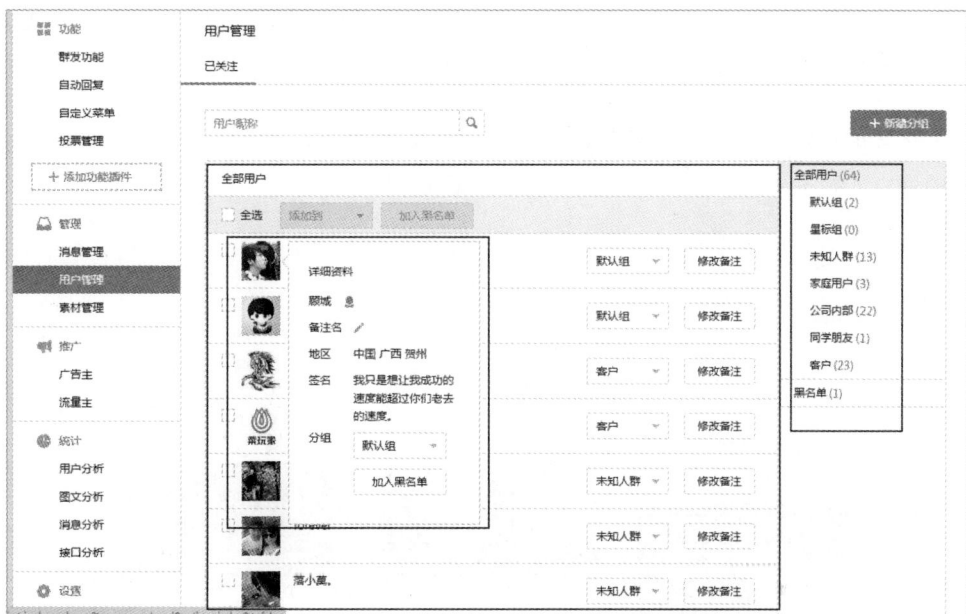

图 3-15 用户管理

注意事项：

- 微信公众平台分组中的粉丝是根据他们加入此分组的时间排序的，最近加入的粉丝会排列在前；
- 分组名称只支持设置 1~6 个字符；
- 用户管理不支持显示粉丝微信号；
- 目前微信公众平台粉丝分组最高可以设置 100 个；
- 点击进入所建立的分组中，可以重新对该组别命名；
- 在用户管理中进入需要删除的分组中，点击"删除"即可；
- 黑名单中关注的粉丝将无法收到该公众账号的群发消息及自动回复消息，但可以通过"查看历史消息"查阅 10 条历史消息；

- 粉丝被加入黑名单分组后，如果粉丝取消了关注，然后再重新关注公众号，该粉丝仍然无法接收到群发消息及自动回复消息；
- 粉丝被加入黑名单分组后，给公众号发送的消息，不会在消息管理中显示，就算后续移除黑名单，该消息也不会显示。

3．素材管理

素材管理是对公众平台上的图文、图片、语音、视频等素材进行添加、编辑、删除等操作的模块，如图 3-16 所示，在此处即可进行相关操作。

图 3-16　素材管理

（1）编辑图文

进入【微信公众平台】→【管理】→【素材管理】→【新建图文消息】，即可编辑单图文消息；如果需要编辑多图文消息，则直接点击左侧的【＋】可增加一条图文消息，最多可编辑 8 条图文内容。

注意事项：

- 标题（必填项）：不能为空且长度不超过 64 字（不支持换行以及设置字体大小）；
- 在编辑单图文消息时，可以选填摘要内容，不能超过 120 个汉字或字符；填写摘要后在粉丝收到的图文消息封面会显示摘要内容；若未填写摘要，在粉丝收到的图文消息封面则展示部分正文内容；

- 目前通过标题或作者可以搜索到最近三个月内的信息；
- 封面图，尺寸一般为 900 像素×500 像素，格式为 bmp, png, jpeg, jpg。所选择的封面图要与主题契合；
- 作者，填写好作者，维护自己的版权利益；
- 正文，目前设置图文消息内容没有图片数量限制，正文里必须要有文字内容，图片大小加正文的内容不超过 20000 字即可，但在实际操作中，建议 300~500 字；
- 原文链接，在原文链接中可以添加自己的网址或链接到其他图文消息中，这是微信中唯一可以用来导入访问量的入口；
- 发送预览，可以将内容发送到手机端进行预览，查看文字、图片、排版、链接等是否正确可用。

（2）编辑图片

在素材管理页面中点击【图片库】，进入图片编辑页面。在这里可以上传新图片，并对现有的图片进行分组和删除。图片库中的素材可直接在图文中调用。

注意事项：

- 图片大小：不超过 5MB；
- 格式：支持 bmp, png, jpeg, jpg, gif。

（3）编辑语音

在素材管理页面中点击【语音】，进入语音编辑页面。在这里可以上传新语音，并对现有的语音进行分组和删除。语音中的素材可直接在图文中调用。

注意事项：

- 语音文件大小不超过 30MB，语音时长不超过 30 分钟；
- 支持 mp3，wma，wav，amr 格式。

（4）编辑视频

在素材管理页面中点击【视频】，进入视频编辑页面。在这里可以上传新视频，并对现有的视频进行分组和删除。视频中的素材可直接在图文中调用。

注意事项：

- 禁止发布的内容：不得上传未经授权的他人作品，以及色情、反动等违法视频；
- 标题不能超过 21 个汉字或 42 个数字/字母；
- 视频要求：视频不能超过 20MB，支持大部分主流视频格式，超过 20MB 的视频可

至腾讯视频上传后添加;

- 时长要求:不支持时长小于 1 秒或大于 10 小时的视频文件,否则上传后将不能成功转码;
- 上传成功后服务器将视频转码成播放器可识别的格式。本地视频上传后需要审核,审核时间为 20 分钟内;
- 支持 rm, rmvb, wmv, avi, mpg, mpeg, mp4 格式。

3.2.7 推广功能解析

推广模块主要包括广告主和流量主两个功能,如图 3-17 所示。

图 3-17 推广模块

1. 广告主

公众账号运营者通过广告主功能（付费模式）可向不同性别、年龄、地区的微信用户精准推广自己的服务，获得潜在用户。

（1）资格申请

公众平台广告主功能开通需要已通过微信认证的公众账号（订阅号、服务号）。

如图 3-18 所示，进入【公众平台】→【广告主】→【申请开通】→【同意确认协议】→【选择主营行业，以及行业资质材料】→【提交审核】。

图 3-18　广告主申请

注意事项：

- 只能选择一个行业类型，提交后无法修改；
- 资质材料支持 bmp, png, jpeg, jpg, gif 格式图片，文件大小不超过 2MB；
- 广告主申请提交后，将在 2 个工作日内审核完毕，如遇周末或节假日暂不处理，顺延到下个工作日。

（2）使用广告主

进入【广告主】→【广告管理】，点击【新建广告】。

（1）编辑基本信息。

（2）编辑广告位。

（3）投放设置，根据内容和目标设置投放范围。

（4）预览并提交。

（5）提交后等待审核通过即会自动投放。

2. 流量主

公众账号运营者自愿将公众号内指定位置分享给广告主做广告展示，按月获得广告收入。如图 3-19 所示，在后台查看流量主的数据。

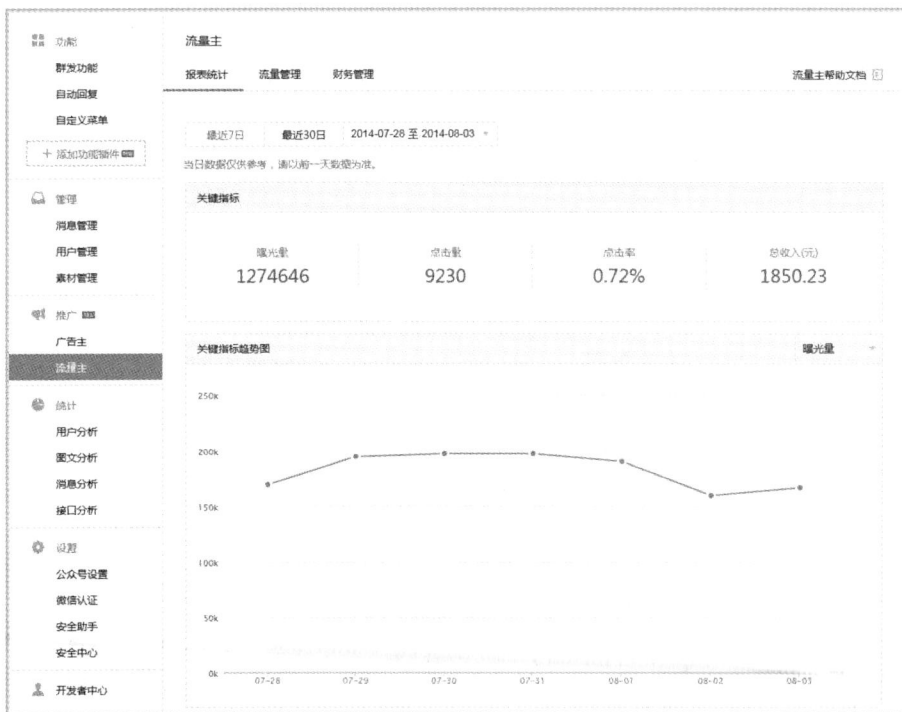

图 3-19　流量主数据

（1）资格申请

- 注册类型为企业、个人、网店商家、其他组织类型的公众账号（订阅号、服务号）且粉丝超过 2 万人；
- 媒体、政府类型需要微信认证的公众号且粉丝超过 2 万人；
- 订阅号用户需要群发文章超过 15 条的记录（不包括已删除的文章，需要使用群发功能成功操作的有效文章内容）；
- 原创公众号粉丝超过 1 万人。

（2）使用流量主

进入【公众平台】→【流量主】→【申请开通】→【同意协议】→【选择广告标签】（最多可选择 3 个标签）→【结算财务资料】。

注意事项：

- 流量主申请提交后，将在 7 个工作日内审核完毕，如遇周末或节假日暂不处理，顺延到下个工作日。流量主开通后，自动开始投放广告。使用流量主，主要是查看数据报表。
- 流量主报表数据在第二天 8 点进行更新；
- 流量主绑定微信号后，通过关注的公众号"微信推广助手"（微信号：ad_helper）可接收每日广告数据推送，最多可绑定 5 个微信号。

进入【公众平台】→【流量主】→【报表统计】→【数据推送】→【绑定微信号】，扫描二维码后，即可绑定成功，微信号会自动关注"微信推广助手"公众号。

注意事项：

- 若已经绑定满 5 个微信号，则可在"解除绑定"后，更换其他的微信号绑定；
- 流量主数据推送时间是每天早晚 9 点各推送一次，若早上 9 点推送成功，晚上 9 点则不会再推送；
- 若取消关注"微信推广助手"公众号，微信号将无法收到广告数据。

3.2.8 统计功能解析

统计模块主要包括用户分析、图文分析、消息分析和接口分析，如图 3-20 所示。

图 3-20 统计模块

1. 用户分析

此模块用来查看所有订阅用户的数据，包括用户增长与用户属性两大类。如图 3-21 所示是用户分析相关数据。

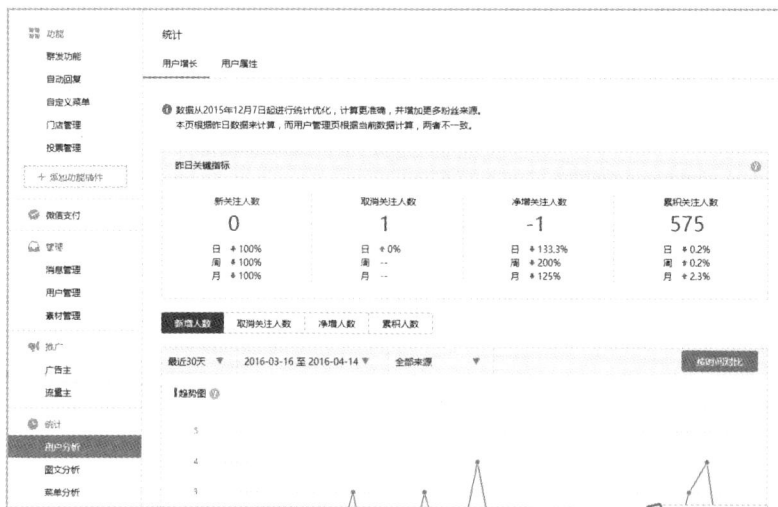

图 3-21 用户分析相关数据

（1）用户增长

- 昨日关键指标模块：针对昨天的关注人数变化，以及与前天、7 天前、30 天前进行对比，体现为日、周、月的百分比变化。
- 关键指标详解趋势图：可以选择 7、14、30 天或某个时间段的关注人数变化，也可以选择按时间对比。

（2）用户属性

微信公众平台的所有用户会按性别、语言、省份的分布情况进行统计。

- 性别分布：按男、女和其他分类（指粉丝微信里的设置）。
- 语言分布：按简体中文、繁体中文、英文、未知分类（指粉丝手机上设置的语言类型）。
- 省份分布：按省份、未知城市分类（指粉丝微信注册 IP 归属地）。
- 终端分布：查看用户使用的手机终端。
- 机型分析：针对使用的手机机型展示排名 TOP10。

2. 图文分析

此模块用来查看所有已发送的图文相关数据，主要包括两大类：图文群发和图文统计。如图 3-22 所示是图文分析相关数据。

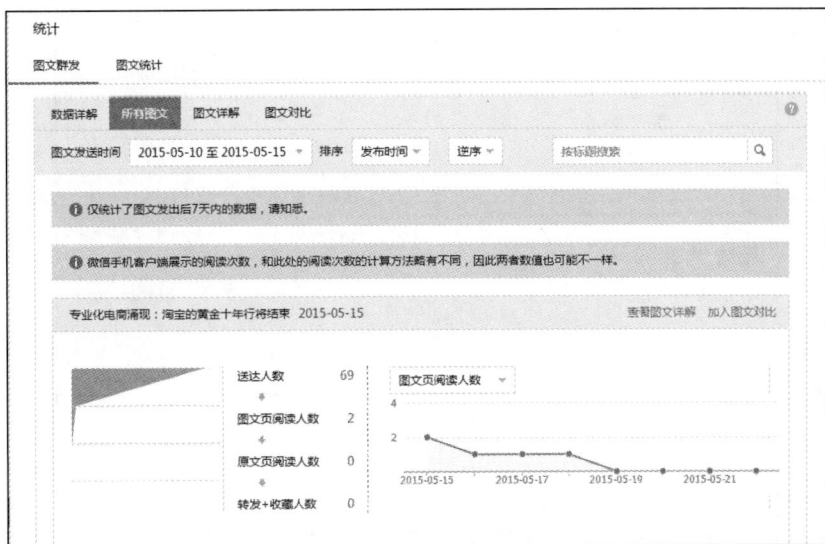

图 3-22　图文分析相关数据

（1）图文群发

- 所有图文：可以选择指定时间内的图文，或者按标题搜索，则会显示图文对应指标的数据。
- 图文对比：选择一个或者多个图文，点击【加入图文对比】进行图文对比。图文对比页面就是把一个或多个图文排到一起以方便对比查看。也可以点击【立即去图文对比】到图文对比页面进行对比。

（2）图文统计

- 昨日关键指标模块：针对昨天的图文阅读、转发、分享次数变化，以及与前天、7天前、30天前进行对比，体现为日、周、月的百分比变化。
- 关键指标详解趋势图：可以选择7、14、30天或某个时间段的阅读人数、次数变化，也可以选择按时间对比。

3．菜单分析

此模块用来查看一定时间内用户点击菜单的相关数据，主要是对菜单进行分析，如图3-23所示。

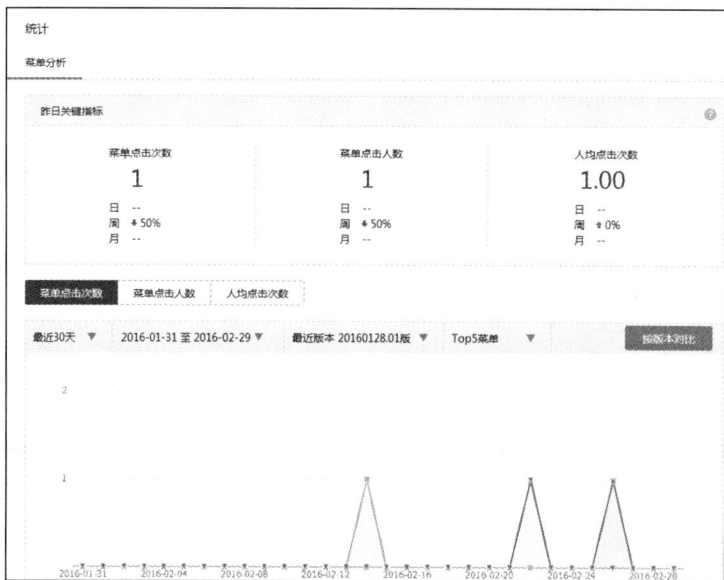

图 3-23　菜单分析模块

- 昨日关键指标模块：针对昨天粉丝点击菜单的次数、人数变化，以及与前天、7 天前、30 天前进行对比，体现为日、周、月的百分比变化。
- 关键指标详解趋势图：可以选择 7、14、30 天或某个时间段的菜单点击人数、次数变化，也可以选择按时间对比。

4．消息分析

此模块用来查看一定时间内订阅用户发送的消息数量，主要包括两类：消息分析和消息关键词，如图 3-24 所示。

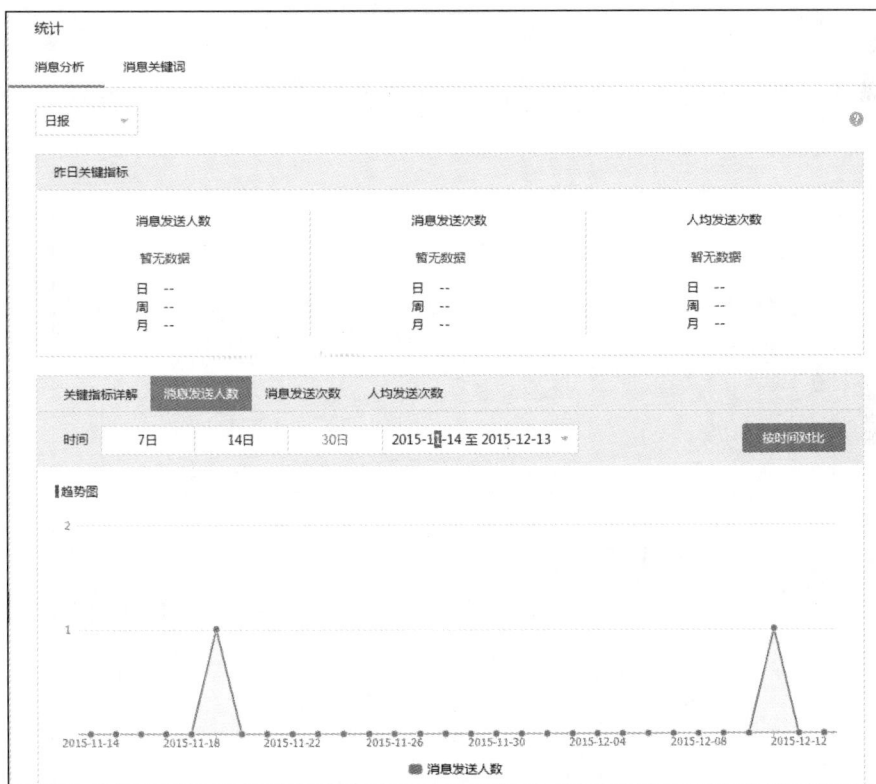

图 3-24　消息分析模块

（1）消息分析

- 昨日关键指标模块：针对昨天粉丝主动发送消息的人数、次数变化，以及与前天、7

天前、30天前进行对比，体现为日、周、月的百分比变化。

- 关键指标详解趋势图：可以选择 7、14、30 天或某个时间段的消息发送人数、次数变化，也可以选择按时间对比。

（2）消息关键词

- 可以查看用户发送给公众号的消息中的关键词，便于公众号了解用户需求。
- 关键词：用户发送文字中所包含的特殊名词。
- 自定义关键词：公众号在编辑模式中预先设置的关键词。
- 非自定义关键词：在用户发送消息中，非公众号在编辑模式中预先设置的关键词。

5. 接口分析

该模块用来查看分析使用接口时，接口调用的次数、失败率、耗时等数据，如图 3-25 所示。

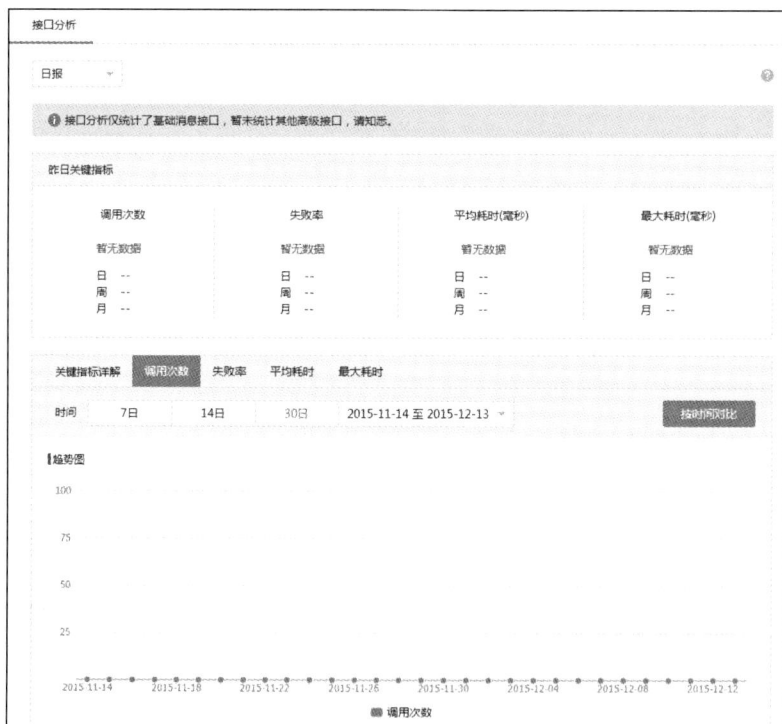

图 3-25　接口分析模块

- 调用次数：接口被调用的总次数。
- 失败率：调用失败的次数/接口被调用的总次数。
- 平均耗时：接口调用的总时长/接口被调用成功的总次数。
- 最大耗时：接口调用耗时的最大值。

注意事项：

- 数据从 2013 年 7 月 1 日开始统计，可以选择日期查询自 2013 年 7 月 1 日开始，到某一个日期跨度的数据；
- 该模块只对成为开发者的用户可见，且无须开启开发模式即可显示。

3.2.9　开发者中心解析

微信公众平台是运营者通过公众号为微信用户提供资讯和服务的平台，而公众平台开发接口则是提供服务的基础，开发者在公众平台网站中创建公众号、获取接口权限后，可以通过阅读本接口文档来帮助开发。

为了识别用户，每个用户针对每个公众号都会产生一个安全的 OpenID，如果需要在多个公众号、移动应用之间做用户共通，则需前往微信开放平台，将这些公众号和应用绑定到一个开放平台账号下。绑定后，一个用户虽然对多个公众号和应用有多个不同的 OpenID，但是对所有这些同一开放平台账号下的公众号和应用只有一个 UnionID，可以在用户管理中获取用户基本信息（UnionID 机制）文档了解详情。

进入微信公众平台后台，单击【开发】模块下的【基本配置】选项卡，跳转到【基本配置】页面，在《微信公众平台开发者服务协议》前勾选【我同意】，点击【成为开发者】进入【基本配置】页面。

【基本配置】页面分为两部分：配置项和接口报警。其中配置项包括：

1. 开发者 ID

如图 3-26 所示，开发者 ID 包括 App ID（应用 ID）和 App Secret（应用密钥）。

图 3-26　开发者 ID

2. 服务器配置

单击【服务器配置】栏目中的【修改配置】按钮，如图 3-27 所示，填写 URL（服务器地址）、Token（令牌）和 EncodingAESKey（消息加解密密钥），即可接入第三方平台。

其中：

- URL 是开发者用来接收微信消息和事件的接口 URL。
- Token 可由开发者任意填写，用于生成签名（该 Token 会和接口 URL 中包含的 Token 进行比对，从而验证安全性）。
- EncodingAESKey 由开发者手动填写或随机生成，将用作消息体加解密密钥。

同时，开发者可选择消息加解密方式：明文模式、兼容模式和安全模式。加解密方式的默认状态为明文模式，选择"兼容模式"和"安全模式"需要提前配置好相关的加解密代码。

图 3-27　填写服务器配置

3．开发者工具

开发者工具是指开发者在开发公众账号时可以应用的工具类型，包括开发者文档、在线接口调试工具、开发者问答系统、公众平台测试账号、公众号第三方平台、腾讯云 CDN 加速等。

4．运维中心

运维中心提供接口日志查询功能。当公众号接口调用发生异常时，开发者可在运维中心查看调用日志，帮助排查问题。

5．接口权限表

接口权限表是指开发者在公众平台开发时，可以开发的功能类型列表。

（1）接收消息接口

- 接收普通消息：当普通微信用户向公众账号发送消息时，微信服务器将消息的 XML 数据包 POST 到开发者填写的 URL 上。

- 接收事件推送：在微信用户和公众号产生交互的过程中，用户的某些操作会使得微信服务器通过事件推送的形式通知到开发者在开发者中心处设置的服务器地址，从而使开发者可以获取到该信息。其中某些事件推送发生后，是允许开发者回复用户的，某些事件则不允许。

（2）发送消息接口

- 被动回复消息：当用户发送消息给公众号时（或某些特定的用户操作引发的事件推送时），会产生一个 POST 请求，开发者可以在响应包（GET）中返回特定的 XML 结构来对该消息进行响应（现支持回复文本、图片、图文、语音、视频、音乐）。严格来说，发送被动响应消息其实并不是一种接口，而是对微信服务器发过来的消息的一次回复。

- 客服接口：当用户主动发送消息给公众号时（包括发送信息、点击自定义菜单、订阅事件、扫描二维码事件、支付成功事件、用户维权），微信将会把消息数据推送给开发者，开发者在一段时间内（目前修改为 48 小时）可以调用客服消息接口，通过 POST 一个 JSON 数据包来发送消息给普通用户，在 48 小时内不限制发送次数。此接口主要用于客服等有人工消息处理环节的功能，方便开发者为用户提供更加优质的服务。

- 群发接口：在公众平台网站上，为订阅号提供每天 1 条的群发权限，为服务号提供每月（自然月）4 条的群发权限。而对于某些具备开发能力的公众号运营者，可以通过高级群发接口，实现更灵活的群发能力。

- 获取自动回复规则：开发者可以通过该接口，获取公众号当前使用的自动回复规则，包括关注后自动回复、消息自动回复（60 分钟内触发一次）、关键词自动回复。

（3）素材管理接口

新增临时素材：公众号经常有需要用到一些临时性多媒体素材的场景，例如在使用接口特别是发送消息接口时,对多媒体文件、多媒体消息的获取和调用等操作,是通过 media_id 来进行的。素材管理接口对所有认证的订阅号和服务号开放（注：自定义菜单接口和素材管理接口向第三方平台旗下未认证的订阅号开放）。通过本接口，公众号可以新增临时素材（即上传临时多媒体文件）。

- 获取临时素材：公众号可以使用本接口获取临时素材（即下载临时的多媒体文件）。请注意，视频文件不支持 HTTPS 下载，调用该接口需要 HTTP 协议。

- 新增永久素材：除了 3 天就会失效的临时素材外，开发者有时需要永久保存一些素材，届时就可以通过本接口新增永久素材。

- 获取永久素材：在新增永久素材后，开发者可以根据 media_id 来获取永久素材，需要时也可保存到本地。

- 删除永久素材：在新增永久素材后，开发者可以根据本接口来删除不再需要的永久素材，节省空间。

- 修改永久素材：开发者可以通过本接口对永久图文素材进行修改。

- 获取素材总数：开发者可以根据本接口来获取永久素材的列表，需要时也可保存到本地。

- 获取素材列表：在新增永久素材后，开发者可以分类型获取永久素材的列表。

（4）用户管理

- 用户分组管理：开发者可以使用本接口，对公众平台的分组进行查询、创建、修改、删除等操作，也可以使用本接口在需要时将用户移动到某个分组。

- 设置用户备注名：开发者可以通过该接口对指定用户设置备注名，该接口暂时开放给微信认证的服务号。

- 获取用户基本信息：在关注者与公众号产生消息交互后，公众号可获得关注者的 OpenID（加密后的微信号，每个用户对每个公众号的 OpenID 是唯一的。对于不同的公众号，同一用户的 OpenID 不同）。公众号可以通过本接口根据 OpenID 来获取用户基本信息，包括昵称、头像、性别、所在城市、语言和关注时间。

- 获取用户列表：公众号可以通过本接口来获取账号的关注者列表，关注者列表由一串 OpenID（加密后的微信号，每个用户对每个公众号的 OpenID 是唯一的）组成。一次拉取调用最多拉取 10000 个关注者的 OpenID，可以通过多次拉取的方式来满足需求。

（5）自定义菜单管理

- 自定义菜单创建接口：自定义菜单能够帮助公众号丰富界面，让用户更好、更快地理解公众号的功能。

- 自定义菜单查询接口：使用接口创建自定义菜单后，开发者还可以使用该接口查询自定义菜单的结构。

- 自定义菜单删除接口：使用接口创建自定义菜单后，开发者还可以使用该接口删除当前使用的自定义菜单。

- 自定义菜单事件推送：用户点击自定义菜单后，微信会把点击事件推送给开发者。请注意，点击菜单弹出子菜单，不会产生上报。另外，【scancode_push：扫码推事件的事件推送】、【scancode_waitmsg：扫码推事件且弹出"消息接收中"提示框的事件推送】、【pic_sysphoto：弹出系统拍照发图的事件推送】、【pic_photo_or_album：弹出拍照或者相册发图的事件推送】、【pic_weixin：弹出微信相册发图器的事件推送】、【location_select：弹出地理位置选择器的事件推送】，仅支持 iPhone 5.4.1 以上版本和 Android 5.4 以上版本的微信用户，旧版本的微信用户点击后将没有回应，开发者也不能正常接收到事件推送。

- 获取自定义菜单配置接口：本接口将会提供公众号当前使用的自定义菜单的配置，如果公众号是通过 API 调用设置的菜单的，则返回菜单的开发配置；而如果公众号是在公众平台官网通过网站功能发布菜单的，则本接口返回运营者设置的菜单配置。

（6）账号管理

微信认证事件推送：为了帮助公众号开发者获取公众号的认证状态，也为了使第三方平台开发者获知旗下公众号的认证状态，微信公众平台提供了公众号认证过程中各个阶段的事件推送。

（7）数据统计

- 用户分析数据接口：通过数据接口，开发者可以获取与公众平台官网统计模块类似但更灵活的数据，还可根据需要进行高级处理。

- 图文分析数据接口：通过数据接口，开发者可以获取与公众平台官网统计模块类似但更灵活的数据，还可根据需要进行高级处理。

- 消息分析数据接口：通通过数据接口，开发者可以获取与公众平台官网统计模块类似但更灵活的数据，还可根据需要进行高级处理。

- 接口分析数据接口：通过数据接口，开发者可以获取与公众平台官网统计模块类似但更灵活的数据，还可根据需要进行高级处理。
- 微信 JS-SDK：微信 JS-SDK 是微信公众平台面向网页开发者提供的基于微信内的网页开发工具包。通过使用微信 JS-SDK，网页开发者可借助微信高效地使用拍照、选图、语音、位置等手机系统的能力，同时可以直接使用微信分享、扫一扫、卡券、支付等微信特有的能力，为微信用户提供更优质的网页体验。
- 卡券接口：支持开发者调用接口创建多种类型的卡券，通过下发消息、二维码、JS-SDK 等方式进行投放，在用户使用时通过 API 接口或卡券商户助手完成核销。同时支持接口获取统计数据，以及各个环节给予开发者事件推送。
- 微信智能接口：微信开放平台语义理解接口调用（HTTP 请求）简单方便，用户无须掌握语义理解及相关技术，只需根据自己的产品特点，选择相应的服务，即可搭建一套智能语义服务。

（8）微信多客服

- 将消息转发到多客服：如果公众号处于开发模式，普通微信用户向公众号发送消息时，微信服务器会先将消息 POST 到开发者填写的 URL 上，如果希望将消息转发到多客服系统，则需要开发者在响应包中返回 MsgType 为 transfer_customer_service 的消息，微信服务器收到响应后会把当次发送的消息转发至多客服系统。消息被转发到多客服系统以后，会被自动分配给一个在线的客服账号，也可以在返回 transfer_customer_service 消息时，在 XML 中附上 TransInfo 信息指定分配给某个客服账号。用户被客服接入以后，客服关闭会话以前，处于会话过程中时，用户发送的消息均会被直接转发至客服系统。当会话超过 2 小时客服没有关闭时，微信服务器会自动停止转发至多客服系统，而将消息恢复发送至开发者填写的 URL 上。用户在等待队列中时，用户发送的消息仍然会被推送至开发者填写的 URL 上。
- 客服管理：开发者通过本接口，根据 AppID 获取公众号中所设置的客服基本信息，包括客服工号、客服昵称、客服登录账号。开发者利用客服基本信息，结合客服接待情况，可以开发如"指定客服接待"等功能。
- 多客服会话控制：公众号开通多客服功能以后，当客服人员接入会话、关闭会话、转接会话时，微信后台会将会话对应的事件推送到公众号填写的 URL 上。
- 获取客服聊天记录接口：在需要时，开发者可以通过获取客服聊天记录接口，获取多客服的会话记录，包括客服和用户会话的所有消息记录和会话的创建、关闭等操作记录。利用此接口可以开发如"消息记录"、"工作监控"、"客服绩效考核"等功能。

- PC 客户端自定义页面插件接口：在 PC 多客服客户端预留了开放能力，可以在多客服聊天窗口右侧区域添加自己的自定义 Web 页面插件（推荐页面宽度为 420px），通过多客服客户端提供的 JavaScript 接口，可以使用页面与多客服客户端进行交互，实现自己需要的功能，如常用回复、信息查询等。

（9）微信连 Wi-Fi

- 微信连 Wi-Fi 业务介绍：微信连 Wi-Fi 是为商家的线下场所提供的一套完整和便捷的微信连 Wi-Fi 的方案。商家接入微信连 Wi-Fi 后，顾客无须输入烦琐的 Wi-Fi 密码，通过微信扫二维码等方式即可快速上网。微信连 Wi-Fi 还帮助商家打造个性化服务，如提供微信顶部常驻入口、商家主页展示、连网后公众号下发消息等。因此，微信连 Wi-Fi 既可以极大地提升用户体验，又可以帮助商家提供精准的近场服务。

- Wi-Fi 硬件鉴权协议接口说明：硬件鉴权协议主要用于 Portal 型设备的鉴权方式改造，使设备可以通过识别微信身份给顾客放行，为顾客提供一键连网等服务。顾客选择 ssid 后，在呼起的 Portal 页面内点击"微信连 Wi-Fi"按钮，即可便捷地获取上网能力，并在连网过程中默认关注商家公众号。

- Wi-Fi 软件服务管理接口说明：软件服务管理接口主要供公众账号开发者和公众号第三方平台调用，涵盖了微信连 Wi-Fi 的全部主要功能。

- 开通微信连 Wi-Fi 插件：调用微信连 Wi-Fi 其他所有接口的前提是已开通"微信连 Wi-Fi"功能插件，目前开通插件共有两种方法：① 在微信公众平台通过页面操作添加"微信连 Wi-Fi"功能插件；② 调用此接口开通插件。注：开通插件接口只支持公众号第三方平台调用，公众账号开发者请在微信公众平台自行开通。第三方平台接入，请参考微信开放平台。

- 获取 Wi-Fi 门店列表：通过此接口获取 Wi-Fi 的门店列表，该列表包括公众平台的门店信息，以及添加设备后的 Wi-Fi 相关信息。创建门店方法，请参考"微信门店接口"。

- Wi-Fi 设备管理：调用此接口向指定门店添加密码型设备。为保证门店下多台设备无缝漫游，同一个门店下的所有设备必须使用相同的无线网络名称（ssid）和密码。

- 配置连网方式：添加设备后，通过此接口可以获取物料，包括二维码和桌贴两种样式。将物料铺设在线下门店里，可供用户扫码上网。

- 商家主页管理：设置商户主页后，点击微信聊天窗口顶部常驻入口，即可进入设置的商户主页。可以设置默认模板和自定义 URL 模板。注：认证的服务号和订阅号才能调用该接口设置。
- Wi-Fi 数据统计：查询一定时间范围内的 Wi-Fi 连接总人数、微信方式连 Wi-Fi 人数、商家主页访问人数、连网后消息发送人数、新增公众号关注人数和累计公众号关注人数。查询的最长时间跨度为 30 天。
- Wi-Fi 连网成功事件：通过微信连 Wi-Fi 连网成功后会触发事件推送，该事件将发送至开发者填写的 URL 上（登录公众平台进入开发者中心设置）。开发者可以通过事件推送获取连网相关信息、数据统计等操作。

3.3　服务号的基本操作

3.3.1　服务号的注册

微信服务号的注册流程与订阅号的注册流程基本相同，只是在第 5 步选择账号类型时，要选择服务号，如图 3-28 所示。

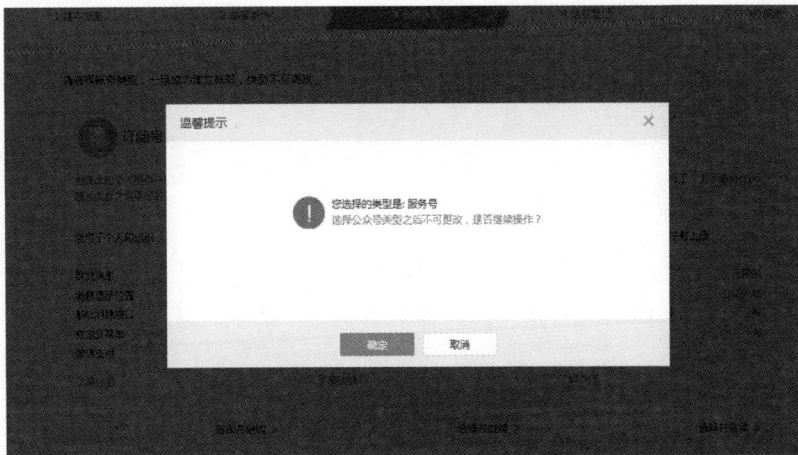

图 3-28　选择账号类型——服务号

在选择主体类型这一步，注册服务号没有个人主体类型，选择范围是政府、媒体、企业、其他组织，如图 3-29 所示。

图 3-29　选择账号主体类型

3.3.2　服务号的认证

1. 认证的好处

服务号认证后的特权：

- 全部高级接口；
- 申请微信支付商户功能；
- 申请微信小店；
- 申请广告主功能；
- 申请卡券功能；
- 公众号头像、详细资料会显示 V。

2. 认证的条件

所有主体类账号，则要符合：主体须与注册时/当前主体信息名称保持一致，否则审核会不通过；服务号支持的认证类型可以参考订阅号认证类型。

3. 认证的步骤

服务号的认证过程与订阅号的认证过程基本相同。

3.3.3　基本功能概述

登录服务号后，可以看到操作界面与订阅号类似。订阅号所具备的功能，服务号都可使用，同时增加的功能主要包括：

- 开发者中心增加了部分功能；
- 增加了微信支付功能；
- 在功能插件中，增加了摇一摇周边、设备功能、模板消息、门店管理 4 个模块。

3.3.4　开发者中心解析

开发者中心的基本配置、开发者工具、运维中心与订阅号功能相同。但在接口权限中，与订阅号稍有不同，下面重点介绍不同功能，相同权限可参考订阅号开发者中心解析。

1. 发送消息

接口说明：模板消息仅用于公众号向用户发送重要的服务通知，只能用在符合其要求的服务场景中，如信用卡刷卡通知、商品购买成功通知等。不支持广告等营销类消息，以及其他所有可能对用户造成骚扰的消息。

2. 账号管理

- 生成带参数的二维码：为了满足用户渠道推广分析的需要，公众平台提供了生成带参数二维码的接口。使用该接口可以获得多个带不同场景值的二维码，用户扫描后，公众号可以接收到事件推送。

- 长链接转短链接接口：将一条长链接转成短链接。主要使用场景是，开发者用于生成二维码的原链接（商品、支付二维码等）太长导致扫码速度和成功率下降，将原长链接通过此接口转成短链接再生成二维码将大大提升扫码速度和成功率。

3. 数据统计

- 微信小店接口：微信公众平台于 2014 年 5 月 29 日更新后增加了微信小店功能，微信小店基于微信支付，包括添加商品、商品管理、订单管理、货架管理、维权等功能。
- 微信门店：门店管理接口为商户提供门店批量导入、查询、修改、删除等主要功能，方便商户快速、高效地进行门店管理和操作。
- 微信设备功能：设备功能是微信为服务号提供的物联网解决方案，设备功能建立在微信硬件平台之上。设备功能允许硬件设备厂商通过服务号，将用户与其拥有的智能设备相连。
- 通过微信硬件平台规定的连接协议，各种智能设备如蓝牙设备、Wi-Fi 设备和其他移动网络设备都能方便地接入微信，完成设备、人、服务三者的连接。
- 微信硬件平台同时还提供了 AirSync、AirKiss 等用于蓝牙和 Wi-Fi 技术的基础支持框架，以及硬件 JSAPI 等，以方便硬件开发人员快速地将微信与智能设备进行互联。

4. 微信摇一摇周边

- 接口说明：申请开通摇一摇周边功能。成功提交申请请求后，工作人员会在三个工作日内完成审核。若审核不通过，可以重新提交申请请求。若是审核中，请耐心等待工作人员审核，处于审核中状态时不能再提交申请请求。
- 申请设备 ID：申请配置设备所需的 UUID、Major、Minor。申请成功后返回批次 ID，可用返回的批次 ID 通过"查询设备 ID 申请状态"接口查询目前申请的审核状态。若单次申请的设备 ID 数量小于等于 500 个，系统会进行快速审核；若单次申请的设备 ID 数量大于 500 个，则会在三个工作日内完成审核。如果已审核通过，则可用返回的批次 ID 通过"查询设备列表"接口拉取本次申请的设备 ID。通过接口申请的设备 ID，需要先配置页面，若未配置页面，则摇不出页面信息。一个公众账号最多可申请 200000 个设备 ID。

- 新增页面：新增摇一摇出来的页面信息，包括在摇一摇页面出现的主标题、副标题、图片和点击进去的超链接。其中，图片必须为用素材管理接口上传至微信侧服务器后返回的链接。

- 素材管理：上传在摇一摇功能中需使用到的图片素材，素材保存在微信侧服务器上。图片格式限定为 jpg，jpeg，png，gif。若图片为在摇一摇页面展示的图片，则其素材为 icon 类型的图片，图片大小建议 120px*120px，限制不超过 200px *200px，图片需为正方形。若图片为申请开通摇一摇周边功能需要上传的资质文件图片，则其素材为 license 类型的图片，图片的文件大小不超过 2MB，尺寸不限，形状不限。

- 配置设备与页面的关联关系：配置时传入该设备需要关联的页面 Id 列表（该设备原有的关联关系将被直接清除）；页面 Id 列表允许为空，当页面 Id 列表为空时，则会清除该设备的所有关联关系。配置完成后，在此设备的信号范围内，即可摇出关联的页面信息。在申请设备 ID 后，可直接使用接口配置页面。若设备配置多个页面，则随机出现页面信息。一个设备最多可配置 30 个关联页面。

- 获取摇周边的设备及用户信息：获取设备信息，包括 UUID、Major、Minor，以及距离、OpenID 等信息。

- 数据统计：查询单个设备进行摇周边操作的人数、次数，点击摇周边消息的人数、次数；查询的最长时间跨度为 30 天。只能查询最近 90 天的数据。

- 摇一摇关注 JSAPI：目的是为已开通微信摇一摇周边，且有一定开发能力的商户提供摇一摇关注能力。商户可以在摇出来的页面中直接调用摇一摇关注接口，实现关注公众账号的功能。

- 摇一摇事件通知：用户进入摇一摇页面，在"周边"页卡下摇一摇时，微信会把这个事件推送到开发者填写的 URL 上（登录公众平台进入开发者中心设置）。推送内容包含摇一摇时"周边"页卡展示出来的页面所对应的设备信息，以及附近最多 5 个属于该公众账号的设备信息。

- 摇一摇红包：摇一摇周边红包接口是为线下商户提供的发红包功能。用户可以在商家门店等线下场所通过摇一摇周边领取商家发放的红包，在线上转发分享无效。

- HTML 5 页面获取设备信息：H5 页面获取设备信息时，需先将设备进行分组管理。客户端在检测周边的设备信息时，若有归属分组的设备，则拉取这个设备所在分组的所有设备，并持续地在 H5 页面返回当前检测到的归属于这个分组的设备 UUID、Major、Minor 和距离。

3.3.5 微信支付解析

微信支付是仅针对服务号、企业号推出的一项功能。使用微信支付，可以实现通过微信直接收款。微信支付为企业做 O2O 奠定了基础，也为更多的用户提供了方便。

1. 微信支付申请条件

- 服务号、企业号已通过微信认证；
- 订阅号已通过微信认证（仅支持政府或媒体类型）；
- 符合支持申请类目。

2. 微信支付申请步骤

（1）登录【公众平台】→【微信支付】→点击【开通】。

（2）提交资料，根据需要填写信息情况。

- 经营信息：联系人姓名、手机号码、常用邮箱、商户名称、经营类目、特助资质、售卖商品描述、客服电话、公司网站、补充材料。
- 商户信息：商户名称、注册地址、营业执照、营业执照扫描件、组织机构代码、组织机构代码扫描件、企业法人/经办人身份证扫描件。
- 账户信息：账户类型、开户名称、开户银行、开户银行城市、开户支行、银行账号。

（3）验证打款。如图 3-30 和图 3-31 所示为验证打款账户。

图 3-30　验证账户

图 3-31　输入微信支付给公司对公账户打入的款项金额

（4）如图 3-32 所示，签署完协议，则申请支付成功。

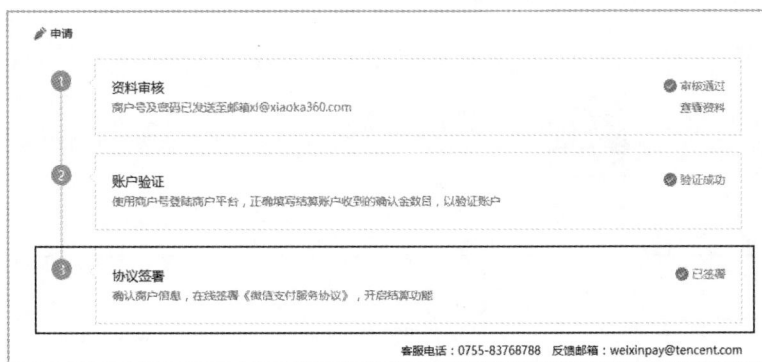

图 3-32　签署协议

3. 微信支付商户平台

当公众账号微信支付申请通过之后，公众平台即可通过开放接口从事移动商品销售工作，微信官方会给每个申请开通微信支付的用户一个商户号。

如图3-33所示，商户平台主要包括：

- 账户中心：是指微信公众平台在进行商品交易时的交易情况分析中心。账户中心包括账户概览、交易管理、结算管理、账单管理、资金管理、账户设置、高级业务、核算管理以及支付申请等选项。
- 营销中心：是指微信支付商户在商品运营过程中设置各种促销策略的后台管理中心。营销中心包括代金券、立减与折扣、营销规则、现金红包等促销方式。这些促销方式的使用情况跟其他电商平台一样。
- 适用场景：配合企业店铺、电商交易、资金管理等。

图3-33　微信支付商户平台

3.4　企业号的基本操作

3.4.1　企业号的作用

　　企业号是微信为企业客户提供的移动应用入口，可以帮助企业建立员工、上下游供应链与企业 IT 系统间的连接。利用企业号，企业或第三方合作伙伴可以帮助企业快速、低成本地实现高质量的移动轻应用，实现生产、管理、协作、运营的移动化。

1. 企业号的类型

　　目前企业号的账号分为如下几种类型。

- 注册号：面向小企业提供的账号。在公众平台官网申请开通，需登记资料。注册号最大支持 200 名成员关注；少数高级权限的接口及服务不提供。
- 认证号：在注册号的基础上，如果通过了企业认证，则可升级为认证号。认证号的账号上限与企业规模成正比，具备企业号的所有功能。

2. 企业号的特点

- 实现企业内部全体员工随时、随地连接和移动办公；
- 实现企业与上下游供应商、分销商和所有合作伙伴之间的全连接；
- 实现企业内部各种 IT 系统的信息连接和移动化，并形成端到端的流程闭环；
- 成为企业内部信息的统一入口和出口，通过微信实现随时、随地全员推送；
- 为企业提供便捷的管理，企业对企业信息的分权限管理实现了对企业用户、应用及信息的分级分类管理；
- 实现企业内部应用和外部应用的集成与互通。

3. 企业号的适用情况

- 适用于办公室员工出差在外的移动办公应用场景；
- 适用于企业与上下游合作伙伴、供应商的订单管理、工作协同；

- 适用于以移动办公为主场景的一线员工，如一线销售、行销代理、售后服务、巡检巡店、安保后勤等人员的工作管理与支撑；
- 适用于政府机关、学校、医院等事业单位，社会组织同样可以通过企业号简化管理流程，提高信息发布与触及的效率，提升组织协同运作效率；
- 此外，企业号可以建立企业内部 IT 系统或硬件物理设备与员工微信的连接，实现企业系统的移动化，同时实现端到端的流程闭环。

3.4.2 企业号的注册

（1）进入微信企业号官网：qy.weixin.qq.com，选择【注册】即可进入微信企业号注册页面，通过邮箱激活微信企业号账号。

（2）填写注册邮箱和设置公众号登录密码。

（3）登录邮箱查看邮件，并激活企业号账号。

（4）点击邮件中的链接地址，完成激活。

（5）选择账号类型，在此选择【企业号】。

（6）选择主体类型，选择企业号。

（7）设置企业号信息。

（8）成功创建企业号。

3.4.3 企业号的认证

1. 认证的好处

企业号认证后的特权：

- 开通部分高级接口；
- 公众号头像、详细资料会显示 V。

2．认证的条件

除体验号外的其他主体类型注册的企业号都可以认证。

3．认证的步骤

（1）登录微信企业号官网：http://qy.weixin.qq.com ，选择【设置】→【进入认证系统】。

（2）验证登录密码。

（3）开通微信认证。

（4）身份验证。

（5）选择认证类型及填写认证资料。

（6）确认名称，微信企业号名称可以选择两种命名方式：基于公司或机构简称、基于商标注册证书。

（7）选择发票。

（8）认证审核。

3.4.4　基本参数设置

1．创建系统管理员和分级管理员

企业号的创建者默认为系统创建者，在系统管理组内的管理员为系统管理员。系统管理员可在管理端设置分级管理员，分级管理员拥有不同的通讯录权限和管理权限。

系统管理员创建步骤：【设置】→【权限管理】→【系统管理组】→【管理员（内部）】→【修改】。

分级管理员创建步骤：【设置】→【权限管理】→【新建管理组】→【填写基本信息】→【设置权限】→【保存】。

创建成功后管理员微信号会收到服务通知邀请关注企业号和设置密码，如图 3-34 所示。

图 3-34　关注企业号和设置密码

2. 通讯录

（1）新增成员，如图 3-35 所示。

手动录入步骤：【登录企业号】→【通讯录】→【点击"+"】→【新增成员】。

批量导入步骤：【登录企业号】→【通讯录】→【点击"+"】→【批量导入】。

图 3-35　新增成员

（2）如何关注

如图 3-36 所示，邀请关注的步骤：【登录企业号】→【通讯录】→【未关注】→【邀请关注】。

邀请关注的方式：邮箱邀请关注、微信推送名片关注、二维码扫码关注。

图 3-36　邀请关注

3. 成员管理

点击成员，可以在右侧弹出名片处进行相应操作。比如：

- 邀请关注：可向成员发送二维码邀请邮件。
- 禁用成员：当员工手机遗失时，则可将成员禁用。禁用后该成员收不到微信企业号发送的所有信息。
- 删除成员：注意删除后该成员的所有信息将不可恢复。

4. 部门设置

如图 3-37 所示，添加子部门步骤：【登录企业号】→【通讯录】→【组织架构】→【添加子部门】。

删除子部门步骤：【登录企业号】→【通讯录】→【组织架构】→【选择部门】→【删除】。

图 3-37　添加子部门

5. 标签设置方法

添加标签步骤，如图 3-38 所示：【登录企业号】→【通讯录】→【标签】→【新建标签】。

图 3-38　添加标签

删除标签步骤：【登录企业号】→【通讯录】→【标签】→【选择标签】→【删除】。

标签使用权限：在通讯录和标签视图下均可看见此标签，在群发消息时可以使用此标签作为发送对象。

标签修改权限：除可见权限外，还可在该标签下增删成员。

标签管理权限：除修改权限外，还可对其进行删除、重命名、解锁、设置为应用的可见范围。

6. 应用中心

大型企业往往会建设多个 IT 系统以支撑不同的业务领域。为了满足此需求，企业号管理员可以根据企业的需要定制企业号中的应用。一个应用类似于一个服务号，实现与用户的沟通交互。比如：

- 应用可以设定可见范围，规定哪些用户可以在微信侧看见并使用此应用；
- 应用可以分别工作于开发模式或编辑模式；
- 应用可以配置自己的菜单；
- 管理员必须通过应用向用户发送消息。

创建方法：【登录企业号】→【应用中心】→【点击"+"】，填写相关信息即可。

7. 企业消息

为了满足企业内部员工之间存在大量横向沟通的需求，企业号新上线了企业消息功能，实现了企业内部人与人之间的连接。

开启方法：用系统管理员微信号【登录企业号】→【服务中心】→【企业消息】→【开启】。

8. 微信发起企业群聊

开启企业消息后，可以使用企业群聊功能，发起群聊步骤如图 3-39 所示。

图 3-39　发起群聊步骤

方式一：从微信聊天列表进入。

操作步骤：【企业号消息】→【点击右上角的"…"】→【发起群聊】→【选择群聊成员】→【开始聊天】。

方式二：从微信通讯录进入。

操作步骤：【通讯录】→【进入企业号】→【点击企业会话】→【发起会话】→【选择群聊成员】→【开始聊天】。

设置可见范围：企业成员发起聊天时可见的企业成员范围由微企通讯录的浏览权限控制。

微企通讯录的可见范围设置步骤：【服务中心】→【企业信息】→【微企通讯录】→【设置浏览权限】→【编辑】。

设置聊天中成员的显示信息的操作步骤：【服务中心】→【企业信息】→【微企通讯录】→【设置成员显示信息】→【编辑】。

9. 群发消息

如图 3-40 所示，群发消息步骤：【登录企业号】→【发消息】→【选择应用】→【选择发送对象】→【选择类型】→【填写内容】→【选择是否保密消息】→【发送】。

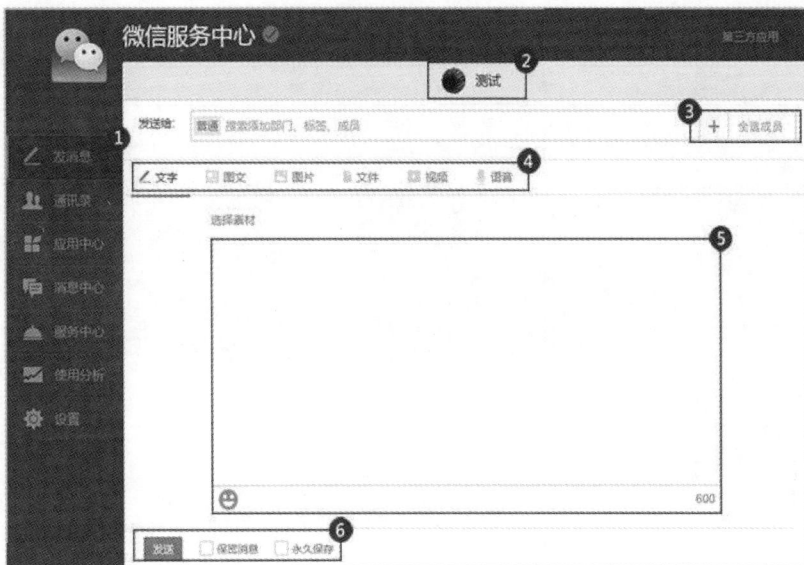

图 3-40　群发消息步骤

保密消息：

- 仅允许接收者访问该消息，即便该消息进行转发，其他人也无法阅读（提示无权限查看）；
- 该消息的展示页面会加上阅读者姓名的水印，避免阅读者截屏泄密；
- 文本、图片、单图文消息、语音、视频、文件等消息类型均支持保密消息。

10. 素材管理

在企业号下每个应用都拥有自己独立的素材库。

在发送消息时，管理员可以从当前应用的素材库中直接选择素材进行编辑和发送。这可以节省编辑时间，提高发送效率。

如图 3-41 所示，创建素材步骤：【登录企业号】→【消息中心】→【选择应用】→【新建素材】。

图 3-41　创建素材

11. 消息管理

用户消息：用来查看当前应用的用户发送的消息及回复用户的消息，消息保存时间为 5 天。

应用消息：用来查看当前应用发送过的消息，默认保存 30 天，可勾选【永久保存】。

3.5　公众号运营规则解析

2014 年 4 月，腾讯发布了《微信公众平台运营规范》，这对所有使用微信公众账号的组织、个人、企业、政府等都有了一个系统的行为规范，此项是必读，也是运营人员必须要了解的内容。

下面对一些典型的运营规范进行解析，更多的运营规则需参照微信官网信息。关注"微信公众平台（ID：weixingongzhong）"公众号，可以实时了解微信调整变动情况。

1. 关于清理集赞行为的公告

2014 年 6 月 6 日发布了《微信公众平台关于清理集赞行为的公告》——

近期，部分商家无视平台规则和用户体验，屡次利用朋友圈"集赞"，甚至出现预付邮费欺诈、骚扰用户现象。为保障用户体验和利益，从 6 月 9 日起，我们将升级全新技术手段，采用技术+人工举报的方式对"集赞"行为进行全平台清理和规范。希望大家与微信携手共建健康、绿色的环境。详细处理机制如下：

- 累计发现一次集赞行为，封号 7 天，不可提前解封；
- 累计发现两次集赞行为 ，封号 15 天，不可提前解封；
- 累计发现三次集赞行为，封号 30 天，不可提前解封；
- 累计发现四次集赞行为，永久封号，不可提前解封。

这是针对微信公众平台通过分享至朋友圈，要求集够一定数量的点赞后，可以给予某种优惠的活动的打击。这也是微信第一次公开使用封号的行为作为处罚方式。企业在进行线上活动的策划时，一定要避免使用这种活动，被封号期间，账号处于停滞状态，所有的工作和活动都不能进行。

2．关于整顿诱导分享及诱导关注行为的公告

2014 年 12 月 30 日，发布了《微信公众平台关于整顿诱导分享及诱导关注行为的公告》——近期，朋友圈出现部分商家通过外链进行诱导分享、诱导关注的行为，主要如下：

- 诱导分享：发送谣言、色情、测试类、答题类等内容诱导用户分享至朋友圈，分享后用户才可见到答案或内容。
- 诱导关注：发送谣言、色情、测试类、答题类等内容诱导用户关注公众号，关注后用户才可见到答案或内容。

此行为违反了公众平台规则，严重骚扰用户，破坏了朋友圈的体验。即日起，一旦发现此类案例，对相关公众号做以下处理：

- 累计发现一次，封号 30 天、拦截链接、删除诱导增加的粉丝、关闭流量主；
- 累计发现两次，永久封号；
- 同时，平台有权根据违规程度做相对应的处罚措施调整，不仅限于上述措施。

从这则公告能够看出微信官方对诱导分享和诱导关注行为的严厉处罚，我们在运营公众账号时，尽量以内容取胜，在引导关注、分享上面，避免与微信的规定产生冲突。

3. 关于整顿多级分销模式行为的公告

2015 年 2 月 15 日，发布了《微信公众平台关于整顿多级分销模式行为的公告》——

近期发现有用户在公众账号开展利用微信关系链发展下线分销（下线包含个人）的行为，并进行盈利或诱导用户关注，此模式多数具有欺诈等非法性质，我们也接收到了用户的大量投诉，为了维护广大用户的利益，维护公众平台的良好生态，依照《微信公众平台服务协议》，一旦发现此类帐号，将会进行永久封号处理。

微信官方的本次整顿，主要依据两个尺度：是否通过分销模式依据下线销售业绩提成，以及是否以许诺收益等方式诱导用户滚动发展人员。第一条明确了，分销只能有一级，分销商的收益来自于产品或服务的销售利润，而不能通过发展下线分销来分成；第二条则明确了，微商分销必须以实质性的商品或服务销售为前提，盈利模式不能建立在拉人头收取下线会员费的基础上。

4. 关于整顿发送低俗类文章行为的公告

2015 年 3 月 25 日发布了《微信公众平台关于整顿发送低俗类文章行为的公告》——

近期发现有公众账号存在发送低俗内容的行为，微信公众平台一直致力于为用户提供绿色、健康的生态环境，坚决打击涉嫌淫秽、色情及低俗类等信息。因此，依照《微信公众平台服务协议》及《微信公众平台运营规范》，将对发送低俗类文章的行为进行整顿：

- 从公告即日起，凡发现仍发送低俗内容的账号，腾讯将视情节对相关内容进行删除、屏蔽，并视行为情节对违规账号处以包括但不限于警告、删除部分或全部关注用户、限制或禁止使用部分或全部功能、账号封禁直至注销的处罚；
- 名称、头像、功能介绍涉及低俗的，进行清空处理；
- 发送色情淫秽类文章的账号做注销处理。

利用人们的"色情"心理，提升文章的阅读数。但是在正常的文章发布中，如果涉及部分内容含有隐晦的色情暗示，也容易被处理。在发布图文时，一定要注意这个问题。

5. 关于内容抄袭行为处罚规则的公示

2015 年 2 月 3 日发布了《微信公众平台关于抄袭行为处罚规则的公示》——

微信公众平台支持并鼓励有价值的原创内容和优质服务，坚决打击和反对抄袭等侵权行为，《微信公众平台运营规范》对微信公众账号侵犯他人知识产权的行为也做出了明确的处罚规定。如果发现公众号有抄袭等侵权情况，可以通过"侵权投诉"流程进行举报。针对抄袭等侵权行为，根据《微信公众平台运营规范》的相关规定，微信公众平台做出如下处罚规定：

- 第一次违规，删除抄袭内容并警告；
- 第二次违规，封号 7 天；
- 第三次违规，封号 14 天；
- 第四次违规，封号 30 天；
- 第五次违规，永久封号。

同时，为了推动微信公众平台产出更多优质的原创文章，微信公众平台又推出了"原创声明"功能。对于不遵守平台规则，乱使用"原创声明"功能的恶意和违规行为，一经发现和被举报，将永久回收"原创声明"功能，且进行阶段性封号处理。

此项规定是对原创内容的保护，对抄袭行为明确了处罚办法，也明确了乱用原创声明的处罚。这是微信在原创内容知识产权方面的改进，一方面是为了给自媒体、企业等公众平台使用者以原创保护；另一方面是为了给订阅用户创造更好的信息获取环境。

3.6 本章小结

1. 微信公众号的选择

微信公众号主要分为三类：订阅号、服务号和企业号。订阅号比较适合自媒体、宣传推广等方面的应用；服务号比较适合提供特定服务、电子商务、客户服务等应用；企业号主要供公司内部办公使用。

由于三种公众号的定位不同，因此操作功能和某些规则也有所不同。微信运营管理师应该根据本企业的实际需求，正确选择运营哪种公众号。

2. 微信订阅号与服务号的基本操作

订阅号与服务号的注册、认证过程基本相同，两者的基本操作也比较类似。后台包含了功能区、管理区、推广区、统计区、设置区和开发者区六大模块。

这些操作是微信运营管理师的基本技能，需要能够熟练掌握。

3．微信企业号的基本操作

企业号与订阅号、服务号有所不同，但其应用也越来越广泛，后台包含了发消息、通讯录、应用中心、消息中心、服务中心、使用分析、设置七大功能模块。

同样要求微信运营管理师能够熟练掌握这些基本技能。

4．微信公众号的主要运营规则

为了保证微信生态能够健康、持久发展，微信官方设立了《微信公众平台运营规范》，会不定期地发布新的运营规则。微信运营管理师必须时刻关注此规范，并在实际运营中严格遵守，否则会带来不利后果。

3.7　思考与练习

（1）根据实际情况，自己注册一个订阅号或服务号，练习使用后台的所有功能。

（2）根据实际情况，注册一个企业号，练习使用后台的所有功能。

（3）使用订阅号或服务号基础操作完成一次简单的互动活动，比如你画我猜、答题游戏等。

（4）分析题

当前，很多企业都开始注册属于自己的公众号，但同时大部分企业又是迷茫的，不知道该使用什么号更好。某酒企就遇到了这样的问题。在与对方负责新媒体方面的人沟通时，他们也提出了这样的问题。他们是一家比较知名的白酒企业，在全国各地都有代理商和经销商。他们的线下做得也不错，现在想要把线上的体系做起来，经过一番讨论，决定从微信上突破，但现在卡在选择什么样账号上面，不知道该如何做。你认为，这家酒企该选择哪种微信公众号？

第4章

内容运营

10W+阅读量是怎么炼成的

　　学会了基本操作，也仅是迈出微信运营工作的第一步。有了账号，那么第一件事就是要做内容。小咖在学习基本操作时，编辑了一些自认为不错的内容推送给粉丝，但是文章的阅读量、转发量等都很低，小咖很困惑，找到了何然咨询。

　　小咖问何然："为什么我发的内容反响都这么差呢？你关注我的公众号看看。"

　　何然关注之后，看了一下小咖的公众号和推送的内容，帮小咖分析道："我们可以从两方面找原因。一是因为内容，粉丝不喜欢看；二是因为粉丝数量少，活跃度低。我们先看第一条，内容质量差的问题该怎么解决。

　　要想做好内容，必须要先规划内容，要分模块、分类别地将内容规划好，把有价值的内容推送给粉丝。在撰写内容时，要注意内容的选择、文章的标题、文章的配图、正文的撰写等。当然，在这个基础上，还有更高级的技巧，比如怎样快速生产文章内容、产品文案如何撰写等。"

　　小咖听了何然的分析，觉得很可能是因为内容质量差引起的，小咖决心首先要加强内容运营的学习。

- 了解内容运营的主要工作
- 熟悉内容规划和栏目规划的方法
- 掌握内容运营的主要方法和技巧

　　微信公众平台功能无论如何增加和演变，它都有一个最基本的媒体属性，即微信公众平台是一个向粉丝不断传递信息内容，进而传递企业或品牌思想，建立企业价值网的平台。跟所有的媒体平台一样，微信公众平台运营最重要的一条法则就是"内容为王"。

　　内容运营管理是微信运营管理师的重要工作内容之一，本章列举了微信运营管理师需要掌握的内容运营管理的主要方法和技巧。

4.1　什么是内容运营

4.1.1　内容运营的概念

　　内容运营是将通过各种途径获得的信息进行归纳、整理、加工，并结合自己的原创而形成完整的表达某一事物的内容，并且将此内容与特定群体进行传播、分享和互动的过程。

　　在微信运营中，内容运营是非常重要的，因为向客户表达、传递的信息通常以内容展示出来，这里的内容包含文字、声音、图片、视频、符号、表情等。

4.1.2　内容运营的主要工作

　　在内容运营过程中，必须整体把握内容定位、信息采集、内容规划、内容撰写、内容发布和内容更新等工作。

1. 内容定位

　　根据现有的产品、客户、营销等情况，精准定位内容。

2. 信息采集

通过不同的媒体收集、整理和加工所采集的信息，提供给内容。

3. 内容规划

明确内容的表现形式、版面、结构、互动设计等。

4. 内容撰写

在内容的撰写方面，要根据客户的实际情况注意标题、段落、文字、色彩、图片、视频的恰当使用，以满足客户的实际体验。

5. 内容发布

有了完整的内容，也要考虑展示、分享的时间，在恰当的时间发布相关的内容才能让客户看到。

6. 内容更新

内容不是一成不变的，要根据市场变化、客户心理、产品更新、客户反馈来随时更新、优化，使内容最大限度地满足客户需求。

4.2　内容运营规划

在内容运营过程中发了一些图文消息，但是用户反馈的效果平平，阅读量很少，很少有用户点赞和转发。问题出在哪里？

内容运营，不仅仅是发内容就可以的，还要考虑内容的目标人群、平台定位等因素，这些内容是否合适，是否原创，是否能够体现平台的价值，是否提供给用户有用的价值。所以，要做好内容运营，首先要做好规划。

4.2.1　内容规划

微信具有媒体属性，既然是媒体，首先就要考虑内容，在找内容来源之前，要对内容做简单的规划，便于更好、更精准地选择优质的内容提供给粉丝。做内容规划，大致可分为四步：内容定位、内容筛选、内容编制、内容推送。

1．内容定位

要想做好内容，首先要结合品牌定位、目标群体等方面综合考虑该做哪些内容、怎么做这些内容。

比如，企业品牌是针对年轻人的，品牌基调就应该是"年轻"、"自由"、"个性化"、"刺激"等；再结合目标受众的喜好，在选取内容时选择一些积极向上，崇尚个性、自由，富有互联网语言的内容。

2．内容筛选

通过各种方式找到的内容不一定都符合要求，要根据下面的原则进行筛选：

（1）关联性：要与企业或所处的行业有关系，可以融入品牌信息。

（2）趣味性：内容要创新，要足够吸引人，能够获得认同。

（3）实用性：内容要能够给用户提供帮助，具有一定的价值。

（4）独特性：根据品牌特点，打造有个性的内容，形成独特的风格来传播品牌文化和价值。

（5）多元性：内容形式要多元化，以视频、图片、文字、语音等各种形式进行展示。

（6）一致性：内容要连贯一致，主题表达完整。

（7）互动性：内容中可以融入与粉丝的互动，哪怕是一句问候或者寒暄。

（8）热点话题：当前的热门话题可以很好地起到吸引用户关注、转发的作用，在内容中融入热门话题是一种常用的手段。

3．内容编制

有了内容，就要进行内容编制。系统性的内容管理机制，可以有助于运营专员对微信内容做出有效的判断、筛选和发布。

按内容的风格划分，可以分为以下几种类型。

（1）专业知识型

适合户外、母婴、电器、家居、内衣、保健、汽配等类目商品。这类内容专业性强、可读性高、用户满意度高。

（2）幽默搞笑型

可以结合产品或商品实现无缝对接，提升用户接受度和转化率。

（3）促销活动型

适合代购类、男性商品、日常必需品、快消品、标准化产品等。

（4）文艺小资型

适合小众商品、外贸原单商品、高端价位商品等。

（5）信息播报型

适合上新、预售、抢购、拍卖等。

（6）关怀互动型

对老客户，比如发货提醒、生日祝福、互动游戏等。

4．内容推送

内容编制完成，可以根据地域、性别、喜好、需求等不同指标，将相应的消息推送到订阅用户手中。

4.2.2 栏目规划

微信公众号栏目的设置非常重要，栏目规划可以结合品牌特点、品牌思想来划分。

在实际操作中，划分栏目不仅要考虑品牌信息，更重要的是要充分了解目标用户的喜好、目标用户想要看到的内容，要充分把品牌信息和目标用户的喜好结合起来，这样才能做好栏目划分。

栏目划分一般分为三种：

1．自定义菜单的设置

自定义菜单，是在与粉丝沟通过程中经常会使用的功能。并且自定义菜单是即时展现在粉丝面前的，因此自定义菜单的栏目划分尤为重要。

一般用户打开公众号，浏览自定义菜单的顺序是从左至右。但不排除某些菜单设置的文字吸引人，直达用户内心，用户直接点击。

按照一般的浏览顺序，自定义菜单的栏目应按照重要程度从左至右进行设置。

比如，企业栏目划分。用户关注企业微信公众号后，第一时间想要看到的内容应该是关于企业产品、服务等内容，在自定义菜单的设置中，左边菜单可以设置为"产品介绍"；介绍完产品，用户想要看到的信息是关于企业是否有活动、是否有一些增值服务等，中间菜单可以设置为"优惠信息"；最右侧菜单设置为"企业介绍"。如图 4-1 所示是自定义菜单的设置展示。

2．图文消息的排序

图文消息是在公众号运营过程中推送给订阅用户的信息。对于这些信息，也要做到合理的栏目划分。

在图文消息中，若有多条图文消息，则第一条消息是打开率最高的，之后逐步递减，最后一条消息打开率最低。

所以在图文消息的规划中，合理地对内容进行分类，把最吸引人、最能传播品牌价值的消息放到第一条，之后逐条递减。如图 4-2 所示是图文消息的设置展示。

3．关键词回复的使用

关键词回复是对自定义菜单、图文消息的补充。自定义菜单只能展现 15 个菜单，图文发送有限制，更多的内容需要通过关键词回复进行展现。

在运营过程中关键词回复的使用频率较低，所以可以把之前的文章、不重要的信息、功能介绍等栏目放在关键词回复中。为了让用户在用时能够方便找到，可以在每一条图文消息的最后加上关键词回复说明，或者在自定义菜单中单独划分一个二级菜单作为解释说明。

　　具体的栏目划分需要根据企业的性质、品牌、目标人群进行定位。需要根据自身的情况去调整，可以先划分好栏目和想要表达的内容，然后再将栏目和展现方式与菜单、图文、关键词回复相匹配。

　　经过一段时间用户的反馈，要对菜单进行优化调整，同时也要配合节日、活动、企业重大事件等进行及时修改和调整。如图4-3所示是关键词回复的设置方式。

图 4-1　自定义菜单　　　　图 4-2　图文消息　　　　图 4-3　关键词回复

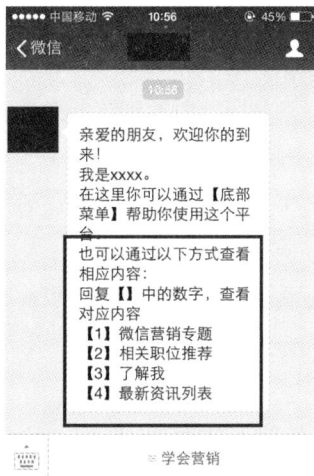

4.3　内容运营的基础

　　有了内容运营规划的方法和技巧，为了满足用户需求，需要确定合适的内容来源，撰写具有吸引力的标题，掌握正文撰写的方法和提升文章效果的方法。

4.3.1　内容来源

　　对于微信公众平台，内容该如何创造呢？

1. 原创

从某种意义上说，原创内容是进行内容运营最佳的做法。微信公众平台开放了原创声明功能，目的是为了营造优质内容生态，维护优质公众号运营者权益。原创文章在原创声明成功后，微信公众平台会对原创文章添加"原创"标识，当其他用户在微信公众平台发布已进行原创声明的文章时，系统会为其注明出处。

微信公众号申请原创声明——微信公众平台后台没有申请通道，原创是通过技术来邀请的，2015 年 4 月中旬，微信团队正式对外发出邀请函，具体如下：

（1）必须是订阅号。个人和企业类型均可申请，企业类型要微信认证。

（2）公众号注册和运营时间在 1 年以上，有持续和长期的运营规划。

（3）公众号文章的原创超过 80%，最近一个月发表的原创文章数量达到 4 篇。

（4）公众号运营没有相关的违规记录（如抄袭、侵权、诱导分享、欺诈等违规行为）。

（5）公众号文章的原创性有一定的要求，对于原创保护功能有一定的了解。

若是符合条件的公众号，则可以按照表 4-1 填写相关信息，并发送到微信团队邮箱。

表 4-1　"微信公众平台原创保护功能交流会"征集表格

公众号名称	原始账号 ID	注册时间	原创文章数
粉丝数	行业或领域	个人或企业	公众号介绍（<200 字）

需要提醒的是，如果你是经营自己的个人公众平台，尤其是营销人、培训师，一定要坚持原创，哪怕是两三天发布一条信息也没关系，千万不要从别人那里复制内容，这会给微友们一种不舒服、不信任的感觉。当然，如果你确实没有时间去撰写的话，则还可以通过录制一段视频或者一段语音的方式，毕竟录制视频或语音并不需要太多的时间。比如罗振宇的"罗辑思维"就是每天早上 6 点钟发布一条 1 分钟的原创语音，已经坚持多年，效果非常不错。

2. 从朋友圈、公众平台挖掘

凭借微信运营者一个人的力量去运营原创内容的微信公众平台，是非常艰巨的任务，其中最常见的一种办法就是通过微信搜索几个优质的、与产品或行业相关的公众账号，每天关注这些平台信息，就不难从中找到需要的"金矿"。

除了公众平台，另一个"金矿"就是朋友圈里朋友转发的文章，既然朋友会转发，就说明这个微信内容吸引了他，至少与这个朋友在知识、兴趣爱好上有相似或相同背景的人，应该都对这样的内容感兴趣。

3．PC 端网站搜索

PC 互联网经过多年的积累，已经拥有无数的信息，只要在搜索引擎上搜索，想找的内容就会出现。对于在 PC 互联网上搜索查找到的内容，不能原封不动地复制，需要进行修改和加工，将其变成自己的内容，尽量做到 70%以上的内容不相似。

4．微信素材搜索网站

随着微信公众号的兴起，微信素材搜索网站也接踵而至，比如图 4-4 所示的搜狗微信（http://weixin.sogou.com/）、今日头条（http://toutiao.com/）、新榜（http://www.newrank.cn/）等。根据这些平台，能有效分析目标用户喜好，可有针对性地编辑文章。

图 4-4　搜狗微信

5．书籍或其他资料

从书籍、杂志或报纸甚至视频获取内容来源，这种方法虽然不是太常用，但它的确也是一种非常不错的方式，尤其是对内容要求逻辑性很强、系统性很强的公众平台来说，书籍就成为首要的内容来源。

6．盘点已有内容

很多人会忽视一个非常重要的内容来源，就是对已有的内容素材进行盘点。比如公司的网站、产品研发部门的策划书、公司管理层和同事在这个领域创作的内容等。

在创作内容之前要对公司既有内容进行全面的盘点，这个任务要从各个部门、各个分公司开始，负责内容的人要全程参与。特别是从零开始对内容进行规划时，要对以往内容进行整理分类。

内容盘点结束后，在核心成员之间分享内容盘点结果非常有用，这些人包括创作者、审批者、内容管理者。如果团队每个成员都清楚哪些内容效果好，哪些不好，便可以轻松地决定应该创作什么样的内容。

7．社会热点话题

热点新闻通常是关注度最高的内容。将热点话题结合自身情况进行再次创作，即形成了新的内容。

4.3.2　标题拟定

标题制作对于微信内容运营管理来说极其重要。从某种意义上说，制作标题已经成为互联网媒体编辑们首要的工作技能，因为粉丝只有对标题感兴趣，才会去点击阅读内容，进而有机会转发。如图 4-5 所示，同一篇内容，用不同的标题，结果显而易见：标题 1《找了 N 久，这篇短文终于让我明白了商业模式的本质》的效果，要远远高于标题 2《周鸿祎：商业模式不是赚钱模式》。内容是一样的，平台是一样的，只有标题是不一样的，但却带来高于两倍的阅读量，这就是标题的威力。

标题 1	找了 N 久，这篇短文终于让我明白了商业模式的本质
标题 2	周鸿祎：商业模式不是赚钱模式

图 4-5　不同标题的效果

美国著名的营销大师亚伯拉罕曾说过："在进行内容营销时，我们要花 60%的时间去研究标题"。

如何撰写一个好的标题呢？

1. 强势词语

在微信标题中最能吸引眼球的四个最具有价值的词应该是"免费"、"最新"、"最权威"、"干货"。虽然"免费"不能经常被用到，但是"最新"、"最权威"、"干货"肯定是能经常用到的。

还有一些词语也能产生比较好的效果，如：注意、如何做、现在、宣布、退出、就在这里、新品上市、一个重要决定、改进、惊人、感动、值得注意、革命性的、令人吃惊的、神奇的或不可思议的、抢购、轻松、强有力、希望、挑战、建议、赶快、最后机会等。这些词看起来陈词滥调，但它们确实非常有用。

记住，将承诺融于标题之中，正文需要你对这些承诺表述得详细、吸引人并且完整。要做到这一点，需要用较长且详细的文字描述，从中透露出它的新闻价值、教育意义和信息价值等。例如，"今日头条"就是一个不错的具有吸引力的标题，如图 4-6 所示。

图 4-6　今日头条标题

2. 强调数字

用夸张数字说明，如图 4-7 所示，这是浙江大学教授的演讲标题，同样的一篇内容，很显然，第一个标题要比第二个标题更吸引人，因为大家也想知道是什么样的演讲被 127 次掌声打断。

标题 1	这样的教授才是中国人的脊梁！（其演讲被 127 次掌声打断！）
标题 2	浙大超牛教授演讲！

图 4-7　用夸张数字衡量

即便是一般的标题，只要对其进行修正，改进后也会增强其吸引力和有效性。如图 4-8 所示，同样表达一个内容，但是相比修改前的标题来说，修改后的标题要生动很多。

修改前	张小龙最新六评微信：最担心自己建设太慢了
修改后	他的产品改变了 6 亿多人，怎么就做到了！？

图 4-8　不同的标题

3. 借助名人

有时候需要借助名人来阐释某个观点，绝大多数人都崇拜权威，而名人则是权威的最好代言人。如图 4-9 所示，对于这两个标题相信大家对第一个更感兴趣，可能大家不熟悉国世平教授，但是大家一定都知道李嘉诚，能成为华人首富的顾问的人，自然说的话也是值得我们学习的。

标题 1	李嘉诚的顾问国世平教授谈理财之道
标题 2	国世平教授谈保险

图 4-9　借助名人

4. 引发好奇

俗话说"好奇害死猫",人们对一些不解之谜非常好奇。因为读者阅读就是为了满足求知欲,了解所未知的事情。如果标题能引发好奇,则一定会吸引人点击观看。如图 4-10 所示,一看就知道第一个标题更有吸引力,因为健康对我们来说是重要的,当然也想知道决定人类寿命的第一因素是什么。

标题 1	美国公布决定人类寿命 6 大因素,竟然这个排第一?
标题 2	影响寿命的因素(一定要看呦!)

图 4-10　引发好奇

5. 启迪思考

"吾每日三省吾身",这是古人的话,虽然我们没有天天反思自己,但是当看到一些能启迪自己思想的文章时,还是充满好奇。如图 4-11 所示,幸福是大家都追求的,如何获得幸福呢?第一个标题"获得幸福原来这么简单"会告诉你答案。

标题 1	哈佛大学第一课:《幸福课》(获得幸福原来这么简单啊!)
标题 2	哈佛大学排名第一的公开课:幸福课(积极心理学)

图 4-11　启迪思考

6. 价值吸引

大多数人之所以愿意去阅读文章、购买书籍,甚至是上培训课,就是因为内容对自己很重要、有帮助。内容的价值决定是否吸引读者,以及读者是否愿意阅读,所以,可以将价值展示在标题上。如图 4-12 所示,第一个标题就将内容的价值表现出来,并说这是"值得每一位家长认真参考"的。

标题 1	美国教育是这样启迪智慧的！（值得每一位家长认真参考）
标题 2	美国教育与中国教育的区别！

图 4-12　价值吸引

7. 其他方法

除此之外，还有一些其他的标题类型供大家参考：

- 情景故事陈述型，如《你知道吗？我竟感冒了！》
- 挑战潜在客户型，如《您比自己想象的还要精明一倍》
- 直接陈述型，如《自 7 月 5 日，大西洋将增宽 1/5》
- 暗示型，如《我知道你不认识我⋯.但我希望你能了解一下》
- 对比型，如《采用全新的减肥食谱燃脂比你每周跑 98 公里还要多》
- 提出疑问型，如《你知道房地产获利的最佳机遇是什么吗？》
- 恐吓型，如《三月不晒被，600 万螨虫陪你睡！》
- 反问型，如《世界只有十八只猴，你是哪一只？审视一下自己》
- 呼吁型，如《家常菜谱大全，大家要收藏啦！》
- 好处型，如《凡符合 XX 条件，本店赠送价值 200 元礼品一套，过期作废》

4.3.3　正文撰写

微信订阅号一天只能推送 8 篇主题内容，对于很多人来说，8 篇主题内容确实有点遗憾。但是微信订阅号不是传统媒体，也不仅仅是媒体角色定位，8 篇内容也足够了，甚至对于大多数订阅号来说，每天 3~5 篇就很好了，如果是原创的话，一天一篇也是可以的。因为有时候内容太多，粉丝看不过来，而且有价值的内容追求精而不在多。所以，公众号运营者在撰写内容时要重视内容质量。具体撰写原则如下：

1. 逻辑清晰

微信运营者进行内容营销的第一条要求就是逻辑清晰，这是最低的、最基本的要求。

如何让微信公众号的内容逻辑清晰？可以从以下几个方面入手：

（1）读者优先

微信公众号内容带有营销的目的，是为了满足目标人群的需求而展开的营销，因此在撰写内容时，要重视读者，如读者会理解我在说什么吗；他们懂我刚刚用的专业术语吗；我的文案有没有告诉对方重要的信息；这篇内容信息对读者有没有用等。

（2）循序提出内容重点

公众号的内容是重点、卖点，也是能否吸引人的关键点，当研究完读者需求之后，可以通过头脑风暴方法罗列出一系列的读者需求，这就是内容的卖点。接下来的内容写作就是如何组织想表达的卖点，当然这件事情需要仔细揣酌，因为一篇内容中可能有一个、两个或者三个最重要的信息，也会有几个或十几个次要的信息。考虑到文案篇幅的长度，通常按照"卖点"的重要性依次排列，将最重要的信息放在最前面，将次要的信息放在后面。如果有必要，可以每篇内容只阐述一个卖点，通过多图文的形式一一阐述卖点。

2．能短就不要长

这里所说的"能短就不要长"包括三个方面的含义：篇幅短、段落短、语句短。

首先，自从有了智能手机，特别是有了微信订阅号之后，时间变得碎片化了，人们在等公交、地铁、火车、飞机以及排队的时候看手机，这个时间有长有短，如等地铁的时间可能就只有2~3分钟，非常短暂，这个时候给他们阅读的内容就应该比较短。

除此之外，现在已经进入了一个快消费时代，很多人不愿意花很长的时间在网上去看一篇内容，这就是为什么建议在进行微信运营时提出篇幅尽量短的原因。而且现在的微信公众号可以一次性向粉丝推送1组8篇或图文、或文字、或视频的内容，每天推送这么多内容，消费者既想看完你推送的8篇内容，又不想耗费太多的时间在你的公众平台上，因为他们还有其他的平台需要去阅读，这个时候对于微信内容运营者来说，只有一个办法，那就是提醒自己：内容短点，再短点。

其次，如果内容包括几个卖点，则可以采取分段来处理。因为如果篇幅偏长，文案会变得比较不容易阅读，太长的段落会让读者望而却步，而将内容打散成几个小段落则让读者更舒服。有必要的话，在卖点与卖点、段与段之间通过编号或小标题进行标注。

最后，在语句使用过程中，尽量使用短句，因为短句比长句更易阅读，长句可能会让读者精神疲惫、头晕眼花，等到他们好不容易读到最后，已经忘记前面说什么了。

3．有观点、有态度

要记住，通过内容传播的是品牌本身的价值，因此我们在内容撰写的过程中一定要做到：有观点、有态度。尤其是遇到一些带有争议性内容的稿件，编者一定要有自己的观点，表明自己的态度。因为只有这样，粉丝才知道你是一个什么样的人，才认为你是一个有血有肉的人。

当然，这也并不是说微信公众平台编辑必须有不同的意见，甚至为了突出自己的意见而变得偏激，别人赞成的自己就反对，别人反对的自己就赞成。这种情况在营销领域有很多，很多营销人为了让自己显得与众不同，或者技高一筹，经常在面对某个争议性的问题时，他们就持相反意见，尽管任何事情都具有两面性，但这种极端的做法并不妥。

总的来说，只要微信公众平台编辑在稿件中按照自己的观点、表明自己的态度，并且让读者能见到编者的思想、观点和态度即可，当然要做到这一点需要一定的技术水平。

4．要么有趣，要么有用

内容能够引起微信朋友关注、转发，分两个方面：一是"有趣"；二是"有用"。微信朋友在感性认识和理性认识的协调下，有兴趣阅读和转发。

（1）内容"有趣"

- 采取否定性的内容。人们倾向于辨认"不同"的东西、不相似的内容。否定性的内容，很容易吸引读者的注意力，让读者产生新鲜感和期待感，从而愿意花更多的时间阅读。
- 制造悬念。追逐悬念，恐惧未知的东西，害怕结果的缺失。一环紧扣一环，制造悬念，一个悬念解决之后立刻抛出下一个，最大化地吸引注意力。
- 制造共鸣。制造共鸣的目的是拉近与用户的关系，让用户时时刻刻能够把自己代入进去。
- 讲故事。故事永远是容易被接受的文体。故事是一种"情境记忆"，容易记住具体发生过的事，因为听觉、嗅觉、触觉等感官协同参与构建了回忆。因此，在阅读故事时，唤起相似经历的"情境记忆"，更容易产生认同感。

（2）内容"有用"

内容能够被转发，关键在于它"有用"。内容"有用"就一定能得到大力的传播，因为"有用"的一个重要原则是：内容的已知部分和未知部分，两者要遵循一个适当的比例。

任何一篇文章，要想有传播力，不能通篇老生常谈，也不能全文都是新知识，必须围绕着一个受众关注的话题，建立在一些受众已经了解的前提上，由此引导、推演出受众所不知道的新知识。

5. 抓住社会热点，与时俱进

要想编辑出把所有粉丝都吸引过来的内容，需要一些技巧。其中最有效的技巧就是结合目前最火爆的话题进行编辑，优秀的自媒体人应该有这方面的能力。如2015年3月全国"两会"时，李克强总理提出"互联网+"，于是这个词就火了，无论哪个行业的人都可以应用这个话题，研究房地产的可以编辑"互联网+房地产"，研究汽车的可以说"互联网+汽车"。

可见，要想做到与时俱进，微信公众号编辑除了需要一定的文笔之外，还需要及时了解最新社会动态，并且将最新动态和自己的行业进行有效的整合。

6. 制作专题，打造内容品牌利器

如果你是有理想、有野心、有一定编辑能力的微信公众平台编辑、微信运营者，如果你是一个想在微信上创造出属于自己的自媒体品牌的人，则应该认真地考虑应用这个技巧：制作专题，其实给自己的微信公众号进行定位就是专题。

制作专题，对微信编辑来说有一定的难度，这要求编辑在一段时间内读很多内容相近的文章，并且在脑海中形成一个能统领、包容这些文章的大主题。需要有一定的统筹谋略和编辑能力。

7. 形式多样化

文章内容很重要，文章标题也很重要，还需要考虑内容的形式。好的内容是硬道理，但图片、视频、音乐、投票、图标等多种形式的结合，会让读者赏心悦目。甚至包括标题的形式，如果你每天推送的微信公众号的首页，也就是内容的"列表页"，显得混乱，如有的标题三行，有的标题两行，有的标题一行，有的标题几个字或一个词组，这样也会让人感官不佳。

8. 文章结构合理

结合文章撰写原则，对于每篇正文，撰写时都可分为三个部分。

（1）开头

一篇好文章，必定有一个好的开头。好的开头可以吸引读者产生非读下去不可的欲望。

开头可以是总结性的一句话，也可以直接以提问的形式切入主题，还可以是引导阅读的一段话。但都要与标题相契合，更要与读者密切相关。

（2）正文

正文撰写要非常有条理，段落按照重要性一、二、三向下排列，或者以时间顺序、空间顺序排列。每一段开头第一句话，通常是对该段内容的总结提炼。一篇文章写好之后，自己一定要通读一遍，删除废话、废字，使之言简意赅，内容紧凑。

在撰写正文过程中还需要注意以下几点：

- 正文内容要抓住诉求重点，有可以打动客户的核心内容；
- 用事实说话，要有足够的论点论据，能够足以说服读者，委婉表达产品优势；
- 要能够让目标用户或潜在用户产生购买欲望，戳中用户的需求点，产生认同感和共鸣；
- 适当插入产品关键词以便于搜索，并达到营销的目的。

（3）结尾

结尾是对这篇文章的总结，总结文章中提到的重点、观点，戳中读者的痛点、兴奋点，引发读者思考或转发或产生购买行动。

4.3.4　签名档设计

微信公众号签名档是指微信公众号运营者在向用户推送内容时，在内容中加上自己的电子名片。微信公众号签名档可以设置在内容的顶端和底端，如图 4-13 所示。它是对公众平台信息最基本的描述和概括，也是引导关注和分享的入口。其形式可以是文字、图片或 flash 动画。目前有很多公众平台在运营过程中都设置签名档，接下来我们简单介绍一下签名档的设置技巧。

图 4-13　微信公众号签名档

1. 简洁明了

签名档本身就是一种展现在图文消息中的品牌广告，考虑到手机屏幕的大小，在设置签名档时，尽量让内容简洁明了，只需要最核心的信息即可，尤其是图片形式的签名档，尽量少用文字。

2. 展现公众号的定位或精髓

签名档是公众号的电子名片，其本身在传播过程中肩负着广告的职责，设计时，要对文案创意和广告设计进行考虑，以实现其电子名片的作用。签名档可以是一句品牌定位的广告语，如图 4-14 所示；也可以是一段关于品牌的描述语，如图 4-15 所示。

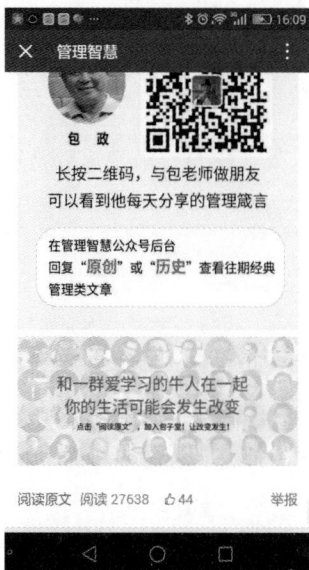

图 4-14　广告语签名档

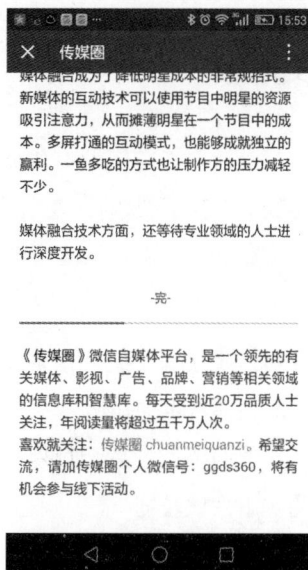

图 4-15　描述语签名档

3. 具有引导作用

公众号签名档还应该具有引导功能，即当读者看到公众号内容时，希望能让读者产生某种动作。如图 4-16 所示，关注公众号、转发该内容、点击"阅读全文"等，都需要公众号签名档去引导。如果没有引导，读者产生下一步动作的几率大大减小。

图 4-16　公众号签名档

4.3.5 正文排版

一个优秀的公众平台，除了要有优质的内容以外，内容排版也需要赏心悦目。对于公众账号内容的排版，有如下要求。

1. 文字排版

对齐排版能够避免字与字之间出现难看的缝隙，这是微信图文最常用的编辑方式，也是报纸、杂志、书刊最常用的排版方式。人的眼睛喜欢看有序的事物，对齐排版显得稳妥，给人一种平静、安全的感觉，易于阅读。微信图文编辑主要有对齐、居中、居左排版方式，微信居右排版的实用性比较弱。

（1）版式

居中给人的感觉相对正式、高贵、稳定。通过使用外观细小的字体，配合较大的留白，使居中排版显得更加高端、大气，现在已成为奢侈品最常用的一种排版方式。如图 4-17 所示，不少广告、文玩也会选择用这种排版方式，体现内容的精致。

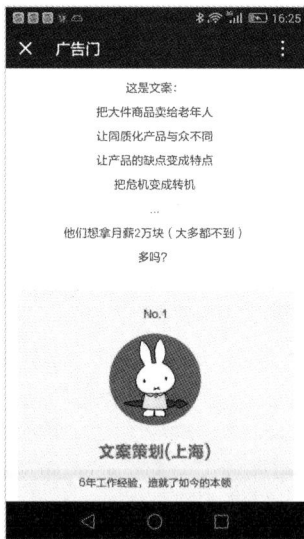

图 4-17　内容居中排版

（2）字体字号

要考虑订阅者的阅读体验，对于党政机关、中老年群体要使用大一号的字体，比如 16 号字，因为年龄稍大的读者视力不是太好。一般情况下 14 号字比较常用，既不会太小又显得比较精致。

（3）行间距

行间距设置为字大小的三分之二最舒服，也就是 1.5~1.75 是比较好的行距选择；每篇内容中使用的字体要尽可能少，如果图片里要加文字，也尽量跟正文里默认的黑体接近，否则会显得比较凌乱。

（4）篇幅

篇幅不要过长，就算深度文章也不要超过 1500 字，尽量让读者在 5 分钟之内看完。另外，除非是特别有吸引力的文章，否则尽量不要连载，因为发布时间至少间隔一天，连续性太差，影响阅读体验。

（5）段落

文章段落注意三个细节：

- 不要在段落前空两格，否则显得很凌乱；
- 段落与段落之间要加一个空行，否则会很拥挤；
- 段落和句子都要尽量短，多使用短句子和短的段落，这样不容易产生阅读疲劳。

（6）插图

字数超过 600 字的文章尽量添加 1~3 张插图，图文的结合能够提高文章的可读性。插图的选择要和内容相结合，如果有专业的设计人员，则最好用设计软进行件简单处理，这样会更有原创感。

（7）色调

无论是版面中的头图、分隔符还是配图都要统一在一个色调之内。颜色的搭配是一个比较复杂的学科。这里有一个很好用的小技巧：排版选图时确定一个主基调，比如蓝色，整个版面三分之二都使用这个颜色或者接近这个颜色，然后适当选择其他颜色进行点缀。

（8）模板

确定一种模板以后就要在一段时间内固定下来，包括色调、符号、分割线、字体大小等，统一风格能给读者留下深刻的印象。

2. 配色

色彩的把控与调整需要建立在企业、组织的整体视觉识别系统指导下，而作为配色技巧的基础，"用户思维"、"品牌思维"才是需要长期培养与潜移默化、贯穿始终的关键。对配色的具体建议如下：

- 品牌主色调和图片：公众号有自己的主色调，将其颜色沿用在内容编辑中。如果主色调的搭配太过单一，或者想让内容图片与色彩搭配浑然一体，则需要提取出主色调中的某一颜色，并利用单色组合和类似色的方法，色彩会与图片内容完美融合。
- 网上素材：平日在网上搜集一些色彩搭配好的素材，将色彩搭配用于自己的内容上。要注意，一篇内容的色彩搭配不要超过三种颜色，保持颜色整体协调，避免用户在阅读时产生视觉疲劳。

3. 配图

在图片选择过程中，不仅仅是丑与美、艺术与审美的体现，而是对品牌综合把控力的体现，是一种思维的外向反映。如何提高审美能力，最简单的办法就是：网上寻找、收藏，经常参加美术展览、设计展览等，定期翻看收藏的图片，以提高自身的审美标准。

在配图时，不仅仅需要图片美观，还需要图片的内容与想要表达的主题、段落或文字的主旨相符合，这样在图文相结合的情况下，才能让订阅者产生更加深刻的印象。

4.3.6 图片编辑

在对微信公众号进行内容制作时，上传图片并对图片进行编辑是不可避免的事情。公众号上传图片操作非常简单，进入微信公众号的【素材管理】页面，点击【新建图文信息】选项卡，进入新建图文编辑页面，点击【图片】按钮，进入【选择图片】页面。

1. 选择图片原则

图片比文字更直接、更高效、更有冲击力。根据微信运营者的经验和对传播领域的调查，下面几种照片最吸引人并留下深刻印象。

（1）孩子的照片：小孩子的纯真、可爱形象能让消费者卸下对广告的心理戒备。

（2）动物的照片：动物形象能在内容中扩展出最富想象力的表现。同时动物可爱的形象和小孩子一样，总会吸引人们的兴趣。例如：迪士尼惯用动物拟人的手法来讲述人的故事。

（3）美女照片：美女能制造热点，有时能引起人们愉悦的心情，重要的是人们会把这种心情直接转嫁到企业要表达的内容当中。例如：每届车展上的众多美女车模。

（4）名人的照片：名人具有强大的吸引力，不仅是他们的形象得到很多人的关注，而且他们讲的话有更多人相信。名人出现在企业推送的信息中，会造成该企业值得信赖的认知。

（5）有故事的照片：广告史上的经典之作"穿着 Hathaway 衬衫的男人"最能说明这个问题。当年大卫·奥格威为 Hathaway 衬衫做推广时，选用了一张戴眼罩的男人身着 Hathaway 衬衫的照片。一经发布，便引起大众关注。画面上的男人为什么带眼罩？发生了什么？他的神秘气质来自何处？这就是有故事照片的力量。

（6）灾难性照片：电影《2012》的灾难画面让人过目不忘，灾难性照片总会引起人们对受难者的深刻同情，因为灾难随时有可能出现在任何一个人身上。灾难性照片不仅会引起人们的强烈情感，更能让人有一探究竟的欲望。

（7）与读者相关的照片：调查显示，男人喜欢看那些有男士图片的软文，而女士则相反。这表明人们看到与自己相关的图片时，就会判断文章的内容和自己紧密相关，而这种判断正是他们愿意继续看下去的主要动力。

另外，除非是漫画主题的内容，否则一般情况下尽量不要使用绘画做插图。因为绘画会给人一种不真实的感觉，其人为的因素太多，不可信。所以，除非很想要表达某一种艺术风格，不然如果想在插图里配一张绘画，那就选择写实的风格吧。在使用网络素材时，要注意原创者对素材使用的要求，以免产生不必要的版权纠纷，给企业带来损失。

除了考虑照片元素的吸引力之外，还要考虑照片的视觉风格，不同的品牌要对应不同的品牌基调。比如图 4-18，左图显得非常轻快，适合轻松的、年轻的品牌；中图更将生活化，适合温馨的家庭化品牌；右图明显是在强调高品质，适合汽车类、电器类的那些强调高品质的品牌。

图 4-18　照片的视觉风格

图片是轻快、活泼的还是稳重、高品质的，这是由元素的表现力决定的。如图 4-19 所示，从左到右的人物、风景、图案、文字，其表现力依次变弱。当然，这里的表现力也跟个人兴趣有一定的关系。

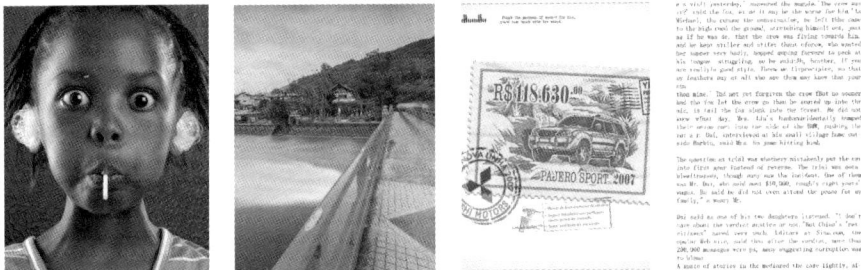

图 4-19　图片表现力

2．图片裁剪原则

对图片进行裁切非常简单，这个简单的动作在微信中能产生很好的效果。

如图 4-20 所示，普通四面裁切可以稳定构图，让版面更加严谨；如图 4-21 所示，退底图能点缀版面，让画面更有活力。在图片的应用过程中，重要人物不能用退底图，会显得太随意，缺少存在感。

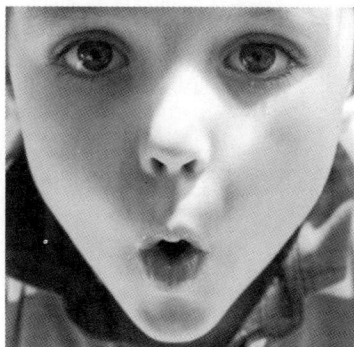

图 4-20　四面裁切图　　　　　图 4-21　退底图

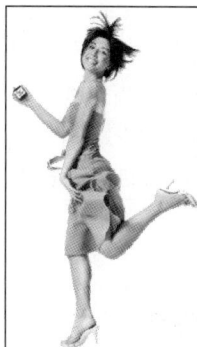

　　图片的构图追求稳定，达到稳定构图要遵循潜在的心理模式——格式塔网格。在每一个稳定的构图里都隐藏着这个网格，我们看图 4-22，图片构图给人很稳定、完整的感觉。

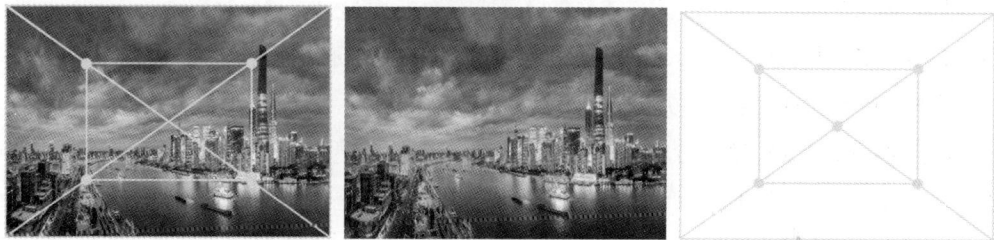

图 4-22　格式塔网格

　　在构图中，为图片绘制对角线，找到对角线的交点。然后找到对角线交点和四个角的四个中间点。通过把主要元素放到五个点的附近可以很好地稳定图片构图。裁切画面时注意尽量把重要元素放到这五个点上，就能形成比较稳定的构图了。

3. 图片尺寸

　　对于移动端的内容运营来讲，文件小有很多好处，打开速度快就是非常重要的一点。所以在裁切制作微信用的图片时，要力求在保证清晰度的情况下尽量让文件变得更小。

　　（1）图文封面图片尺寸

　　一般上传的封面头图，图片尺寸官方建议是 900 像素×500 像素，因为手机屏幕的比例不同，在有些手机上无法很好地显示。建议制作 900 像素×550 像素的封面图，这样能在大部分手机上很好地显示出来。另外，在微信上显示的封面图往往会被标题挡住最下面，所以在制作图片素材时，要注意图片的最下面部分不要放置重要的内容，以免被标题遮挡。

（2）多图文的二级缩略图

多图文的二级缩略图是方型显示，图片最佳尺寸为 200dpi×200dpi，或者宽、高不超过500dpi 为好。

4.3.7 视频编辑

关于网络视频营销，相信在做网络营销的人都不陌生，相比于文字、图片甚至动画，视频的表达方式和表达的内容更加丰富和立体，这就是为什么视频营销这么火的原因。甚至很多优秀的人士通过视频来打造属于自己的"视频自媒体"，如高晓松的《晓松奇谈》、罗振宇的《罗辑思维》、李光斗的《李光斗观察》、袁岳的《袁来有数》、吴晓波的《吴晓波频道》等，这些视频不仅能在视频网站上收看到，它们同样也通过公众平台进行传播和推广。

制作具有吸引力视频的原则如下：

由于视频的制作相对于图片，其成本及专业方面要求更高，目前微信平台的视频以转发他人的视频为主。但不可否认，原创视频能更好地从多个角度讲故事。随着各种视频制作软件及简易模板的普及，原创视频将成为趋势。做视频创意的切入点是什么？怎样开展创意思考呢？这里推荐几个最常用的创意思考切入点。

1．揭秘类视频

制作精良、过分渲染的广告让人产生质疑，而一些不经意、毫无人工修饰痕迹的记录画面，反而更能获取受众的信任并实现快速传播的效果，真正打动受众。由于手机屏幕小，像素要求不高，所以在微信等移动端播放的视频不需要太高的资金投入。如图 4-23 所示，麦当劳揭秘广告拍摄的创意方式值得我们借鉴。

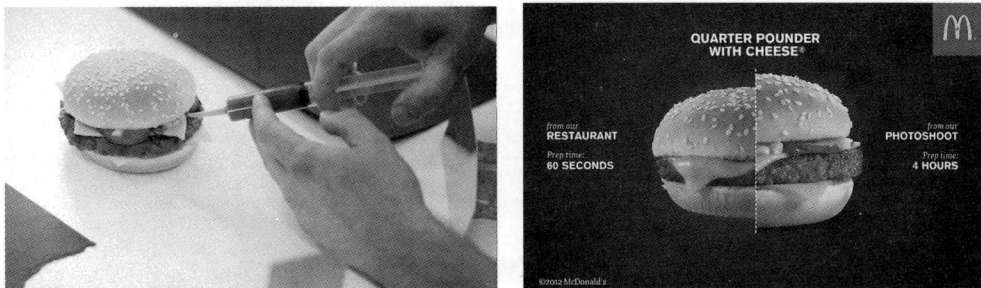

图 4-23　麦当劳揭秘广告

有网友在麦当劳问答社区提问："麦当劳菜单上的汉堡照片令人食欲大动，可为什么买到手的巨无霸却从来都不是那样的？！"问题一出众多消费者响应。

麦当劳出其不意地拍摄了一段揭秘视频。在视频中记录了汉堡是如何一步步被"整容"的：一系列追求美观的修饰、专业设计师的摆放、精心点缀的番茄汁和芝士酱。拍摄完的照片还要经过 Photoshop 软件的修改过程。层层"整容"过后的那张图片才是以往出现在广告里的汉堡形象。一系列的美化过程，都被麦当劳毫无遗漏地收录进视频里。最后，麦当劳还大胆地来了一张真实汉堡和广告汉堡的对比图。整段视频的拍摄画面没有任何修饰痕迹，给人以很真实的感觉，直接反映出麦当劳面对问题的态度，真实可信。

这样的做法果然得到了消费者的理解，麦当劳成功避免了因为猜疑可能出现的一系列问题。同时，该视频被上传到 YouTube 后，不到一周的时间就被播放 500 多万次。在解决问题的同时，又形成了巨大的传播效果，这就是网络视频"真实"的力量。

2．变态测试

为了表现产品的卓越性能，理性诉求往往会用夸张的使用环境和极端的测试手法来展现产品。我们将这类视频称为"变态测试"。这一方法运用得最精彩的，莫过于 Blendtec 牌搅拌机。

iPhone 刚刚上市时，每个人都以拥有它为荣，YouTube 上却出现了一段搅碎 iPhone 的短视频，瞬间引起广泛转发。如图 4-24 所示，视频中，一个身穿白大褂，头戴护目镜，名叫"汤姆"的老头把一部崭新的 iPhone 4 扔进搅拌机里。不一会儿，iPhone 4 被搅得粉碎。在慢镜头的回放与搅拌机的轰鸣声中，我们可以清晰地看到手机被打成一团粉末。这段不到两分钟的视频，很快就吸引了网友的注意，点击量迅速上升，不到两个月就被观看了近

270 万次，其中还有很多人主动向身边的亲朋好友转发了视频链接。

图 4-24　搅拌机视频

夸张的创意获得大量点赞和转发，Blendtec 搅拌机总销量增长了 7 倍，而"搅得烂吗"系列视频也被营销界喻为"最好的虚拟营销手段"。

总结一下变态测试视频中常具备的几个要素：过硬的质量、夸张化的测试环境、真实的操作、幽默的演绎。这些要素并不难做到，如果你恰好都已具备，就不妨放手一试，收获潜在消费者的认同。

3. 搭乘热点

热点是在一段时间内人们极为关注的话题。同期内，大量网民会对热门关键词进行搜索。搭乘热点话题的擦边球，通过对热点素材的重新编辑，植入需要传播的信息，让网民在搜索热点的同时，接受有意传达的产品或品牌信息。

某次奥巴马在白宫接受电视专访时，一只苍蝇在他面前飞来飞去。等苍蝇落在他左手手背上时，奥巴马抬起右手，一记"如来神掌"拍死了苍蝇。电视播出后，"奥巴马打苍蝇"瞬间成为网络搜索热词。而笔者就曾经借助奥巴马打死苍蝇的视频，在第一时间为杀虫剂品牌剪辑了网络视频，并迅速上传至多家视频网站。一天之内，点击总量就多达数万，取得了非常好的传播效果，而负责剪辑的工作人员仅用一个小时就完成了该视频的制作。

搭乘热点不分类型，如果你的视频营销恰好赶上某个热门电影，也不妨尝试借助一下大片的热度。如图 4-25 所示，《钢铁侠 3》在泰国上映之前，一支由泰国喜剧男子组合 Fedfe

倾情演绎的"糙版预告片"在 YouTube 上的点击量突破了 60 万次。其成功之处除了专业级的恶搞精神、一本正经的装怂样子让你笑得欲罢不能之外，更重要的是借助了钢铁侠本身的超高人气和网民对即将上映的最新大片的强烈关注。

图 4-25　糙版预告片

由此不难看出，网络视频想得到快速传播，抓住热点事件植入信息是一种非常讨巧的手段。所以，在构思网络视频创意时，第一个思考的切入点就是上网看看最近有没有热点事件可以搭乘。

4．借助音乐

音乐的诞生是在人类语言发明之前。当时人们知道利用声音高低、强弱来表达自己的感情。随着人类的发展，逐渐产生了统一劳动节奏的号子和相互间传递信息的呼喊，这便是最原始的音乐雏形。音乐是最容易表达情感的一种艺术形式。

墨尔本大都市公交铁路公司曾推出一则萌萌的公益 MV 短片《蠢蠢的死法》，如图 4-26 所示，歌词轻松幽默、朗朗上口地罗列了许多危险的行为，包括：放火烧头发、拿棍子捅黑熊、吃一堆过期药等一系列看上去十分搞笑的"死法"。欣赏到最后我们才发现，原来歌曲的目的是为了提出最后的"站在火车站边缘"、"开车绕过铁轨前的禁行栏杆"等行为与上述看似荒诞的死法同样愚蠢。不同于其他严肃的安全提示广告，这个 MV 短片调性温馨幽默，利用类比的形式让人在会心一笑的同时接受其传播的信息。

图 4-26　蠢蠢的死法

5. 随手记录——拍客

曾经有一位记者随手拍下的视频改变了一个流浪汉的命运，也引起了全社会的关注。原来，视频中这个自称拥有"美国央视"嗓音的流浪汉就是前电台播音员泰德-威廉姆斯，酒精和毒品使他沦落至此。视频发布后得到广泛转发和热播，泰德-威廉姆斯的完美男中音再次进入了无数早间访谈节目中，他也因此收到了工作邀请。分析视频成功之处，不仅在于其发现了一个离奇新颖的点子，更在于拍摄者对社会现实的把握。时值美国的经济低迷期，失业的阴云笼罩在每一个美国人的心头。通过善意的围观、温暖的同情，让一位流浪汉回到工作岗位上，是人们对经济复苏的希望寄托[1]。

关于视频的创意，最后要提醒读者的是：无论表现手法多真实、多接地气，其最终目的都是为了企业营销服务。所以，不管是病毒视频也好，微电影也罢，我们一定要在其中或多或少地看到企业品牌的影子。如果品牌本身名气就不大，还在视频中羞于见人，那就大错特错了。因为除了制作者本人，没有人会知道这段视频是为谁拍摄的，更不要谈对企业品牌的传播了。

---

1 内容来自微信 ABC 的《介绍四种视频微信营销方案的创意来源》，2016-2-12，http://www.weixinabc.net /news_show.asp?id=267。

互动设计

在公众号内容运营管理过程中，可以设计系列活动与粉丝进行互动，让粉丝参与到平台运作中来，提升粉丝与公众号之间的关系。互动设计是微信内容运营管理过程中非常重要的一环，具体的互动环节设计主要包括以下几个方面。

1. 评论

当公众号开通评论功能之后，粉丝只要看到该公众号的内容，即可以在该篇内容下点击"写评论"进行点评，如图 4-27 所示。当然，公众号运营者也可以对评论者的评论进行回复。评论功能可以说是公众号与读者最有效的一种互动功能。

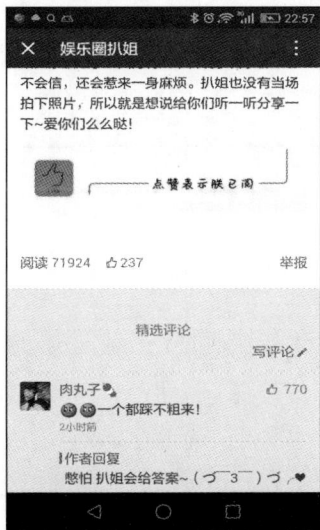

图 4-27　评论功能

公众号评论功能是微信官方对原创内容公众号的鼓励，所以要想开通评论功能，首先就必须申请原创声明功能。这要求比较严格，首先公众号文章一定要原创，而且发送规律是每个月保持有一定的数量。

当原创功能开通之后，就可以开通评论功能了。如图 4-28 所示，进入公众号后台，在【添加功能插件】页面点击【留言管理】即可。

图 4-28　开启评论功能

2. 赞赏

赞赏功能是公众平台与读者进行互动的另一种方式，当粉丝通过公众平台看到一篇质量非常高的文章时，就可以点击［赞赏］按钮，在弹出的页面中选择"赏赐"的金额，转调至微信支付页面，输入密码点击支付，就完成本次赞赏流程，如图 4-29 所示。

赞赏功能同样是微信官方对公众号原创内容的鼓励，公众号在获得原创要求之后，下一步就可以获得赞赏功能了，当然还需要绑定公众号注册人的银行卡。

图 4-29　赞赏流程

3．投票

公众号与粉丝的互动还可以通过投票来进行，即在撰写一篇内容之后，发起对某个事件的投票。至于设置流程，只需要在新建图文信息中点击【投票】按钮，发起投票即可，如图 4-30 所示。

图 4-30　发起投票

4．话题

话题是指在图文信息编辑过程中，就某个话题提出讨论，然后粉丝可以按照某个要求对话题做出回答，如图 4-31 所示。这也是公众号与粉丝进行互动的一种有效方法。

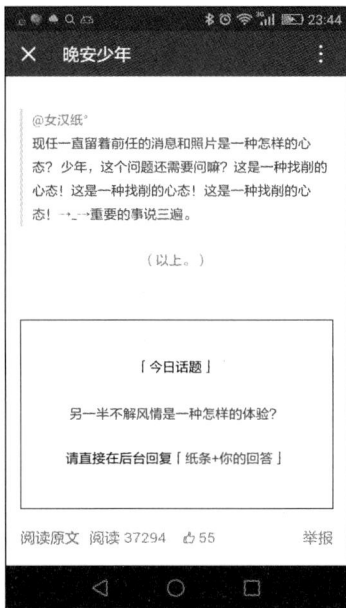

图 4-31　话题

5．游戏

游戏活动是最能吸引粉丝参与的互动手段之一，公众号完全可以设计系列活动与粉丝进行互动，前提是对活动进行精准设计，如趣味性的设计和奖品设计。

4.3.9　发布时间

完成了微信公众号的内容编辑后，整个工作还剩下最后一步，即什么时候将信息发送出去。内容发送的时间段影响内容的效果，如果发送时间不恰当，推送的信息有可能被淹没在消息群中。公众号内容究竟应该何时发送呢？

1．微信用户活跃时间

微信团队曾经在某次论坛上，对外做了《微信·生活》的分享，通过一个个鲜活的数据展示了微信用户一天、一年的动态。如图 4-32 所示是微信典型用户一天的情况图，我们可以分析出每天早上 8:00 点到晚上 10:00 点这段时间微信用户最活跃，收看的人最多，也最稳定，选择在这段时间发送最为合理。

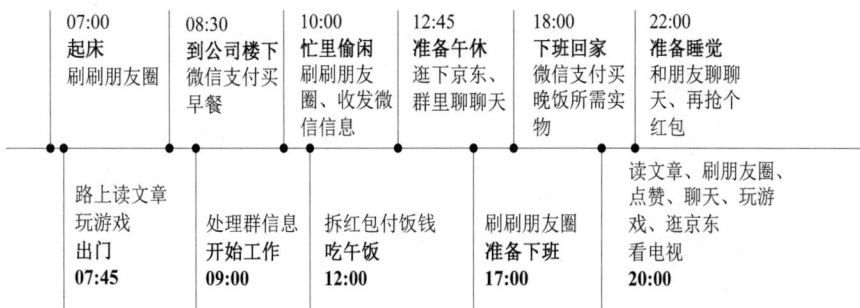

图 4-32　微信用户一天作息时间图

2．与公众平台定位有关

公众平台分为服务号和订阅号，其中订阅号每天都可以发送一次信息，而服务号一个月只能发送 4 次，服务号可以说是"周刊"了。尽管在不同的社交媒体上，星期几的分享转发量并不同，但我们还是要尽量避免在周末发送，相关机构分析得出的结论是，周二、周三、周四都非常不错，服务号内容不妨试试在这三天发送。

3．最佳 4 个时间段供参考

上午：7:00—9:00 点，适合阅读早报新闻、媒体资讯、轻松搞笑类、短篇行业专业内容。

中午：11:00—12:00 点，饭前饭后阅读时间，适合新闻、媒体资讯、轻松搞笑类、短篇行业专业内容。

下午：14:00—16:00 点，下午休息时间，适合媒体资讯、轻松搞笑类、休闲为主。

晚上：17:00—22:00 点，下班以及晚上休息时间，适合晚报、媒体资讯、轻松搞笑类、深度阅读类内容。

在这里，注意时间段要符合目标用户群体的活跃时间，可通过测试发送来确定。统一时间点后、不宜随意调整。

4．不断调整

微信公众号发送时间没有明确规定，用户人群不同，发布的最佳时间段不同，需要不断测试、不断调整。

4.4 内容运营的技巧

要成为一个合格的内容运营者，还需要学习快速生产内容的方法、产品文案的撰写方法和 10W+阅读量内容的原则等内容。

4.4.1 快速生产内容的技巧

当前是一个内容过盛、原创和精致内容较少的时代。在维护账号的日常运转时，每天都要生产出很多内容，一篇或者几篇。在运营的过程中，快速生产合适的内容是运营工作的一大挑战，也是运营平台能够突出重围的一个因素。

内容运营的重点工作是撰写出专业的、精准的内容，提供给特定的客户，让客户得到价值和利益。面对激烈的商业竞争和快速的工作节奏，一个专业的内容运营者，对一篇文章必然不会花费太多的精力和时间，要快速生产出内容，需要三个步骤：分析、整理和产出。

1．分析

分析什么？两步：寻找和分析。

在企业品牌和产品中有许多关键词，第一步是找到这些关键词，比如品牌、品类、技术知识点、行业知识点、合作媒体、合作项目、合作艺人、热点内容、行业热点等。分析哪些关键词是可用的，哪些是不可用的。

2. 整理

将分析出来的关键词进行分类整理，做成思维导图或者 Excel 表格。将不同类的关键词划分到不同的类别下面，将不同类别的关键词进行组合。例如，品牌关键词可以与热点相结合，就能组合出新的关键词。

3. 产出

有了关键词，有了撰写方向，输出方式也可以选择。一般来讲，都是图文信息，还可以是 H5 页面、图片、视频、海报、活动等。

在输出内容时，可以使用横向扩散法，就是由一点出发，然后进行点的扩散。比如说到茶，可以是茶叶、茶园、茶艺、茶具；每一个点还可以再进行细分，茶叶又分绿茶、红茶等。这样可以把一个点扩散开来，然后找到其中一个点进行撰写，写完一个再写另一个。

还可以使用纵向扩散法。这种方法是把某一个点的内容，使用不同的形式来表现。比如写茶叶，可以写成新闻，可以是技术，可以是分享，可以是互动等。从多个角度来阐述，不仅丰富了内容，而且更有可读性。

除了以上方法，要提高生产内容的速度，还可以使用下面 5 个原则。

（1）表达核心。在撰写内容时，尽量精简文字，以最少的文字表达出客户最想要的东西，这样运营者和读者都节省了时间。

（2）图片说明。有些内容如果用文字来表述，则需要写很多文字；但如果用一张图片就能表达清楚的，那么就用一；但图片，例如一张产品宣传图片。

（3）互动环节。根据内容的需要，尽量增加互动环节，这样做的好处是让客户参与，减少内容运营者灌输式传递信息，运营者有了更多的时间去了解客户的需求，为内容的更新提供了源源不断的能量。

（4）加入视频。根据内容的实际情况，如果可以引入视频的，采用视频就更有说服力了，因为视频汇聚了声音、图片、文字、色彩、思想等各种要素，可以大大减少作者的文字表达。而且视频都是之前设计好的，在进行内容撰写时，直接拿来使用即可。

（5）利用资源。通过各种媒体，特别是互联网上的国外网站，有些好的文章经过翻译后，直接应用到自己的文章中，减少构思和撰文的时间。

4.4.2 产品文案的撰写技巧

产品文案的目的是提供最有竞争力的客户体验和产品对客户的价值体现，而不是产品说明书，也不是花哨的、创造的文字感受。因此在撰写产品文案时，需要掌握下面的具体方法。

1. 分析产品和品牌

产品，是用户的核心利益。产品解决了用户的什么问题，给用户带来了什么好处，与其他产品相比有哪些优势等。分析产品，需要找到产品打动用户内心需求的那个点，然后进行放大，把这种感觉带入到一种情景当中，让用户真切地感受到使用这种产品的结果。

品牌，是用户的情感维系。创造一个品牌，就是在用户的心中留下一个难以磨灭的印象，当他需要时，会第一时间想起来。所以，强调品牌情调，就是要能够与用户的情感产生共鸣，与用户的欲望相匹配，从而形成特有的品牌定位。

2. 从用户的角度出发撰写产品文案

了解了产品和品牌，撰写文案从三个方面出发。

（1）从产品的实际用途出发

自己认为产品很不错，也很了解，在写文案时，恨不得将所有的好处、所有的功能都写上，让用户觉得产品很好。但是通常这样写的结果是无人理睬。为什么呢？用户通常只对自己感兴趣的或与自己相关的事情产生关注，如果你写的这些与其问题不符，他不会有关注的欲望的。

同样，在撰写产品文案时，尽量贴合产品的实际用途，塑造一种使用产品后的结果，这样更能引起用户的共鸣。

（2）使用用户听得懂的语言

使用一些专业性的语言，产品显得更加有"格调"。对于知情人来讲，越专业，显得越高端。但对于更多的人来说，专业代表不懂，不懂代表不选。所以，根据目标用户来选择最合适的语言表达。从用户的角度出发，站在用户的角度考虑该如何撰写产品文案。

（3）与用户直接对话

要让用户在文案中有代入感，更好地切身感受到产品的效果。在撰写时，尽量避免使用"客户"、"用户"、"你们"、"他们"、"他"等这种统称或第三人称的词汇，而要使用"你"、"您"、"我们"等更加亲切、更加直观的词语。

4.4.3　提升文章阅读量的技巧

内容运营者都希望自己设计的文章能被更多的人阅读，现实是，只有能够吸引用户眼球、真正带给用户价值的文章最终才能取胜。如何让内容发布后阅读量达 10W+呢？可以遵循下面几个原则。

1．鲜明的标题

标题如人之衣冠、人之容颜，干净利索、赏心悦目、优雅俊美，岂能不吸引人呢？对于内容来说，标题极其重要。让人一眼看到标题，心中突然一动，眼前突然一亮，用户就有继续阅读的欲望。

2．特定的群体

好的内容，要考虑受众群体，不同的文章适合不同的人群。不能将穿衣打扮的文章发布到社会层次不高的男人群，也不能将处理法律事务的文章发布到小学生群。这样做必然得不到更多的阅读者。

3．超值的内容

通常给予用户的价值超过用户的期望时，用户推荐和分享给其他用户的可能性就增加。所以，作为内容运营者，要充分考虑用户的价值需求，适当赠送一些超出用户预想的其他需求。

4．独特的形式

对于同一个内容，表达方式不同，获得的效果一定是不同的。大多数内容运营者可以做到要表达的内容经典实用，也很有价值，但是用户阅读量还是比较低。要注意内容的表现形式，针对特定的目标受众，要特定设计。例如内容的主要读者是小学生，在内容的表现形式上多以活泼、生动、动漫，再辅以故事的形式来表达，效果一定要比普通的表现手法好。

5. 恰当的时机

这里的时机指的是内容分享和传播的时间。我们看到有的公众号选择在特殊的日期，特别是一些重大的节日举行活动。就算不是做活动的文章，也要选择恰当的时机才有好的效果。

4.5 本章小结

1. 内容运营的主要工作

内容运营就是将通过各种途径获得的信息进行归纳、整理、加工，并结合自己的原创而形成完整的表达某一事物的内容，并且将此内容与特定群体进行传播、分享和互动的过程。

内容运营的工作内容主要包括：内容定位、信息采集、内容规划、内容撰写、内容发布和内容更新等工作。

2. 内容规划和栏目规划

做内容运营首先要做好内容规划和栏目规划。

内容规划分为内容定位、内容筛选、内容编制、内容推送四步。

栏目规划不仅要考虑品牌信息，更重要的是要充分了解目标用户的喜好、目标用户想要看到的内容，要充分把品牌信息和目标用户的喜好结合起来，这样才能做好栏目划分。栏目划分一般分为三种：自定义菜单的设置、图文消息的排序和关键词回复的使用。

3. 内容运营的方法和技巧

有了内容运营规划的方法和技巧，为了满足用户需求，需要确定合适的内容来源，撰写具有吸引力的标题，掌握正文撰写和提升文章效果的方法。

- 合适的内容通常来自原创、从朋友圈和公众平台里挖掘、PC 端网站搜索、微信素材搜索网站、书籍或其他资料、盘点已有内容和社会热点话题等。
- 标题制作对内容运营极其重要，要写出好的标题可以使用强势词语、强调数字、借助名人、引发好奇、启迪思考、价值吸引等方法。
- 正文撰写需要遵循的原则是：逻辑清晰；能短就不要长；有观点、有态度；要么有趣，要么有用；抓住社会热点，与时俱进；制作专题，打造内容品牌利器；形式多样化；文章结构合理。
- 提升文章效果的方法有签名档设计、正文排版、图片编辑、视频编辑和互动设计等。

要做好内容运营，还需要掌握如下一些技巧。

- 要快速生产出内容，需要掌握三个步骤：分析、整理和产出。
- 撰写产品文案，首先要准确分析产品和品牌，并且要从用户的角度出发撰写，主要注意三个方面：从产品的实际用途出发、使用用户听得懂的语言、与用户直接对话。
- 让内容发布后能够达到 10W+阅读量，可以遵循的原则是：鲜明的标题、特定的群体、超值的内容、独特的形式和恰当的时机。

4.6　思考与练习

（1）你认为什么样的文章才是好文章？选择一篇你觉得比较好的文章，指出文章的优缺点。

（2）书中提到的标题、正文、提升文章效果的方法仅是一部分，除此以外，你还能想到什么方法进行补充？

（3）依据内容运营的技巧和方法，结合自己的企业，自选主题，写一篇文章和产品文案，与导师一起讨论。

（4）分析题

当前，微信公众号众多，也是很多自媒体崛起的时代。但在众多的公众号中，能够坚持原创，并且创造出有价值、可读性高的内容较少。在你关注的公众号中，选择一篇你经常阅读的账号中的文章，并对此文章的标题、内容等做出评判，根据学到的和自己总结的技巧，说出自己对这篇文章的看法，并与导师讨论。

第5章

用户运营

粉丝！粉丝！粉丝！

　　小咖在提升了内容的质量后，发现阅读量、转发量有明显的提升，这让小咖非常的开心。但微信运营并不仅限于内容运营，小咖也发现，如果没有粉丝的积累和粉丝的活跃，内容再好也是没人看，更不会有人来消费。

　　之前通过内容的提升也带来了一定量的粉丝，小咖也尝试让公司里的人多转发一下文章，希望能多带来一些粉丝。但是这样做的效果并不是很理想。

　　小咖很苦恼，该用什么办法来提升粉丝呢？

　　另外，如果吸引来了粉丝，留不下来也不行啊，该怎么留下他们呢？

　　还有就是，如果留下来的都是"僵尸粉"，那该怎么办？怎么让这些粉丝能持续地活跃起来呢？

　　这三个问题一直困扰着小咖，无奈，只得向何然和张经理求助，这些问题该怎么解决。

　　何然说："获取粉丝的方法我也总结了一些，你拿去看看吧。"何然给了小咖十多种提升粉丝量的方法，小咖甚是感激，这帮了他的大忙。

　　张经理随后说道："我也给你分享一些我在用户运营中的一些经验吧，主要是关于怎么管理用户，维系与用户之间的关系，还有就是管理微信群的一些小技巧。"

学习目标

- 掌握获取粉丝的常用方法
- 掌握用户的基本管理方法和微信群的运营管理方法
- 熟悉建立和维护用户深度关系的基本方法
- 熟悉用户运营的误区

本章预览

微信作为一款即时通讯工具，它的重要意义就是为企业和用户搭建了即时沟通的桥梁。粉丝是微信公众号的生命之源，是一切运营的前提和基础，如何高效地获取目标粉丝，并且管理和维护好粉丝，是微信运营管理师永恒的任务。

本章主要介绍获取、管理和维护微信公众号粉丝的主要方法，这些方法是微信运营管理师应该掌握的基本技能。

5.1　什么是用户运营

5.1.1　用户运营的概念

在商业活动中，产品的不断成熟离不开用户参与，微信用户运营主要是围绕用户进行的，满足用户的某种体验和需求。微信运营中的 O2O 活动、互动都因用户而展开，目标、绩效都因用户的参与而最终达成，针对要达成的目标和任务，需要围绕用户的需求和体验，进行相关的设计、策划和运营。

用户运营就是以用户为中心，根据用户的体验和实际需求来设计活动或者互动，实现企业战略规划、营销目标、产品销售的过程。

5.1.2　用户运营的主要工作

用户运营的工作不仅是用户的获取、转化和留存，更为重要的是通过周详的计划、严谨的方案来实施运营，以期达到最终目标。用户运营的主要工作内容包括：工作计划、活动策划、用户获取、用户管理和数据分析。

1．工作计划

工作计划是用户运营者最基本的工作内容。用户运营者要对用户运营中涉及的人、财、物进行统筹安排，拟定周详的计划，这是用户运营取得成功的前提。

2．活动策划

在用户运营的过程中，经常要进行一些业务活动，用户运营者必须具备策划各种活动的能力，并且能够完全把控活动前期、中期和后期出现的各种情况，即时解决和处理。

3．用户获取

获取用户的工作是用户运营中一个重要的环节，在用户运营中举行的活动，或者与用户进行互动，核心目标就是让参与活动或者互动的用户成为产品的购买者，甚至成为产品的忠实粉丝。

4．用户管理

用户运营的主体对象是用户，在用户运营过程中有大量的潜在用户、准用户、用户和忠实用户。作为用户运营者，要设法将潜在用户和准用户即时转化为用户，还要将普通用户发展为忠实用户。因此，用户转化、留存是用户运营中非常重要的工作内容。

5．数据分析

在用户运营中，评估用户运营的效果是通过实际的数据来体现的。作为用户运营者要掌握在一定时期内用户转化率、用户保有率、用户流失率等指标，还有团队中成员能力的提升、团队综合实力的提升、团队运营能力的提升等相关指标。

5.2　获取用户的方法

即使公众号设计出再优美的界面、炫酷的视觉、动人的文字、悦目的图片，如果缺乏推广，也不会带来显著的效果。公众号必须做好切实的运营，有运营才会收获粉丝，有粉丝才会收获订单，才会产生效果。作为微信公众号的运营者、管理者，必须做好微信公众号的推广。

微信推广，就是将非关注企业平台的用户吸引关注，并成为粉丝的过程。其中最有效的一种方法就是将别人"鱼塘"里的朋友吸收、转变到自己"鱼塘"里。这种方法行之有效的原因有三个：

（1）每个人都有属于自己的朋友圈子，如微信朋友圈、QQ 朋友圈等，在这些朋友圈子里少则几十人上百人，多则几百人甚至上千人，这本身就是一个庞大的粉丝来源；

（2）在朋友圈里相互之间都是熟人、轻熟人关系，很容易产生信任；

（3）无论是微信、QQ 还是其他网络平台，都属于社交平台，只要内容具有"病毒性"，就会像病毒一样广泛传播。

例如，每个人平均拥有 300 个粉丝，如图 5-1 所示，只要裂变一次，内容将传播给 300*300=90000 人关注，只有 1% 的转化率，公众号也将获得几百个粉丝；如果再裂变一次，获得的粉丝将成千上万。所以，微信公众号要推广，首先就是找到别人或自己的"鱼塘"，包括朋友圈、微信群、公众号、论坛、微博、QQ 等都是最常见的"鱼塘"。

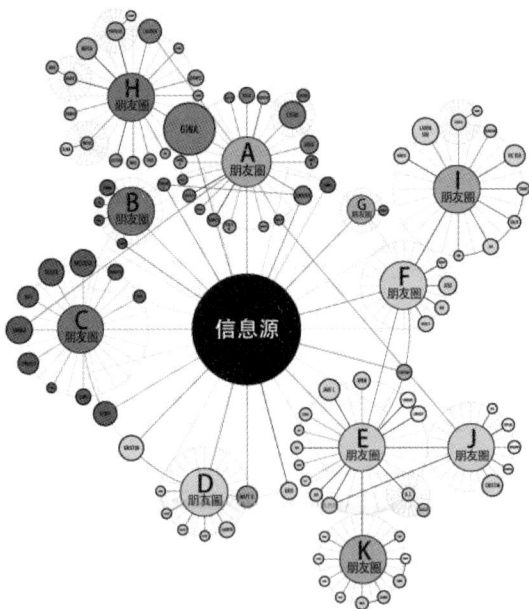

图 5-1　裂变传播

5.2.1　朋友圈

微信朋友圈是微信上的一个社交功能，通过朋友圈发表文字、图片和视频，可以将其他平台上的文章或音乐分享到朋友圈。如图 5-2 所示，可以对好友发布的内容进行"评论"或"赞"，用户只能看到好友的评论和赞，朋友圈是微信公众号获取粉丝的一个大"鱼塘"。

图 5-2　朋友圈点"赞"和"评论"

在通过朋友圈推广公众号之前，公众号的各项设置和介绍要完善，还要围绕公众号的定位，提前发布一些有价值和有吸引力的内容。完成这些工作之后开始正式推广，除了自己之外，还能找什么人推广呢？

1. 从最好的朋友开始

微信好友最开始基本上都是非常熟悉的人，从 QQ、手机号码转化而来，与这些人有很强的直接关系，随着朋友圈的扩大，虽然弱关系的人群也越来越多，但是总有几个很"铁"

的朋友。所以，公众号在朋友圈赤裸裸的广告，首先考虑到这帮很"铁"的朋友，如图 5-3 所示。

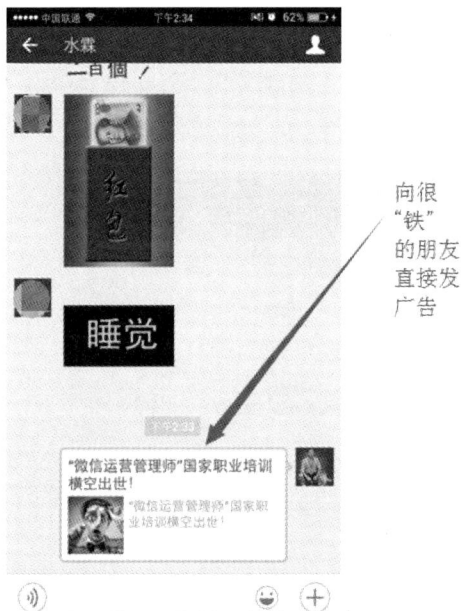

图 5-3　向关系很"铁"的朋友发广告

2. 寻找感兴趣的人

每个人都在朋友圈中转发过别人公众号的内容，为什么转发这篇内容呢？也许它"有趣"，也许它"有用"。原因是它帮助进行了"自我完善"，它与自己的观念、认识、态度等基本一致，帮助强化和完善自己固有的信念，并被认可和接纳，成为信念的一部分。如图 5-4 所示，转发一方面是认同，另一方面是想表达自己的观点。很多时候，转发被这样的目的所主导：

（1）希望（或潜意识里希望）向受众表达自己的爱好、兴趣和价值观；

（2）借转发的内容表达自己的见解、认识和立场。

前者涉及转发内容的类型，比如星座、时政、文化等，即"我认为我是一个这样的人，我也希望我的受众这样看待我"；后者涉及转发内容的观点，比如同情弱者、表现思维严谨等，即"通过接受和传播的方式，让转发的内容代替自己发声和表态"。

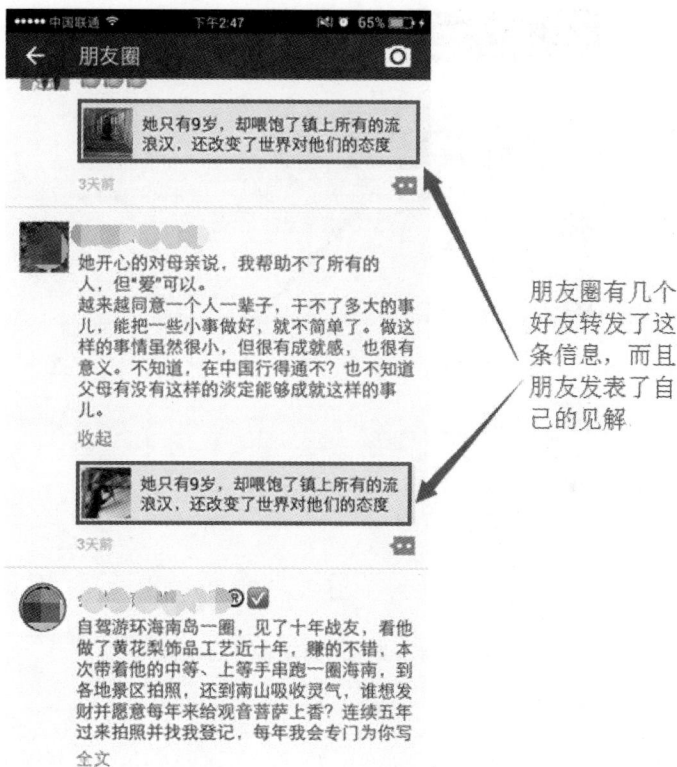

图 5-4　寻找有共同兴趣的人关注

若要公众号内容被别人转发，必须做到如下三点：

（1）内容说出了自己一直以来所想的东西；

（2）内容帮助解决了一直以来的困惑或问题；

（3）内容传递的观点被自己接受，并且乐于向他人传播。

对于微信公众号运营者，就是要寻找对所发内容感兴趣的人。

3. 找个理由向弱关系的人推广

在微信朋友中除了强关系的人、对公众号感兴趣的人之外，还有相当一部分弱关系的人，甚至还没有和他们建立关系。对于这部分人，要想让他们推广，难度比较大，最简单的方法就是给弱关系的人一个推广的理由。如图 5-5 所示，转发送流量、转化送礼品等。

向弱关系
的朋友推广

红包!
拒绝吗?

图 5-5　向弱关系的朋友推广的理由

5.2.2　微信群

　　微信群是有着共同的价值观、需求弥补的群体的集合，信息、价值的交互是微信群最大的特点，也是组建微信群的目的之一。群本身就是一个交互平台，任何一个群员都可以把信息共享到群里，也可以在群里收到其他群员发布的信息。信息互动很容易构建价值网，进而产生情感联系。所以，公众号运营者运营微信群，很容易跟群里人员建立熟人或轻熟人关系，将其吸引到自己的平台就会变得简单多了。

　　此外，微信群由若干群员组成，如图 5-6 所示，小则几十人，大则几百人，最大的微信群成员可以有 500 个。每个群员可以有若干个群，这些群通过群员相互关联，变成了一个互通数据的庞大群组。假如一个群有 100 个群员，每个群员有 3 个社群，每个社群又有 100 个好友，如果这个群的 100 个好友把你都拉到 3 个群里去，你将获得 30000 个潜在客户资源，并且这 30000 个潜在客户资源又各自有不同的群。也就是说,每个群都是一个"鱼塘"。而鱼塘和鱼塘之间是相互连接的，这就意味着通过群员随时有可能进入别人的鱼塘，获得取之不尽、用之不竭的潜在客户资源。

图 5-6　百度图片搜索微信群

微信公众号如何通过微信群来获取用户呢？

（1）加入微信群

加入微信群的方法有两种：

- 群主或群中人拉你进群；
- 100 人以内，扫描微信群二维码直接申请进群。

（2）建立熟人或轻熟人关系

进入微信群后不要马上就进行推广，否则很容易被微信群主"踢"出去。需要先跟微信群里的朋友搞好关系，多与他们互动，先混个脸熟，等待时机。当然在此期间，可以源源不断地提供一些有价值的内容信息，让群友对你产生好感，建立信任。

（3）从内容上获得关注

跟其他微信好友建立熟人或轻熟人关系之后，可以考虑获取粉丝的工作，有两种方法：一是直接广告，将微信公众号在微信群推广，这种硬广告形式，别人会比较反感、也不宜经常使用，除非你的公众号真的很优秀；二是在内容上，将公众号中优秀的内容分享给微信群好友，让他们产生兴趣，进而关注你的公众号平台。

5.2.3　QQ

除微信和微信公众号之外，腾讯还有一个重要的社交软件平台——QQ。这个平台大家绝对不能忽视，QQ 运营这么久了，QQ 上的用户非常庞大，如此"肥沃"的土地，必然会成为微信公众号粉丝的主要源泉。

1. QQ 群

相比微信群，用户可以主动添加 QQ 群，可以有针对性地搜索寻找 QQ 群，如图 5-7 所示。在搜索的过程中，必须注意以下几点：

（1）群要跟自己的行业相符。因为群是共同兴趣爱好的集合体，找与自己行业相符的群，里面的用户更为精准，进行推广的效果也更为明显。例如做电商培训的，就可以搜索"电子商务"、"网络营销"、"淘宝"、"微商"、"微店"、"微信营销"之类的 QQ 群。

（2）添加人数多的群。QQ 群有很多，需要对其中一些 QQ 群进行取舍，取舍最直接的办法就是看 QQ 群人数，人数低的群可以舍弃。

（3）适当的 QQ 包装。加入 QQ 群之后，除了要对公众号进行包装之外，还需要对 QQ 也进行必要的包装，如 QQ 签名、QQ 头像、QQ 空间、QQ 日记等都要完善，这样当 QQ 群用户对你感兴趣、想了解你的时候， QQ 群用户会对你建立信任感。

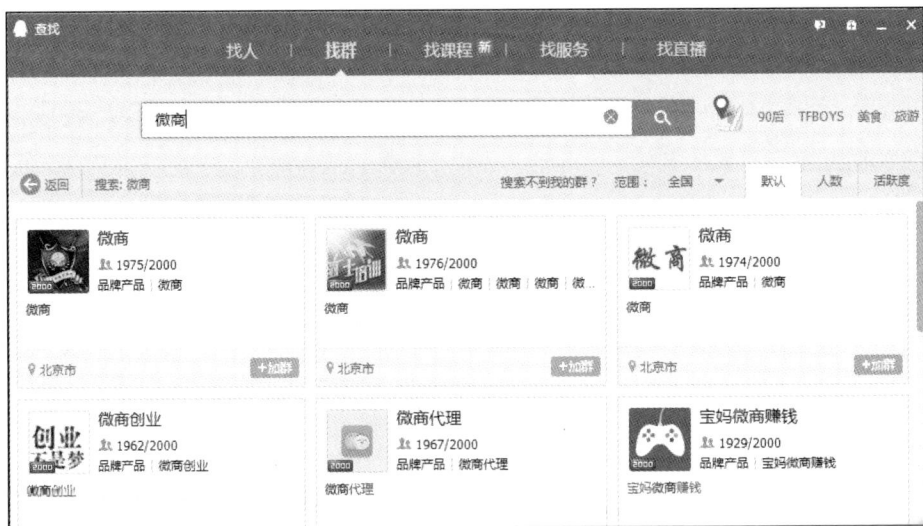

图 5-7　有针对性查找 QQ 群

2. QQ 空间

某年元旦伊始，QQ 空间说说发表量在第一个小时内就超过 2800 万，元旦当天 24 小时内，QQ 空间内容发表量超过 10 亿次，其中发表说说 2 亿次、评论回复 3 亿次、点赞 5 亿次，平均每秒就有 1.15 万条信息被发送。可以说，QQ 空间的数据价值巨大，尤其是在移动互联网时代，QQ 空间的应用价值得到了前所未有的展现。如此庞大人群的 QQ 空间，自然也是微信获取粉丝的主战场之一。

通过 QQ 空间获取粉丝是持续的工作，通过 QQ 空间引流的重点在于：主题明确的日志、精彩的说说、丰富的相册。

（1）主题明确的日志

QQ 空间日志是进行软文营销传播最好的平台之一，只要在空间中撰写高质量的软文，利用 QQ 空间的转载和分享功能，就可以让服务和产品传播最大化。现在 QQ 空间和微信是相通的，在朋友圈中有很多优秀的 QQ 日志软文在广泛传播，因此只要内容有吸引力，就能邀请到新用户是肯定的。

（2）精彩的"说说"

"说说"是 QQ 空间进行宣传的另外一种方式。在"说说"中，有很多 QQ 好友关注你，是一个很好的粉丝获取平台。如果 QQ 用户数量足够多的话，通过"说说"发表一篇很有吸引力的内容，会引起很多好友的关注，这是获得第一批忠实用户最好的办法。也可以去别人的空间留言、评论。要注意，最好不要直接发广告，而是互动，间接地获得粉丝。

（3）丰富的"QQ 空间相册"

当 QQ 加了一个好友后，对方为了了解你，可能第一时间到空间相册去看看你的生活照，无形中对这个好友形成了影响。还可以在每张照片上打上水印（如二维码），注意不要影响整个图片的视觉效果。

5.2.4　微博

在微信之前，微博是最火爆的社会化媒体平台，即便是现在，微博也是传播速度最快、传播范围最广的社会化媒体平台之一，而且经过多年的发展，很多知名的企业和优秀的名人聚集了上百万、上千万的粉丝。

湖南卫视娱乐节目《快乐大本营》粉丝关注数接近 900 万，而《快乐大本营》当家主持人何炅的粉丝关注数高达 6969 万，这些关注的粉丝不仅精准，而且很多都是忠实铁杆粉丝。

具有强大传播力并且能聚焦大量精准潜在目标人群的微博，是微信粉丝获取的重要入口。微博获取粉丝的具体方法如下：

1. 微博封面

当微博粉丝进入微博首页时，首先映入眼帘的是微博封面，如图 5-8 所示。这是微博上最佳的广告平台，也是必须要重视的广告位置。可以根据微博封面对图片的相关要求（如尺寸、格式等），结合要推广的公众号相关信息设计广告。只要巧妙地将公众号信息、二维码、公众号 ID 设计植入进入，相信会获得不错的效果。

图 5-8　微博封面

使用这种方法需要注意的是，自定义微博封面是需要收费的，按月收费，不过费用非常低，无论企业还是个人都能承担。

2. 微博背景

与微博封面类似，也是一个不错的广告展示平台，同样可以找专业美编根据微博背景信息进行设计。

3. 微博头像

与微博封面和微博背景相似，同样可以对其进行设置，植入微信公众号相关信息，以达到宣传的目的。

4．微博简介

微博"基本信息"中的"简介"也是微博推广公众号的一个重要阵地，在简介中介绍微信公众号 ID 和简要内容。

5．微博信息发布

在微博上以发布信息的形式，将微信公众号的相关资料，如公众号简介、ID、二维码发布出去，从而达到推广获取粉丝的目的，如图 5-9 所示。这种方式是微博推广公众号最主要、最常用的方式。

图 5-9　微博发布二维码

5.2.5　二维码

二维码作为移动互联网的一个重要入口，与前面几种方式相比，二维码是获取自由的、零碎的微信用户，这些用户虽然没有聚集在一起，但是数量庞大，只需要给他们一个"归属感"。

【学术知识】

二维码扫描对商家来说非常重要，假如在繁华的都市里开了一家商店，店门口设置了一个带二维码的广告，店里面人来人往，每天人流量超过 3000，其中 1% 的人最后扫了二维码加入公众平台，一天就可以获得 30 个粉丝，一个月？一年？如果不是一家店铺，而是连锁店，全国各地都有店面，会增加多少粉丝？除此之外，大到电视、报纸、杂志、网络广告、以及户外广告，小到名片、宣传册、礼品、店铺店招以及文化 T 恤衫，都是放置二维码、获取用户的机会，如图 5-10 所示。

图 5-10　产品包装二维码、门店二维码

让更多的人扫二维码添加你为微信好友，需要解决以下三件事。

1．如何让准客户看到

二维码要想让更多的人扫码，就必须加速二维码的传播，让更多的准客户看到。从广告传播得到启发，如在广告中有一个非常著名的定律"美女眼球经济"，即把性感的美女作为一种二维码传播的载体，利用人们对美女的天生的关注来进行推广传播，如图 5-11 所示。

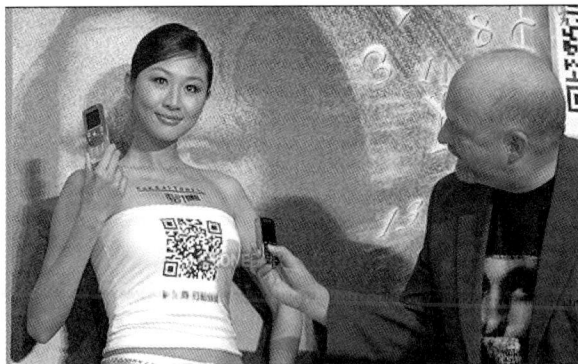

图 5-11　利用"美女眼球"吸引准客户

"性感营销"的精髓就是利用人性和好奇心触发行动，但这只是一种吸引客户来访的行为，要想留住客户，还得从营销的本质入手，在后续的二维码营销过程中，需要多设置一些吸引人、打动人、留住人的信息。

2. 潜在准客户为什么要扫二维码

当解决了线下客户看到二维码之后，接下来最困难的就是如何让潜在客户扫描二维码。这确实是一件很难的事情，因为不是所有的人见到二维码就扫码加入。要给潜在准客户一个扫码的理由，理由有三个方面：

第一，给利益。人是最经不起"诱惑"的，当扫描二维码能给潜在准客户利益时，相信没有几个人能经得起这样的"诱惑"的。例如，在一家服装店购买衣服，在付款时，收银员就给两个选择：① 付全款；② 扫描店面的二维码，不但每个月将最新的产品款式及时发布到你的手机里，而且此次购买的衣服可以打 8.5 折。面对这样的选择，是不是很多人都会扫码。

第二，满足需求。消费者选择是否扫二维码，与兴趣爱好有关。例如，作者在自己所著的所有书籍上都留有二维码，但扫二维码并没有提供什么好处，只不过通过扫码添加之后，可以跟作者探讨互联网、移动互联网、营销等相关方面的问题，而这些正是客户扫二维码加作者的理由。

第三，感兴趣。就像上面二维码的"性感营销"一样，不说内容怎么样，很多人会因为感兴趣而扫码。

3. 扫描二维码后如何不被取消

在微信营销中，相比于每天增加多少粉丝而言，更应该在乎的是每天有多少粉丝流失，因为这是微信营销成败的关键。所以，除了要关注有多少人扫码加入之外，更多的是应该关注如何让他们不取消。要想做到这一点，可以考虑三个方面：

第一，源源不断的好处。既然好处能把他们吸引过来，那么源源不断的好处自然就能让他们停留下来。

第二，内容。如果有满足潜在客户需求的、足够多的内容，粉丝不但会留下来，甚至还会帮助宣传，拉更多的人来关注。

第三，价值。这是对你本人、公众号内容以及产品、服务的综合评价，是确定值不值得粉丝继续忠诚的关键。

5.2.6 平台互推

平台互推是微信公众号推广中常见的方法，如图 5-12 所示。尤其是进行互推的平台是非常知名的公众平台的话，它本身就拥有数量庞大的粉丝，而且这些粉丝对其平台很信任，如果粉丝能在平台上推荐你的话，你的微信公众号推广效果是显而易见的。

图 5-12　平台互推

对于平台互推，尤其是知名平台互动，并不容易，因为谁也不愿意将自己辛辛苦苦经营的粉丝给别人。要想让"名人"平台推荐（注："名人"指在某行业有一定知名度的人或者产品、服务等），需要考虑四个问题。

1. 选择恰当的"名人"平台推荐

"名人"平台的粉丝跟你的粉丝有非常大的重合度，或者你的产品满足了该"名人"平台粉丝群的广大需求。比如你是做营销的，就可以选择以网络营销、营销管理、销售、电子商务等方面为定位的公众平台作为互推平台。

2. 如何让"名人"朋友推荐你

要想找到合适定位的"名人"很容易，但是很多人都卡在不知道怎么样才能让"名人"帮你推荐上。让"名人"推荐你并不是一件很麻烦的事情，实在不行就给对方一定的恩惠，或者对方跟你差不多，就可以互相推荐，达到共赢。需要注意的是，无论是采取恩惠，还是互推，要想让"名人"推荐你，必须做到两点：

- 让"名人"对你本人信任；
- 让"名人"对你的产品信任。

3. 如何让"名人"轻松地推荐

当"名人"答应推荐你之后，这项工作并没有完成，还需要考虑让"名人"更轻松地推荐你。如何让"名人"平台推荐你，办法很简单，就是写好广告推荐词，然后将其交给互推的平台，他们在推广时，直接复制、粘贴即可。

4. 如何实现高转化率

当公众号信息通过平台互推的方式呈现在微信用户眼前时，关键的是如何将这些用户获取到你的平台，影响因素除了互推平台的魅力和信任之外，还与你的平台定位、广告词以及广告表现形式有关，这需要在广告设计上认真下功夫。

5.2.7　论坛广告

论坛是基于 PC 端的社交平台，是最早的在线社区。由于论坛的历史比移动社交工具长很多，所以很多优秀的论坛聚集了大量的忠实粉丝，是一个巨大的"鱼塘"，微信运营者在进行推广时一定要重视[1]。

天涯和豆瓣是比较著名的两大论坛。其中天涯社区注册用户已经达到 1 亿人，是一个非常具有权威性的中文网络社区，如图 5-13 所示；而豆瓣的核心用户是具有良好的教育背

1　内容来自语录网《做好微商，线下线上如何引流？》，2015-9-15，http://www.qumaishu.com/ws/ 53752.html。

景的都市青年，包括白领和大学生，覆盖用户达到 2 亿。

除了这两个论坛之外，对于以年轻女性、准妈妈、年轻妈妈为目标群体的微信运营者们，可以选择在妈妈系的大姨妈、辣妈帮等，和购物类的美丽说、蘑菇街等论坛上找到自己的精准客户。

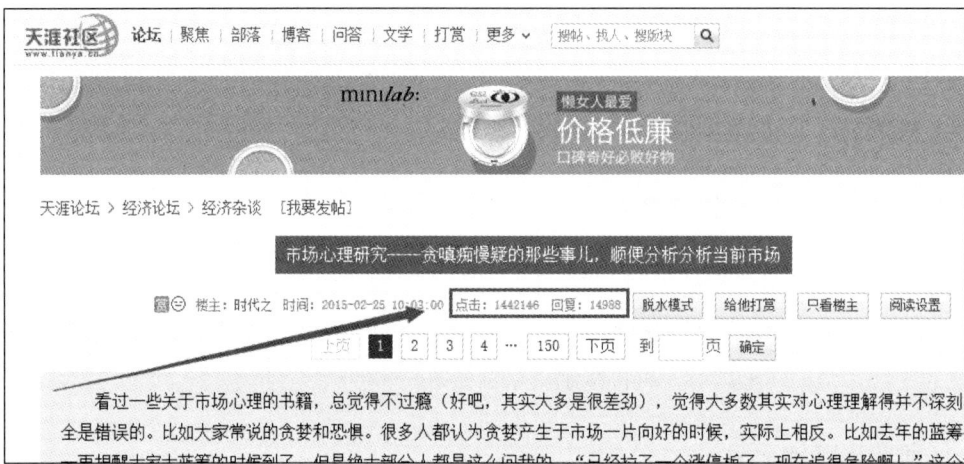

图 5-13　论坛寻找精准客户

5.2.8　有奖活动

微信公众号不单纯是推广，还需要研究微信用户的心理。从消费者行为学来说，微信用户选择关注公众号平台并不是没有理由的，要么能满足用户需求，要么能对用户生活或工作有帮助。微信用户关注和转化公众号平台还有一个理由，那就是"占便宜"。

【案例思考】

某美特斯邦威实体店在收银台旁边放置了一个二维码广告牌，如图 5-14 所示。当消费者结账时，收银员就会温馨地提醒大家，如果扫描二维码加入美特斯邦威的公众号，享受9.5 折优惠，而且通过公众号平台能第一时间了解美特斯邦威最新产品信息。因为这种折扣优惠，所有的购买者都扫描成为微信公众号平台的关注者。

图 5-14　美特斯邦威实体店收银台旁边的二维码广告牌

泰康人寿曾经推出了一个叫"微互助"的保险，如图 5-15 所示。粉丝们只需要花 1 块钱就可以购买 1000 元的防癌保险，而且还可以要求好友来赠送，测试一下自己的人品值，如果累计的费用达到 100 元（自己投 1 块钱，邀请 99 个好友捐 1 块钱），就会获得高达 10 万元的保险金额。这个活动是关于用户和用户"朋友们"人品的竞争，尽管当时泰康人寿的产品还处于测试阶段，页面还不太美观，但是一推出立刻引起粉丝们的疯狂转发，想尽办法让朋友投 1 块钱给自己，一时间泰康人寿"求关爱"活动成为微信朋友圈的一个热门话题。你能不能积累到 100 元成为衡量你"人品"的标准，这在很大程度上激发了用户的热情。两个月后，其粉丝从几千人暴涨至 100 万。

图 5-15　泰康人寿"微互助"活动

有奖活动更多的是在企业、机构等公众平台上使用，个体公众号使用较少，有奖活动已经成为微信公众号推广的最佳推手，每次活动结束之后，粉丝数都会爆发式增长。

5.2.9 其他推广

除了上述最为常见的微信公众号推广方法之外，还有如下一些常用且有效的微信推广方法。

1. SEO 推广

SEO 即搜索引擎优化，是指网络运营人员根据搜索引擎排序规则，将所要推广的页面优化至搜索页面靠前面的位置，从而提高网页点击率的一种优化手段。微信公众号通过 SEO 进行推广的方法是：把微信公众号的二维码放到图片上去，并在图片上设置一定的"引导"语，再用 SEO 的手段将图片排到百度图片的搜索引擎页面里去，当网络用户看到图片时，通过扫描图片上的二维码对公众号加以关注。

2. 软文推广

软文推广非常适合于自媒体公众平台，当写好一篇软文之后，在软文的后面添加上自己的公众号相关信息（如公众号名称、ID、二维码），将内容发布到公众平台、微博等流量大的平台，这样当用户看完内容后，如果对类似内容感兴趣，则可以扫描内容后面的二维码添加成为公众号粉丝。这种方法的重点在于软文的质量，还有软文的发布平台，如果都运作良好的话，也能吸引不少的粉丝关注，如图 5-16 所示。

图 5-16 软文推广

3. 巧设关键词，自然增长

在手机端微信中，可以通过搜索关键词来查找相关公众号，如果你的公众号能排在所搜索公众号的前面，也会实现自然增粉，每天增加几十个甚至上百个粉丝也是有可能的。如何实现自然增长呢？需要做好如下两点（如图 5-17 所示）：

- 取一个好的名字，并且将关键词设置在微信号名称中，然后将公众号认证，这样被用户搜索到并关注的概率比较大；
- 将微信公众号简介、头像、内容做好，给用户一种信任感。

图 5-17　让用户信任的公众号

4. 微赞助

有目的性地赞助一些线下活动、聚会，在报名流程中设置微信公众号扫描，要想参与活动，就必须先关注公众号平台，同时在展会、活动报名现场设置二维码以实现最大限度地获取流量，如图 5-18 所示。

图 5-18　家乐福扫二维码参加活动

5. 微信广告联盟

微信广告联盟与网络广告联盟一样，在很多大 V（大 V 是指在新浪、腾讯、网易等微博平台上获得个人认证，拥有众多粉丝的微博用户）文章下面的广告位置推广，如图 5-19 所示。微信用户看到大 V 的文章之后，就会点击广告从而关注公众平台。目前微信广告联盟有按点击付费和按关注付费两种模式，推广费用相对来说比较高。

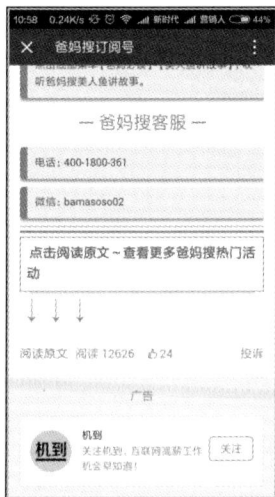

图 5-19　通过大 V 平台推广

6. 电子邮件落款设置

在电子邮箱的设置里，添加公众号相关信息，以后写信时就会自动加上，公众号的相关信息也随之发给了客户。

（1）登录邮箱后，点击【设置】链接，如图 5-20 所示。

图 5-20　点击【设置】链接

（2）找到【基本设置】项目中的【签名设置】并点击，如图 5-21 所示。

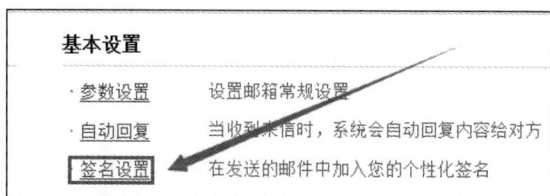

图 5-21　点击【签名设置】链接

（3）在【签名设置】页面中点击【添加签名】按钮，如图 5-22 所示。

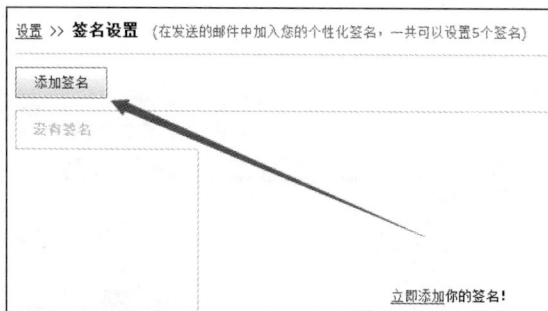

图 5-22　添加签名

（4）在【签名提示】文本框中输入签名的标题，在【签名内容】里写上想让客户知道的相关信息。作为商务人士，签名信息一般包括：姓名、职务、单位名称、单位地址、联系电话、邮箱和网址，如图 5-23 所示。当然这里也可以写其他信息，如微信号、微信公众号，或者企业文化等信息。

图 5-23　签名内容设置

（5）信息编辑完成后，点击【确定】按钮，以后给其他人写信时，签名信息系统会自动附上。

7. 淘宝店铺

除了在官方网站上设置二维码广告之外，还可以在淘宝店铺设置二维码广告，把客户引到微信公众号平台上，如图 5-24 所示。

图 5-24　在淘宝店铺设置二维码

8. 塑造品牌，培养铁杆粉丝

对于企业微信公众号运营者，要注重铁杆粉丝的培养，他们是忠实的信徒，还是义务的推销员。微信培训讲师总会列举出许多知名微信公众号的案例，甚至会推荐很多优秀的微信公众号给大家，这就是铁杆粉丝的力量，他们会不断地向自己周边的人进行传播。首先对公众号平台进行品牌定位和推广，让公众号在已有的粉丝中形成一个概念，甚至成为他们日常阅读的必需品。如图 5-25 所示，通过 PC 官网、微网站向微信上转化粉丝。

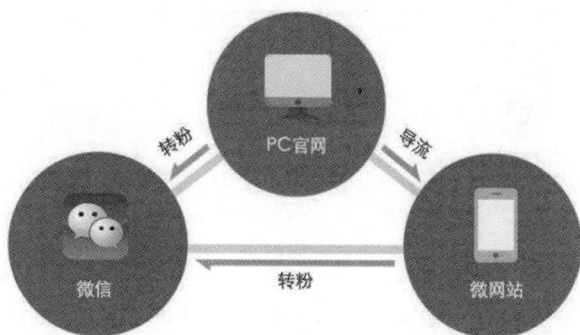

图 5-25　粉丝转化示意图

微信的推广方法有很多，归根到底主要有两种方法：一是花时间长期推广获得大量的粉丝；二是投入金钱做广告获得粉丝。如果不想花钱，就需要投入时间；如果想缩短时间有效果，就花钱通过广告来获取。对于企业来说，营销本身就是根据自身资源进行运作的过程。

5.3　用户的基本管理和维护

5.3.1　分组

当公众号积累了一定的用户以后，需要根据不同类型的用户进行分组，可以根据不同分类发送不同的定制化信息，使得微信用户管理变得更有效。下面介绍微信公众号对用户进行分组管理的一些方法和技巧。

（1）登录微信公众号平台后台，点击页面左侧的【用户管理】选项，进入【用户管理】页面，如图 5-26 所示。

图 5-26　【用户管理】页面

（2）在用户管理页面中点击【新建分组】按钮，在弹出的页面中输入分组名称，点击【确定】按钮，完成用户分组栏的建立，如图 5-27 所示。

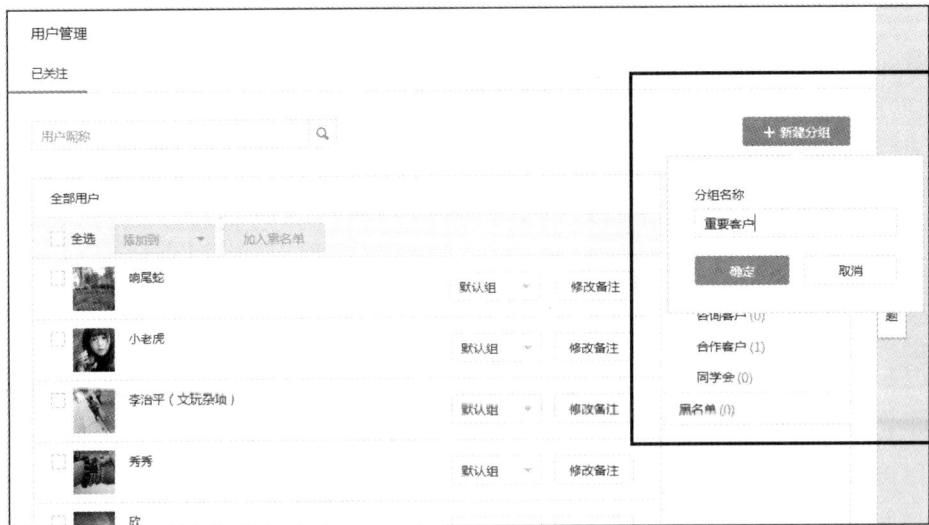

图 5-27　建立分组栏

（3）在用户管理页面中勾选需要分组的用户，点击【添加到】按钮，在下拉菜单中选择分组类别，即完成微信用户分组工作，如图 5-28 所示。

图 5-28　用户分组

5.3.2　回复

公众平台回复有两种方式：一种是通过"消息管理"对微信用户的留言进行回复；另一种是如果公众号开通了多客服功能，还可以通过多客服跟微信用户进行一对一即时回复。这两种方法在前面都有重点阐述，在这里不再说明。

5.3.3　福利

福利是有奖活动的一部分，是维护和管理微信用户的一种方法，比如公众号可以将全部微信用户分为层级分明的多个阶层，管理者对不同阶层的粉丝给予不同的福利，如核心铁杆粉丝用户可以在年底参与公司产品发布会。当然，在设置福利时，还要明确不同阶层的晋升流程和晋升方法，以鼓励粉丝成为最终的传播者，如图 5-29 所示。

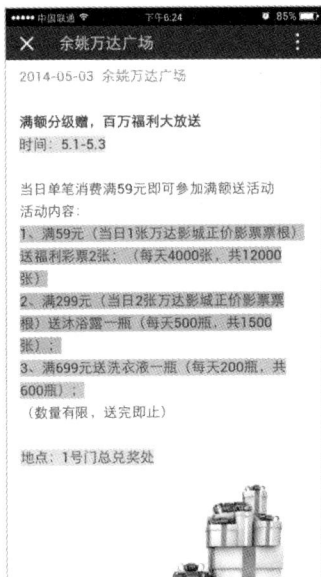

图 5-29 以消费金额分级方式发放福利

5.3.4 微社区

微社区是微信公众号为用户提供的一个互动平台，通过微社区，品牌与用户、用户与用户可以直接产生交流、互动、分享，从而建立情感联系。腾讯微社区是基于微信公众号的互动社区，它可以广泛应用于微信服务号与订阅号，是微信公众号运营者打造人气移动社区、增强用户黏性的有利工具。

腾讯微社区解决了同一微信公众账号下用户无法直接交流、互动的难题，把公众账号"一对多"的单向推送信息方式变成用户与用户、用户与品牌之间的"多对多"沟通模式，双向交流给用户带来更好的互动体验，让互动更便捷、更畅快。

腾讯微社区首次把 Web 2.0 的交互模式引入了微信公众号，基于话题和共同兴趣，结合发帖和回复，促使用户从被动的信息接收者转向移动互联网信息的创造者，在品牌与用户、用户与用户之间的互动中共同完成内容的制造和传播。

微社区的使用步骤如下：

（1）普通版微社区申请

打开网页：http://wsq.qq.com/，点击【立即开通】按钮。

填写个人的真实资料并点击【下一步】按钮填写微社区资料并点击【下一步】按钮
填写时请注意：

- 微社区名称创建后不可修改；
- 一个 QQ 号只能申请一个微社区，一个身份证只能申请 3 个微社区；
- 问答社区与普通社区：绝大多数用户应选择普通社区，问答社区为一对多的交流社区，社区内只显示已答复并且公开的内容，建议作为产品客服和意见反馈使用；
- 填写完成以后，点击【提交】按钮，跳转到审核页面，等待审核即可。

（2）将微社区绑定到微信公众号。

如图 5-30 所示，有以下三种方式进行绑定：

- 对于服务号或者已认证过的订阅号，可以使用微信公众号的自定义菜单功能，链接到你的微社区；
- 微信公众号如果没有菜单模式，则可以利用第一次消息推送形式，直接推送导航菜单；
- 利用订阅号每日推送的功能，将微社区里的精华内容推荐给你的粉丝。

图 5-30　微社区绑定微信公众号的方法

（3）微社区地址获取方式：在【设置】窗口中点击【社区信息】栏目，如图 5-31 所示。

（4）引导用户关注微信，使用微社区。

图 5-31　获取微社区地址

5.3.5　线下活动

除了上述对微信用户维护和管理办法之外，公众号运营者还可以通过其他方法来进行维护和管理，如举办线下活动，包括粉丝见面会、粉丝狂欢节、粉丝俱乐部、书友会等，如图 5-32 所示。

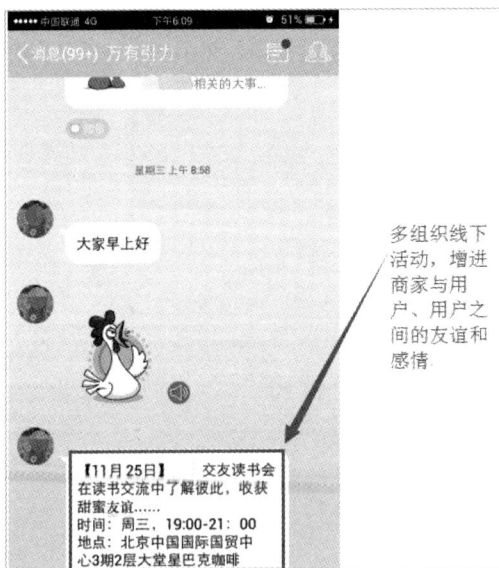

图 5-32　组织线下书友会

在发起活动时，可以使用第三方活动发起工具，比如互动吧（ID：hudong ba）。关注账号后，即可在账号内发起活动。可发起各种类型的活动，如组织聚会、邀约户外、开办沙龙、开展促销、举办会议、开设课程等。

5.4　微信群的运营管理

在微信中，除了使用公众号管理和维系用户之外，通常使用的工具是微信群。微信群是一个很好用、方便管理用户的工具。

微信群是有着共同的价值观、需求、目的的群体集合，它的应用之一就是作为企业管理或者项目管理的沟通体系。例如，公司可以根据不同的职能部门建立各自的微信群组，也可以根据项目、会议的需要建立临时的沟通群组。这样就解决了传统线下沟通的时间限制和空间限制问题。

当然，对于企业微信运营者来说，可以用微信群建立代理商管理体系、客户管理体系，也可以将微信群作为产品信息、商务政策、订单物流信息、售后服务的发布共享平台。

5.4.1　微信群的创建

微信群的创建非常简单，只需要操作以下两步：

（1）点击微信界面右上角的【+】图标，然后点击【发起群聊】选项，如图 5-33 所示。

（2）勾选想要添加到群里的好友，然后点击【确定】按钮，就建好自己的微信群了，如图 5-34 所示。可以在群里发送图文、视频、语音、文字和图片。

还有另一种建群方式，就是面对面建群。

（1）进入微信后，点击右上角的【+】图标，然后点击【添加朋友】选项，选择【面对面建群】；或者先进入【通讯录】页面，点击右上角的【+】图标，进入后选择【面对面建群】。

（2）进入【面对面建群】页面，输入 4 个数字，点击【进入该群】即可创建成功。其他人也同样进入【面对面建群】页面，输入同样的数字即可快速进群。

图 5-33　创建微信群

图 5-34　勾选群友

5.4.2　微信群的基本管理

微信群的基本管理包括两个方面：成员管理和名称管理。

1. 成员管理

若是想删除群中的某些成员，可以点击聊天界面右上角的图标，进入【聊天信息】页面，点击群友后面的【-】按钮，然后点击群友头像左上角的【-】就可以删除了；

若是想将某人添加到群里，则点击群友后面的【+】按钮，然后在想要添加的人后面打勾，点击【确定】按钮就可以了。

2. 名称管理

若想修改【微信群聊】的名称，可以点击聊天界面右上角的图标，然后点击【群聊名称】，输入新的群聊名称，点击【保存】按钮就完成了。

5.4.3　微信群的设置

建立好微信群之后，要对微信群进行必要的设置，主要包括：

1．微信群名称设置

设置群名不仅便于日常使用和管理过程中的查找，更在于群是人们在线聚合部落的重要表现形式，群名称就是这个部落的名字。名字不仅让每个群友找到了"家"，其好坏更决定了这个群能吸引什么人加入。所以对群的设置，首先从微信群的名称开始。设置群名称有以下几个技巧：

- 所属的组织、个人的名字，如数据联盟群、电商微品会等；
- 群的用途，如管理群、讨论群、信息发布群；
- 级别属性，如总群、分站群；
- 地域，如北京群、上海群、广州群；
- 社群特点，如养生群、老乡群、刘氏家族群、李氏家族群；
- 行业特点，如地产群、汽车群等。

值得注意的是，群的设置一般不单独以某一类命名，为了使用方便，一般均为以上几种分类方式的结合，表现为：组织名称+用途+属性、组织名称+地域+属性、地域+社区特点等。例如，韩束微商高层群、广东营销界交流群等。

2．微信群昵称设置

每个人因为环境的不同都会有不同的身份，有的人在企业家面前是培训指导老师，在一些同行面前是营销爱好者，在营销前辈面前是学生，同时又是旅游爱好者。不同的身份决定了在参与不同的社群时定位不一样。每个人的微信名只有一个，怎么办呢？

最简单的办法就是设置在本群的昵称，这样让你在每个群都有精准的定位。具体操作是：点击微信群右上角的图标，进入【聊天信息】页面，找到【我在本群的昵称】，如图 5-35 所示，然后点击它，输入你在该群想设置的昵称，点击【确定】按钮即可，如图 5-36 所示。

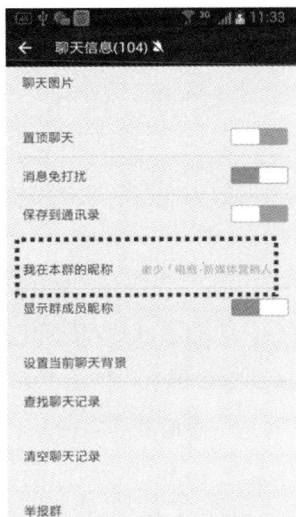

图 5-35　选择【我在本群的昵称】

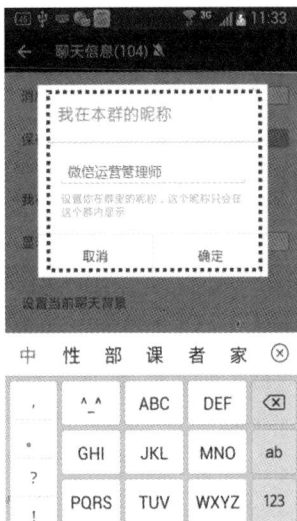

图 5-36　输入群昵称

　　微信运营者要给自己的每个群做好定位，设置好昵称，这样就方便自己在群里与其他用户沟通交流。可以在【聊天信息】中设置【显示群成员昵称】处于开启状态，这样在群里聊天时就可以看到每一个发言者的昵称，知道是谁在发言了。

3. 微信群聊天背景设置

　　对于微信运营者来说，群聊天背景设置是非常重要的，因为在微商的朋友圈营销、成交系统中都会出现大量的见证，而由于截图的方式快捷、方便、有效，客户见证往往以截图为主。如果设置群的当前聊天背景为品牌名称、个人品牌 Logo、产品照片等的话，在截图时这个背景图就会存在，这样做见证时就更醒目、效果更好了。

　　具体操作是：点击微信群右上角的图标，进入【聊天信息】页面，找到【设置当前聊天背景】，如图 5-37 所示，点击进入【聊天背景】页面，选择所需要设置的聊天背景图，如图 5-38 所示。

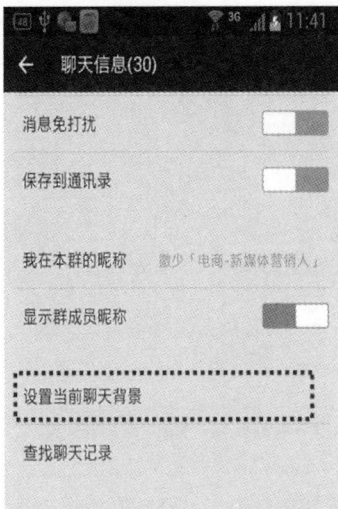

图 5-37　选择【设置当前聊天背景】　　　　图 5-38　选择背景图

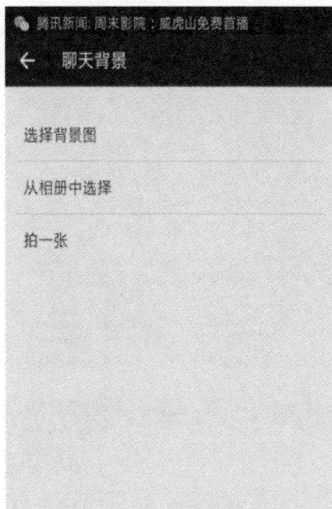

4．微信群提醒设置

对于大多数运营者来说，微信群的创建者也是使用者。慢慢的微信群多了，提醒的内容也多了，顾不过来怎么办呢？有如下方法：

第一，如果是重要的群，则可以设置成【置顶聊天】，这样就可以在微信打开后出现在聊天界面的顶端，无须再搜索查找，就可以实时查看信息。

第二，如果不是非常重要的群，不希望被打扰，则可以把群设置里的【消息免打扰】功能打开，这样就可以不被打扰，有需要的时候点击进去看即可。

第三，如果不是临时的群，则需要设置【保存到通讯录】，否则删除聊天记录后无法找到。

这三个提醒设置的操作都是一样的，点击微信群右上角的图标，进入【聊天信息】页面，如图 5-39 所示。在该页面中分别找到【置顶聊天】、【消息免打扰】、【保存到通讯录】，启动这些功能按钮即可。

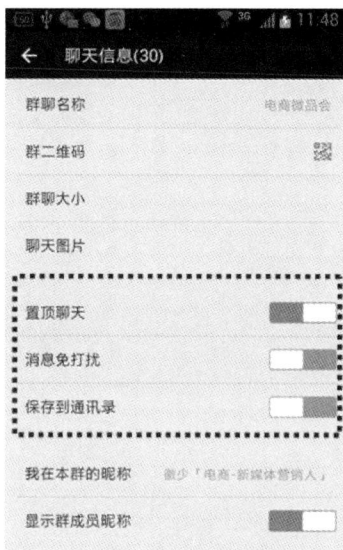

图 5-39　微信群提醒设置

5.4.4　微信群的管理

微信群要想能够长久、健康地发展，并实现汇聚粉丝、销售并建立信息流的目的，必须有一套成熟的管理系统。这套管理系统包括以下几个方面：

1．群主

群主就是建群的人，群主可以由公司最高领导或意见领袖担任，这样可以更好地形成群的凝聚力。由于群里踢人只能由群主完成，所以需要群主经常在线，便于管理，也可以由专职助手担任群主。

另外，微信的群规定，如果群主退群，排在第二的群成员自动变成新群主，所以在建群时最好能考虑到后续因素，对前几位群人员的排序提前做到合理安排。

2．群管理员

要管理好群，光靠群主是不够的，需要形成管理层级，就像公司一样，除了总经理还有部门经理来协助管理。在设置微信群时，需要建立几个核心的管理层。

3．群规

没有规矩不成方圆，群就是一个小型的组织，任何组织都需要有自己的规矩，就像国家有法律、公司有制度。要想把群管理好，前提条件就是有群规，群规一般包括三个部分：群的共同价值观、倡导什么、反对什么。

4．群组

根据群的功能不同，需要建立群组来实现群生态系统，实现不同层级的信息在各自层级的群里发布，不同的项目在各自的项目群里发布。这样既可避免信息的无效泛滥和信息安全的设置，又可以提高群的管理和沟通效率。例如，将公司的群分为公司总群、分公司群、公司高层管理群、公司中层管理群、部门群、项目群、临时群等；对于微商来说，可以分为微商大咖群、微商讲师群、销售素材群、交流讨论群等。

不同的群，其群成员不一样，目的不同，发布的信息和资料也不一样。

5.4.5　提升微信群的活力

一群人之所以在一起，要么是因为有共同的爱好，要么是有共同的使命。微信群就是这样一群人的聚合，微信群能否玩得好，首先要让这个群活跃起来。如何激活微信群的气氛呢？

1．找到对的人

首先必须找到一群有沟通价值的人，这样才能有共同的话题，也就是活跃种子，活跃种子最好不要低于 10%，只有这样才能够把群搞活跃起来。先要对群的成员进行了解，通过平时的观察，按照前面说的分类将群成员对号入座，找到那些利于群活跃的成员。

2．发起共同的话题

当找到对的人之后，如果群里不能经常有群成员共同关心的话题，即使每天很活跃也是毫无意义的。例如，有一些微信群每天都是轮流问候早安、晚安、周末快乐，要么就是发一些正能量的内容或者一些笑话、段子等。这样对大部分人来说不仅没有意义，反而会视为一种骚扰，久而久之，大家不仅不参与，甚至会屏蔽这个群的信息。

在群里发内容应该多以引导性内容为主，尽量避免没有价值的垃圾信息，鼓励群成员发起一些大家共同感兴趣的话题。比如以妈妈为主的群可以发起小孩感冒了怎么办，吃货群可以发起在某个地方有什么好吃的店，可以把自己定位为初出茅庐并不是太懂的学生，向群里的各位"老师"请教，群里的成员还是很有奉献精神的，如果群里成员真有需要咨询的问题，这些群友就会出来指导了。

3. 培养共同的使命

培养群成员的共同使命后，就可以让这个社群具有足够的凝聚力。例如，加入一个"拍拍特训小组"的群，其使命就是让大家更多地了解拍拍微店和微商，这个群是由很多拍拍微店店主组成的，在群中大家都会贡献自己的一份力量。

4. 发起有趣的讨论活动

要让群互动起来、活跃起来，估计最有效的办法就是讨论了，比如辩论之类的，可以完全就某现象发起微信版的辩论赛。讨论话题可以是所面临的困惑，也可以是时下最热门的事件。

5. 娱乐

人在社会上生活，不应该全是工作，还有生活，在群里也不应该都是聊工作方面的事情，也可以适当地做点娱乐活动，比如猜字游戏、发红包接龙都可以。

6. 选择合适的时间

一定要注意发起活动的时间，因为这与群友是否有空互动密切相关，直接关系到群的活跃程度。晚上 8:00 点到 10:00 点，对于绝大多数群友来说，都处于休闲的时间，这个时候发起活动就不错，尽量避开工作时间和休息时间。

总之，要想让微信群更好地互动，必须坚守四点：有人气、有情感、有味道、有价值。

5.5　用户深度关系维护

前面学习了获取粉丝和管理粉丝的方法与技巧，假如与广大粉丝之间的关系总是很平淡，推出的内容粉丝反馈很少，那么怎么做才能和粉丝的关系更加亲密呢？

做用户运营，就是建立与用户之间的关系，把关系变得越来越亲密的过程。所以，管理用户只是基础，要学会如何维护用户，建立深度的用户关系才是核心。

微信粉丝维护的实质就是将微信用户变成微信粉丝（甚至信徒）的过程，是让品牌与粉丝之间的关系从弱变强的过程。如何增强公众号与微信用户之间的关系呢？需要在运营过程中不断跟用户互动沟通，向用户传播分享信息，从而实现信息的传播扩散，进而让用户信任你，并对你的平台建立信赖感。

微信公众号要想把粉丝维护好，就必须在运营过程中注重互动、价值、情感。下面就围绕"互动交流"、"情感沟通"和"价值沟通"三个方面来详细阐述。

5.5.1　互动交流

"互动性"是沟通的第一要素，没有互动的沟通，根本算不上沟通，最多只能叫"传达"。以微信、微博等为代表的社交媒体之所以深受人们的喜欢，很大的原因就在于其互动性。互动交流是加深情感的第一步，那么如何增加粉丝的互动呢？

1.　紧急追销

当微信用户关注你的平台时，如果能第一时间跟对方交流，这会给用户留下很好的印象；而且既然用户已经关注你的平台了，那么就说明用户已经认可你了，马上跟目标用户进行互动，效果远远要比过段时间再进行互动好得多。这种策略叫作"紧急追销"。

如果确实没有太多的时间和精力一一跟每一个新用户进行互动，则可以设置"被添加自动回复"。只要目标用户关注你的平台，系统就会自然发出一条追销信息，如图 5-40 所示。这是某公众平台设计的自动追销信息，这条信息融入了品牌及定位，并且可以引导粉丝直接点击查看相应的课程或消息。

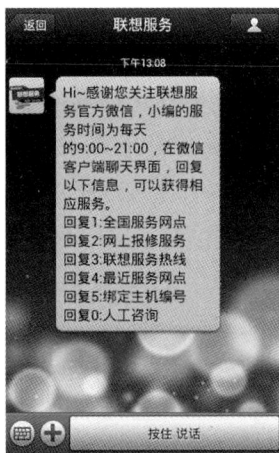

图 5-40　自动回复

2. 日常互动

增加互动的过程就是把成交机会往前不断推进的过程。有相关理论说：如果有人愿意花时间来与某个品牌互动，那么他们购买此产品的可能性就越大。可以断定，与那些仅听说过产品品牌的人群相比，与品牌发生过互动的人群肯定更容易购买。

微信的本质就是熟人关系，需要不断地与目标用户互动。在微信平台中，和目标用户进行互动的方式有很多，这里罗列几种最常见的互动方式：

- 微信评论与回复。对于微信用户的评论，第一时间进行回复；
- 多客服交流。通过微信公众号多客服与用户进行一对一的即时交流互动；
- 建立微信群、微社区等平台。微信公众平台运营者可以根据需要建立微信群和微社区，让更多有兴趣的用户通过这些平台与公众号运营者或其他用户互动交流，如图5-41 所示；
- 游戏/抽奖。向微信用户提供一个很有趣的游戏，让微信用户参与进来。比如有一个微信公众号叫"人性解码器"非常有创意，觉得它极具病毒传播性。

图 5-41　通过微信群互动

5.5.2　情感沟通

微信用户之间的关系，说白了就跟朋友相处一样，每天交流的信息很多都是以情感为主的。所以，在设计"沟通"内容时，定要把"情感隐私"考虑进去，这样对于加深双方的互信，提升用户的忠诚度极为重要。如何设置微信运营者与用户的情感沟通呢？

1. 定位

定位的实质就是产品或平台在顾客心中的印象，自然包括用户对产品或平台的喜欢与讨厌，以及对某个品牌的情感。

2. 塑造良好的形象

互联网是一个造就梦想的平台，这一点在微信上同样适用，情感沟通的目的就是加深微信用户的心理印象，进而形成价值网。很显然，品牌在微信用户中的印象如何，与品牌定位有关，也与塑造的形象有关，所以必须塑造好自己的微信形象。

关于如何塑造微信公众号形象，前文有非常详细的阐述。微信公众号的每个细节描述都决定了微信公众号形象，如微信名称、头像、微信 ID 号、Logo、广告语以及功能介绍等。

3. 满足消费者的情感需求

前面的"定位"和"形象"是从微信公众号的平台包装入手来影响消费者的情感的，是一种直接的立体感觉。除此之外，还需要更多的后期培养的情感，公众号运营者要根据用户的需求源源不断地提供优质内容信息，满足其情感需求。

5.5.3 价值沟通

"互动"是引发兴趣的基础，"情感"是微信用户对品牌产生信赖感的关键，而"价值"是打造微信公众号形象的核心。"互动"好比一座桥，"情感"是送货的车，而"价值"就是车上的"货物"。如果桥很结实，车很好开，结果"货"有问题，整个系统也是错的。

"价值"是核心，只有持续提供有价值的资讯，才能在客户心目中建立起品牌形象，让他们对品牌、平台、产品产生信任，并最终成为忠实的粉丝。公众号价值由三个部分构成：内容价值、品牌形象和思想观念，如图 5-42 所示。这三层价值从低到高，对用户的影响程度也不一样，内容价值影响力最小，思想理念影响力最大。

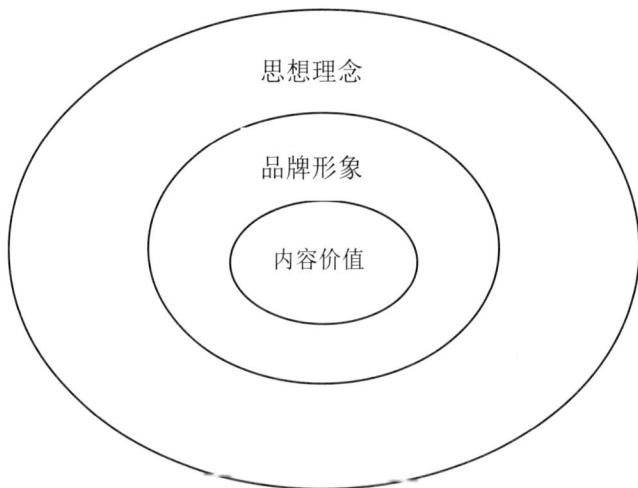

图 5-42 价值构成

1. 内容价值

内容是微信运营者传播思想观念时最基本的信息媒介，也是吸引粉丝、留住粉丝和影响粉丝的重要武器，是塑造微信公众号价值的一个有效工具。塑造内容价值的核心就是创作有价值的内容。

2. 品牌形象

品牌形象是微信公众号在用户心目中所塑造出来的形象，前面已经阐述。

3. 思想理念

思想理念是指微信公众号及其运营者所传播的思想价值观，如商业模式、战略目标等。一旦微信用户坚信你的思想理念，他就已经成为你的忠实粉丝。

5.6　用户运营误区

运营微信公众平台时不断给用户推送内容，粉丝数量不断增加，也参考了一些比较成功的公众号，还模仿了一些知名公众号的做法。但是粉丝数量增加，质量反而下降，忠诚的粉丝、能给企业带来价值的粉丝却越来越少。问题出在哪里？

获取粉丝是微信公众号运营者最为关注的事情，但在现实中很多公众号运营者只重视微信粉丝的数量，而忽视一些重要因素，造成粉丝数量庞大但营销效果却不明显，甚至出现公众号粉丝负增长的"困境"，这主要是由微信公众号获取粉丝的误区所导致的。

当微信用户关注公众号平台后，只是"成交"的开始，此时微信用户与公众号之间的关系并不十分稳固，如果处理不好的话，粉丝随时都会取消关注从公众号平台流失。获取粉丝只是公众号运营的一部分，完成吸引粉丝工作之后，不能对关注的用户不管不顾，而是要与他们建立更为牢固的关系，其中就包括粉丝的管理和维护。

1. 盲目追求新增粉丝的数量

在微信公众号获取粉丝的过程中，一味地追求新增粉丝的数量，每天都只关注公众号获得了多少新粉丝。但是在实际操作过程中，除了关注粉丝增加数量之外，还需要关注粉丝的质量、粉丝流失情况等。留住一个老粉丝比获取一个新粉丝更有价值。如何留住老粉丝呢？关键还是需要从内容着手。

如今，公众号越来越多，说明竞争对手越来越多，粉丝分流会越来越严重。打开微信公众号看看，很多人关注超过 30 个公众号，而人的精力是有限的，没有更多的精力来阅读过多的文章，在增加公众号的同时，必然会删除一些公众号。要想留住公众号的粉丝，唯有向他们源源不断地提供有价值的内容。

2. 没有用价值吸引粉丝

用户为什么要关注公众号平台？这是因为公众号平台为潜在用户提供了他们需要的价值，帮助他们解决问题，帮助他们成长，只有用价值吸引来的用户，才会长期关注公众账号，成为忠诚的粉丝。忠诚的用户带来的是更高的价值，他们会主动把公众账号推送的内容分享到朋友圈，帮助企业介绍顾客。只有用价值吸引来的用户，才是最有价值的忠诚用户[1]。

3. 盲目崇拜而迷失方向

公众号很多，成功的公众号也很多，默默无闻的公众号就更多了。在微信公众号推广运营过程中，一旦自己的公众号粉丝寥寥无几，就容易失去耐心，看到别的公众号平台做得好，于是就去模仿人家，模仿的公众号多了，到最后忘记了自己开设公众号的初衷是什么，最终只会以失败而告终。这种情况在公众号运营过程中经常出现。公众号运营者千万要记住一句话：任何成功都具有唯一性，只能去学习它，一味模仿绝不会成功。

4. 内容不注重质量

很多微信公众号运营者在内容创作过程中，每天总是担心发布的信息内容条数少，为了增加其内容的丰富性，直接从网上复制一些泛滥了的内容来填充，这样做的后果只能造成公众号平台没深度，内容无价值，也没有说服力。在运行内容时，不在于多而在于精，

---

1 内容来自阿里巴巴商友圈。

只要认真地去做，确保每篇内容做到不枯燥，以精品和原创来要求自己，即使一天只有 1~2 篇内容，其效果也会好很多。

5. 每天广告骚扰

通过公众号平台每天推送广告是不可避免的事情，这里的广告包括软文广告。但凡事都有个度，超过了就会让人觉得是一种骚扰，这样只会"促使"订阅用户直接取消关注。在微信公众号运营过程中，首先不能把它当作一个纯粹的广告发布机器，一天不发广告就觉得浪费了机会，而是要注重其自媒体的属性，从内容的价值性着手，从用户的体验舒适度出发，不要一味地进行广告骚扰。

6. 对订阅用户不管不顾

沟通和互动是做好微信公众号最为关键的地方。目前，不少运营者在公众号运营过程中，没有主动和订阅用户沟通，或者不懂得如何与订阅用户互动。互动并不仅仅是要求订阅用户回复相关关键词从而获取内容，这种行为只能称得上是"传达"，互动更重要的是与其进行感情上的交流，和日常交流一样，关系好的人肯定是那些经常互动的人。

微信用户也是一样的，当游离的受众通过某种渠道关注公众号，进入公众号之后，其实也就是一个普通的粉丝，如果不理他，不和他互动，这个粉丝永远都是一个普通的粉丝，跟品牌没有任何情感联系。

5.7　本章小结

1. 用户运营的概念

用户运营就是以产品的使用者或购买者为中心，根据使用者或购买者的体验和实际需求来设计活动或者互动，实现企业战略规划、营销目标、产品销售的过程。

2. 获取用户的方法

获取用户的常用方法主要有：朋友圈、微信群、QQ、微博、二维码、平台互推、论坛广告、有奖活动，以及其他一些推广方式。

3. 用户管理和微信群管理的方法

公众号在后台对用户进行分组。当用户有需求、有对话时要及时进行回复，还要时常给予用户福利，如奖品、活动等。如果有条件，则可以组织线下活动，将线上用户聚集到线下，让用户更活跃。在线上，使用微社区，让用户能够有一个交流、讨论的平台。

使用微信群可以管理和运营用户，管理群则需要对群成员、话题、分享的内容、激励机制等进行引导和维护。多种形式相结合，才能把微信群做好。

4. 与用户建立深度关系的方法

与用户建立深度关系的核心方法有三点：互动交流、情感沟通和价值沟通。通过互动与情感把用户与品牌维系起来，借助价值沟通实现品牌价值和用户价值，让双方都能获益。

5. 用户运营的误区

在用户运营过程中出现最多的问题是：盲目追求新增粉丝的数量、没有用价值吸引粉丝、盲目崇拜而迷失方向、内容不注重质量、每天广告骚扰、对订阅用户不管不顾等。在运营过程中一定要学会监控，及时发现问题、解决问题，避免造成不必要的浪费。

5.8　思考与练习

（1）把获取粉丝的方法都试一试，自己总结哪种方法最好。

（2）思考：除了书中提到的获取用户的方式以外，还有什么样的方式可以更好地获得用户？

（3）你认为怎样才能与用户建立深度关系，并获取用户价值？

（4）通过一个群或公众号与用户进行互动，并总结这个过程中出现的问题，提出解决方法，与导师讨论。

（5）分析题

"罗辑思维"是当下比较成功的通过微信公众号运营的自媒体。在"罗辑思维"公众号上，老罗每天发一条语音消息，每天也要与会员和粉丝进行互动，而且老罗还经常举行线下的见面会。老罗的用户运营已经很成熟，也有一套比较清晰的体系。大家经常把"罗辑思维"作为案例来分析，分析"罗辑思维"的用户运营模式和方法，找到"罗辑思维"的运营优点。思考：这种模式是否可以借鉴到自己的用户运营当中？如果不可以，那么自己的用户运营该如何做？

第6章

活动运营

让粉丝动起来

在微信公众号运营过程中，经常需要配合企业的营销计划或者一些节日来做活动，目的是推广品牌，提升产品销量。小咖在微信中组织活动时，经常是照搬其他公众号做过的活动，拿来主义。感觉别人做得好，小咖拿来就用，但是效果总是差强人意。小咖也不知道是哪里出了问题。

一次偶然的机会，张经理看到了小咖做的一个活动。这个活动本来很不错，张经理问小咖效果如何。小咖说："不尽如人意啊，我也对这个活动有很高的预期，但是最终效果平平，也不知道是怎么回事……"

张经理了解了一下小咖做的这个活动，发现小咖是直接照搬别人的活动形式，改了改内容和奖品，就直接用上了，甚至连图片都没变。

这让张经理很无奈，这样的活动如果能得到好的结果那只能说运气逆天了……随后，张经理对小咖说："小咖，你这样做活动，总是不得要领，一般不会有很好的效果。你需要系统性地学习如何做好一个活动。"

- 了解活动运营的基本概念、主要原则和工作内容
- 掌握活动策划文案的撰写方法和技巧
- 掌握活动执行、效果评估和改进措施的主要内容

本章预览

微信活动在微信运营管理中的重要性不言而喻，既可以提高粉丝活跃度，又可以借活动提升转化率；通过搜集到的用户信息，得以进一步提供更有针对性的服务；通过活动与用户高频次互动，加深用户对品牌的认知和了解，强化品牌忠诚度。

微信运营管理师在活动运营中如何运筹帷幄，让活动既有特色、有创意、方法新颖、吸引眼球，又能够构建良好、和谐、健康的微信朋友圈，达到预期想要的效果，在本章会详细地为大家阐述。

6.1　什么是活动运营

6.1.1　活动运营的概念

活动运营是围绕内容和用户展开的一系列有针对性的活动或者互动，是微信运营中的一种重要手段和方法，其目的是宣传推广、吸引用户、促销活动和粉丝转化等。

活动运营的目的有多方面，简单地讲，主要包括：

- 宣传：让更多的人了解微信公众号，强化用户的认知度。
- 拉新：吸引更多的用户关注微信，增加粉丝量。
- 促活：提升粉丝的留存率和活跃度。
- 转化：提高粉丝的消费转化率。

6.1.2　活动运营在实际生活中的应用

在实际生活中，基于微信的各种创新活动层出不穷，玩法多种多样，引爆朋友圈，丰富着我们的生活，也达到了商家的目的。

对于杜蕾斯大家都不陌生，杜蕾斯的微信公众号曾经推送了这样一条微信活动消息：

"杜杜已经在后台随机抽中了十位幸运儿，每人将获得新上市的魔法装一份。今晚十点之前，还会送出十份魔法装！如果你是杜杜的老朋友，请回复'我要福利'，杜杜将会继续选出十位幸运儿，敬请期待明天的中奖名单！悄悄告诉你一声，假如世界末日没有到来，在临近圣诞和新年的时候，还会有更多的礼物等你来拿哦。"

活动一出，短短两个小时，就收到了几万条"我要福利"，10 盒套装换来数万粉丝！

这是一次多么成功的微信活动！

6.1.3　活动运营的主要原则

微信的活动运营有其自身的特点，下面总结了一些基本原则，在活动运营中可以灵活应用。

（1）门槛要低。活动设置的门槛越低，能够参与的人群就越大，就越有可能实现活动目标。能免费就不要收费。

（2）简洁易懂。活动规则尽量简单，用户一目了然，一眼就能看出要做什么，能得到什么；操作步骤尽量简单，从用户看到活动，到操作环节结束，每多一步都会有很大的折损，因此操作步骤越少越好。

（3）尽量有趣。微信在社交媒体中，自娱是最为典型的现象。微信活动就是让用户玩的，在玩的过程中达到运营的目的。有趣能够吸引更多的用户参与，也能够激发用户新的自娱创造，从而有利于信息扩散，再度提升活动效果。

（4）凸显用户收益。用户参加活动，会有相应的奖励。在活动页面要把用户的收益放在明显的位置，这样更加符合用户利己的心理。另外，奖励要透明，谁最终凭借什么条件获得了奖励，要公布于众，有证可查。

6.1.4　活动运营的主要工作

活动运营的主要工作内容包括：活动策划、文案编写、活动执行、活动评估、活动改进等。

1. 活动策划

活动策划是活动运营的第一步，产物是一份可执行、可操作、创意突出的活动策划方案，主要内容包括：活动名称、活动背景、活动目的和意义、活动目标、资源需要、活动开展、经费预算、活动中应注意的问题及细节、活动负责人及主要参与人等。

2. 文案编写

要将微信活动运营好，需要有一份完整、详细的活动文案。一份优秀的活动文案需要：突出活动主题、描述活动背景、确定活动目的、分析目标人群、明确活动形式等。关键点：主题提炼、内容简介、必要配图和突出重点。

3. 活动执行

活动执行是指微信运营管理人员根据活动策划方案进行操作和实施的过程，是对活动策划具体落实的行动。活动执行贯穿了整个活动运营的前期、中期和后期；其中前期推广的目的是为了让更多的人知道这个活动；中期是为了刺激和调动用户参与的积极性；后期则是活动颁奖和总结。

4. 活动评估

对整个活动的效果进行统计和评估，衡量数据指标大致有以下几种：有效到达率、浏览量、图文转化率、转发率、互动人数、活动参与人数、用户增长数、销售业绩、投资回报率和整体评价等。当然，不同的活动，评估指标会有所不同。

5. 活动改进

当活动结束后，活动运营者应该根据活动评估结果，综合分析此次活动的效果，为下一次活动总结经验。从以下几个方面考虑改进措施：活动周期是否合理，奖品选择是否吸引人，文案有没有提炼出活动的亮点，活动规则是否简单、公开、透明，活动预热是否充分，活动推送时间是否正确等。

6.2　活动策划

活动策划是提高市场占有率的有效行为，一份可执行、可操作、创意突出的活动策划方案，可有效提升企业的知名度及品牌美誉度。

6.2.1　关键要素

在做活动策划之前，要明白活动的五个要素，结合这五个要素去策划整个活动。

1. 可信度

活动策划好，需要有一定的可信度，在大多数情况下，可信度源自方案的执行力。活动策划得再好，没有足够的资源实施也是不行的。

2. 吸引力

对目标受众的吸引力大小是活动策划成功与否的根本。提高活动的吸引力，需要有构思，策划主题要满足用户的好奇心、价值表现、荣誉感、责任感、利益等各方面的需求，还需要给予恰当的物质鼓励，这将会大大提高目标受众的重视度和参与度。

3. 关联度

活动策划内容要和活动目的紧密衔接，要整合关联性较强的事情及资源。

以房地产为例，一个高档房产楼盘搞一个草根红人炒作活动就十分不妥，房产楼盘需要根据意向客户的定位来采取推广活动，可以采取表现楼盘高端生活的活动，如邀请高尔夫比赛冠军参与房产推广等。

4. 执行力

活动推广不仅仅需要前期精心的策划，能否最大限度地执行才是非常关键的。执行力主要表现在具体的任务描述、任务流程、执行人员、执行时间、突发事件处置上等。在活动执行的进程中若是出现问题，引起用户的不满情绪，活动的推广作用就会打折扣，乃至起到反作用。在活动前，关于整个活动的计划要反复推敲。对于大型的线下推广活动，为保障执行顺利进行，最好有一个比较好的训练和演习。

5. 传达力

企业在开展活动推广时，希望把它的品牌文化传递给更多的用户，完成最大化的品牌宣传效益。活动推广的传达力表现在活动前、中、后的各个时期中。活动前，引起用户的兴趣和重视，为活动预热；活动中，做好活动组织安排，把活动的内容与主题展现出来，通过用户的参与，获取用户对企业及企业文化的反馈；活动完毕后，进一步延伸宣传效应，通过媒介，进一步扩展活动的影响力，获取更大的商业价值。

6.2.2 策划方案

主要按照以下几个步骤，完成策划方案。

1. 策划书名称

尽可能具体地写出策划书名称，如"××活动策划书"，置于页面中央，当然可以写出正标题后，将此作为副标题写在下面。

2. 活动背景

活动背景应根据策划书的特点，在以下项目中选取内容重点阐述。

具体项目有：基本情况简介、主要执行对象、状况、组织部门、活动开展原因、社会影响，以及相关目的。另外，应说明环境特征，主要考虑环境的内在优势、弱点、机会及威胁等因素，对其做好全面的分析（SWOT 分析），将内容重点放在环境分析的各项因素上，对过去、现在的情况进行详细的描述，并通过对情况的预测制定计划。如果环境不明，则应该通过调查研究等方式进行分析加以补充。

3. 活动目的、意义和目标

要用简洁明了的语言将目的、要点表述清楚；在陈述目的、要点时，该活动的核心构成或策划的独到之处及由此产生的意义（经济效益、社会利益、媒体效应等）都应该明确写出。活动目标要具体化，并需要满足重要性、可行性、时效性。

4. 资源需要

列出所需的人力资源、物力资源，包括使用的地方，如教室或活动中心都要详细列出。可以分为已有资源和需要资源两部分。

5. 活动开展

作为策划书的正文部分，表现方式要简洁明了，使人容易理解，但表述要力求详尽。在此部分中，不仅仅局限于用文字表述，也可适当加入统计图表等；对策划的各工作项目，应按照时间的先后顺序排列，绘制实施时间表，有助于方案核查。人员的组织配置、活动对象、相应权责及时间、地点应该在这部分加以说明，执行的应变程序也应该在这部分加以考虑。

6. 经费预算

经费预算是指为顺利实施活动所需要的费用，包括人工费用、礼品费用、推广费用等。微信营销活动的预算费用分为三部分：

第一部分是微信公众平台日常维护，如内容发布、客户消息处理等方面的人工费用。这部分费用是固定的预算费用，主要是为微信公众平台日常运营所支付的人力成本，以每月人民币计算，在微信活动运营中这部分费用也同样存在。

第二部分是微信公众平台推广费用，如微信在执行活动推广以及策划过程中从设计到线上线下推广、宣传材料等费用。这部分费用根据投入周期和时间，一般情况下均按月计算。

第三部分是活动实施费用，主要是针对粉丝而举办的促销和回馈等活动费用。比如不同阶段的奖金设置、促销礼品购买等费用，其中促销有常态促销，也有时令性促销。这部分费用是非固定的，一般按周期来进行计算。

7. 活动中应注意的问题及细节

内外环境的变化，不可避免地会给方案的执行带来一些不确定因素。因此，当环境变化时是否有应变措施、损失的概率是多少、造成的损失有多大、应急措施等也应在策划书中加以说明。

8. 活动负责人及主要参与人

注明组织者、参与者姓名、嘉宾、单位（如果是小组策划，则应注明小组名称、负责人）。

9. 策划方案参考纲要

一、项目背景……
二、活动宗旨……
三、活动主题……
四、意义阐述……
五、组织机构……
六、活动策划组……
七、活动方式……
八、活动时间计划……
九、活动地点选择……
十、活动人员安排……
十一、活动流程……
十二、经费预算……
十三、效果分析……
十四、活动总结……

6.3 活动文案

微信活动要运营好，需要一份完整、详细的活动文案。一份详细的活动文案包括：活动主题、活动背景、活动目的、目标人群、活动形式、其他内容等。

6.3.1 突出活动主题

所谓活动主题，即活动策划的主线，在微信活动中非常重要，因为接下来一系列微信活动都是以这个主题为线索，围绕这个主题进行活动和交流的。活动主题的选择，关系到活动流程和基调，一个好的主题，是活动的灵魂。那么对于微信活动主题的选择来说，我们应该注意哪些方面呢？

1. 活动主题要符合订阅者的口味

微信活动策划主题的设置一定要符合订阅用户的口味，因为很多微信活动都是从微信平台（尤其是公众号平台）发起的，所以微信公众号上的订阅用户是微信活动的第一批参与者，也是第一批将活动传播出去的人。试想一下，如果活动的主题不符合订阅用户的口味，估计活动也很难开展起来。

要知道订阅者的口味，需要对订阅者基本特征进行细分，细分方法包括：

- 人口特征，如性别、年龄、地理因素、亚文化等特征。性别不同、年龄不同的订阅客户，口味不一样，如男性更喜欢游戏类的活动，女性更喜欢娱乐有趣的活动；
- 社会经济因素，包括职业、收入、教育情况等因素，这些因素同样也影响订阅者的口味，如收入高的人可能对活动的价值要求更大，收入低的人可能更在乎促销礼品等；
- 性格特征和生活方式，不同的性格特征和生活方式人群，口味是不一样的，如外向型人员可能会喜欢分享和传播。

总之，微信活动要符合订阅用户的口味，首先要对订阅用户进行详细特征描述，抓住他们的需求点和兴奋点，然后再根据这些需求进行策划。

【案例思考】

有一个企业是做迷你裙生产和销售工作的，其订阅用户更多的是喜欢迷你裙的年轻女生，这些女生有一个明显的爱好，就是喜欢把自己的腿晒出来。也就是说，喜欢迷你裙的女生，几乎都是腿长得挺好看的，而且她们也挺自信的。该企业就根据目标用户的口味，成功地策划了一场"秀美腿，赢奖金，够自信，你就来"的微信活动，只要把你的双腿无论用什么姿势拍出来，上传到活动页面，在活动页面进行投票，票数第一的就可以获得 10

万元的现金大奖。试想一下，这对于那些刚上班一年工资也就几万块的女生来说，秀秀美腿就可以获得 10 万元奖金，她们的参与性能不强吗？

2. 活动主题要根据公众账号定位做文章

微信活动主题除了要考虑订阅用户需求细分之外，也需要考虑微信公众平台本身，因为微信活动本身的目的就是为了推广和服务微信公众平台，如果在运营过程中不考虑微信平台本身的因素，那就会无的放矢。

所以，在进行微信活动主题策划时，需要考虑微信公众平台到底是一个什么样的平台、提供什么类型的服务、怎么样的一个定位。我们所策划的一系列活动主题都要根据公众平台定位来展开。

✏️ 【案例思考】

招商银行曾发起一个"爱心漂流瓶"的微信活动，如图 6-1 所示。微信用户用"漂流瓶"的功能，捡到招商银行漂流瓶，回复之后招商银行便会通过"小积分、微慈善"平台为自闭症儿童提供帮助。

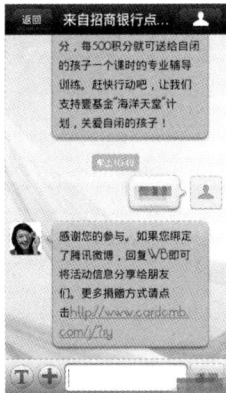

图 6-1 招商银行"爱心漂流瓶"微信活动

这个活动非常成功，除了它是进行慈善公益活动之外，它的微信活动都是围绕招商银行和漂流瓶这两个产品展开的。试想一下，如果招商银行微信公众平台做的不是"爱心漂流瓶"，而是"秀美腿"，估计就变得本末倒置、贻笑大方了。

3. 往活动主题上再添加点 "料"

选定活动主题之后，还需要对主题进行包装，因为同样的主题活动，进行不同的包装传播效果是不一样的。在决定做什么主题时，就应该考虑如何让这个主题变得更完美、更吸引人，这就需要往这个主题上再添加点 "料" 了。

【案例思考】

"微信营销" 的公众平台做了一个吸粉引流的微信活动，操作比较简单，因为关注的用户都对微信营销很感兴趣，运营方就专门写了 "微信引流" 两篇内容：理论篇和实战篇。

其中 "理论篇" 通过公众号群发展现出来，而 "实战篇" 则需要通过关注微信成为订阅客户，将 "理论篇" 群发至微信朋友圈，并截图发给公众平台运营者，以及在公众平台输入 "转发成功" 关键词，就会弹出 "实战篇" 内容。这个活动一经推出，在短短一个星期内，就增加了 4000 多个订阅用户。

这个活动主题非常简单，就是 "微信吸粉引流的方法"，运营方在设置主题时通过文字描述添加了 "料"，让活动主题变成《微信 10 倍客户倍增术》(24 小时内有效，超时收费)"，这样活动变得更加具有吸引力。要注意，避免产生诱导分享行为。

给活动主题添加 "料"，让活动主题变得更吸引人，最好的办法就是从人性的弱点出发。人类的情感是脆弱的，它经不起外界的诱惑，更脱离不了人性的弱点，而人性的弱点存在于每个人的骨子里，一旦微信活动主题刺激到用户骨子里的那些弱点，你的活动就成了订阅用户的刚性需求。

6.3.2 描述活动背景

活动背景是指进行微信活动的客观条件和支持，通过活动背景，可以了解微信活动的动机和原因。

也就是说，很多活动主题都是根据活动背景策划出来的，一个好的微信活动，必须能让订阅用户顺其自然地接受这个活动，只有订阅用户接受了，他们才会顺其自然地参与。微信活动一旦离开活动背景，就会变得毫无意义。所以，在研究活动背景时，尽可能做到天时、地利、人和。

所谓 "天时"，就是从季节和节日的角度出发。例如，在进行微信活动时，因为 "三八妇女节"将每年的 3 月 8 日定为"女王节",在企业的公众平台上举办"最美女性员工评选"的活动。

除了节日之外,还可以根据特殊的事件来设置活动。

【案例思考】

美国 NBA 篮球巨星科比·布莱恩特宣布在本赛季后退役,一时间相关信息"刷爆"朋友圈,成为当时的焦点话题。腾讯平台根据这个事件在转播 NBA 比赛时,设置了一个主题"我与科比的这 20 年",短短 2 个小时,就有 50000 人参与该活动。

所谓"地利",就是对于某些公众平台,从地理情况考虑。尤其是一些本地公众号,在进行微信活动时,对"地利"要求就比较严格了,可以多进行一些类似于"本地最好的医院评选"、"本地最好的汽车培训学校评选"、"本地最好的宾馆评选"、"本地最好的商城评选"等的比赛,这样的比赛能很大程度地激活本地的订阅用户去参与。

这里说的"人和",是指从人的需求和兴趣出发,只有满足订阅用户的需求、激发订阅用户兴趣的活动,才会吸引他们参与,这样的活动才是成功的活动。关于人的需求和兴趣,在前面已经重点阐释。

6.3.3 确定活动目的

活动目的是阐述微信运营者组织、策划、执行微信活动的原因所在,也是微信运营者进行微信活动所想要达到的效果。虽然微信运营者进行微信活动的原因有很多,但是就微信活动的目的来说,主要有如下几种:

1. 推广某个新产品

新产品推广是企业在营销过程中最重要的目标之一,企业通过大量的投入和精心研发,终于将新产品推向市场,此时对于企业来说,首要任务就是在较短的时间内,让更多的用户获得新产品体验。而在新产品成功推广的诸多方法中,活动推广显然是最有成效的方法之一。

【案例思考】

泰康曾经与微信合作开发了一款一分钱买保险的产品，这款保险产品包括 50 万元飞机意外保障、20 万元火车意外保障以及 10 万元自驾车意外保障，生效日期也非常灵活，哪天出行就选哪天，保险有效期是 7 天，每人限投 1 份，限量 10 万份。这个活动非常火爆，很快就被抢光了。泰康开展此活动的目的就是推广其"网络保险"订单业务。

2. 扩大品牌影响力

扩大品牌影响力是企业进行微信活动的另一个重要目的。所谓品牌影响力，并不是越多人知道就越具有品牌影响力，而是用户对品牌越认同就越有影响力。显然，互动和活动是用户对品牌认同的第一步，当订阅用户将微信活动转化时，就意味着他们已经和品牌产生了互动，并且建立了基本的信任关系。

【案例思考】

1 号店曾在公众平台上举办了一个"你画我猜"的微信活动，即每天微信推送一个图画给用户，如图 6-2 所示，用户猜中后在微信上回复就可能中奖。这种微信活动很显然是基于微信的互动，开展互动式的竞猜活动，借助奖品，对粉丝进行有效激励，最终达到提高粉丝活跃度、提升公众号粉丝质量的目的。

图 6-2 1 号店"你画我猜"活动

3. 促进产品销售

除了上述两个微信活动的目的之外，大多数微信活动的执行还有一个目的，那就是促进产品销售。相比前两个目的而言，在微信活动过程中，要想提高产品的销售，就必须想办法提高活动的转化率，甚至在某些情况下可能会牺牲一些传播力也在所不惜。

✏️ **【案例思考】**

华为通过微信做的荣耀3X的预约活动，可以说是微信促进产品销售的经典案例。在活动中，华为在各大平台预约界面加入了奖品驱动，即预约用户关注华为荣耀公众平台后可参与抽奖活动，开放预约时用微信支付1分钱即可完成预约。这个活动取得了良好的效果，华为荣耀3X的总预约量达到30万部。

6.3.4 分析目标人群

确定活动目的之后，接下来需要分析活动目标人群，不同的目标人群，引起他们参与的"兴奋点"是不一样的。从整体来说，女性更加乐于分享，尤其是妈妈们，最喜欢在朋友圈分享和她们孩子相关的一切事情。在她们心中认为自己的孩子是最好的，而且她们也希望通过晒孩子，与朋友产生一个互动的话题，这是妈妈们的社交需求。所以，对于某些平台，目标客户群符合妈妈或者孩子，在进行微信活动运营时可以考虑"晒萌宝贝，投票排名"这样的微信活动。

营销都是围绕着人进行展开的，微信活动营销也不例外，随时了解用户的需求，这就要求活动运营者不断地跟客户进行交流，总结客户关心的一些话题，如哪些服务不完善投诉最多、对什么活动比较感兴趣等都要列出来，这些都是活动运营者关心的问题，也是在微信活动策划过程中要注意的，这是活动变得更受欢迎的关键。

6.3.5 明确活动形式

微信活动形式是指微信活动具体的创意表现形式，包括有奖关注、有奖转发、晒图活动、话题活动，抽奖活动等。下面列举一些最为常见的微信活动形式。

1. 扫二维码签到活动

扫二维码签到活动主要是通过人工指引或广告展示，指引用户扫二维码，当用户成为微信订阅用户之后，可以获得相应的奖励。

【案例思考】

美特斯邦威就曾在全国各连锁店推出"扫二维码打 9 折"的活动，即消费者在美特斯邦威实体店购买产品，只要扫收银台附近广告上的二维码，成为美特斯邦威公众号的订阅用户，就可享受全场 9 折的优惠。活动开展时，需要在现场签到处对公众号进行实时监控，包括核对到场用户是否已成为订阅用户。

2. 助力活动

所谓助力活动是指在进行微信活动时，在活动页面添加助力一栏，用户参加活动时，在活动页面上输入姓名、手机号码等信息后，点击即可参与，进入具体活动页面。

用户如想赢取奖品，就要转发至朋友圈并邀请好友助力，获得的好友助力越多，获奖的几率就越大，甚至为了发挥助力者的积极性，也可以让参加助力的好友抽奖。就这样，通过报名者与众多好友的关注和转发，达到活动传播吸粉的目的，使得品牌得以迅速传播。

【案例思考】

今日早报曾经策划了"你登山，我送房"为主题的微信活动，在全国征集 1200 人参与登山，其中有 400 人是从助力活动中产生的，由于登山者有机会赢取价值 200 万元左右的豪宅，在微信活动上线的当天，就在微信圈引发了转发、注册报名和助力的狂潮，当天就创造了 40 万的点击量，影响力覆盖全国。数据显示，参与助力活动的 400 人中，大部分人助力数在 500 人以上，最高者达到 1500 多人。也就是说，为了登山，最高者在微信朋友圈发动了 1500 人来支持他。

3. 有奖投稿和评选活动

这是微信活动营销中最为常见的微信营销活动，主要是鼓励用户向活动公众号投上自己的作品，或参与评选活动，投稿作品多为图片，然后官方公众号会产生一个页面，让参与者为自己拉票，票数最多者即可获得一定的奖励。这个活动的效果非常好，因为参与者为了获得比赛胜利，往往会为自己拉票，叫朋友、同事、微信好友等为自己投票，会动用自己的微信朋友圈、QQ 空间、人人网、网站、QQ、QQ 群、微博等所有圈子分享自己参与的活动链接，甚至还会到处去拉陌生人来投票，无形中帮这个微信公众平台做推广，吸引新粉丝。

✏️ 【案例思考】

相信很多人都在微信上看到过"挂历宝宝"的活动，如图 6-3 所示，即一些公众号平台推出以宝宝为题材的系列挂历产品，鼓励妈妈们在公众号平台上上传自己宝宝的照片，然后再由公众号运营者整理出来放到独立的评选页面上，推送给所有的订阅用户进行投票，最终评选出投票最高的宝宝为最可爱的宝宝，成为"挂历宝宝"。

这个活动促使很多妈妈们疯狂地转发和邀请别人给自己的宝宝投票。这样的活动还有很多，如评选优秀员工、评选优秀老师等，在设置参与评选的条件时，要求参与者必须成为公众号订阅用户，以实现微信吸粉引流的目的。

图 6-3 微信活动宝宝

4. 有奖转发

有奖转发也是微信活动中最为常见的一种活动，主要是鼓励订阅用户在关注了公众号之后，转发某条指定的消息到自己的"朋友圈"或微群，当分享次数或者点赞次数达到一定的数量之后，就将获得所设置的奖品。举办此类活动要注意，避免产生直接诱导分享行为。

【案例思考】

某化妆品品牌曾推出"0 元抢购 298 元化妆品套餐"的活动，参与用户需要转发该微信消息，微信圈的朋友每点一次赞，就将获得 10 元的减免，当点赞次数超过 30 次时，将免费获得一套价值 298 元的化妆品。这个活动一经推出，在短短的几个小时之内，预先设置的 3000 套化妆品全部被领取，活动产生了很大的影响力。很显然，有奖转发活动能在短时间内提高公众号订阅用户的数量。

5. 抢红包

抢红包微信活动是为用户提供一些具有实际价值的红包，通过抢的方式吸引用户积极参与，进而引起强烈关注，并在活动中找到潜在客户，对其实施针对性营销。这种活动比较适合于电商企业，当客户得到红包之后即可在网店中消费，起到了品牌推广的作用，又促进了产品的销售，提高了活动转化率。举办此类活动要注意，避免产生直接诱导分享行为。

6. 有奖问答

有奖问答是指根据指定关键词进入回答，最终获得终极答案。对于这类型的活动答案最好是围绕自己的产品或活动来设置，让熟悉产品和活动的人找到终极答案。

7. 有奖调查

有奖调查主要是将自己的产品包装、设计等拿来让订阅用户进行投票，最后选择得票最高者，并对投票人员发放奖品。这种方式主要用于公众号做市场调查，或者进行产品市场预热。

8. 语音互动

微信有一个非常大的亮点就是能发语音，语音让互动参与感更强，并且用户参与很简单。对于订阅号的运营者来说，需要客服来听或甄选。目前在语音互动上做得最成功的有小米的"测试分贝"活动，以及杜蕾斯的"测试方言语音"活动。

关于微信活动类型设置还有很多，大家可以在平时多留意，记住那些你觉得有趣的活动，说不定有一天这些活动会为你所用。不管什么样的活动，最好要与时下热点密切相关。例如世界杯时，可以根据世界杯设置相关足球微信促销活动。

6.3.6 文案编写原则

做活动文案要遵循下面的原则：

1. 内容简洁

展现在参与用户面前的正文内容包括：活动流程、参与方式、活动时间、奖品四大项。对于这四项内容的描述，一定要做到简洁明了，让参与用户一眼就可以看明白此活动如何参与、参与后怎样获得奖品、获得什么样的奖品。文字简洁，重点突出。

2. 必要配图

在阐述活动内容时，可以配上一些必要的图片，以吸引眼球或减少阅读障碍。例如，奖品设置为一部手机，则可以改为 iPhone 的照片来吸引眼球，奖品图要与实际奖品对应，以免起到反作用。

3. 突出重点

在活动文案中，要突出此次活动的重点是什么。比如，活动强调趣味性，那么可以重点突出活动的趣味性；如果活动是通过奖品吸引人，那么可以通过放大奖品来吸引更多的人参与。

6.4 活动执行

活动执行是指微信运营管理人员根据活动策划方案进行操作和实施的过程，是对活动策划具体落实的行动。马云曾说过："一流的执行力加二流的创意远远要比一流的创意加二流的执行力好很多"。因此，活动执行的强弱程度直接关系到微信活动的效果。

在微信整个活动过程中，对活动执行人员的要求是最高的，因为其贯彻整个活动的前期、中期和后期。其中前期推广的目的是为了让更多的人知道这个活动；中期是为了刺激和调动订阅用户参与的积极性；后期则是活动颁奖和总结。整个微信活动都需要活动执行者严格把控。一个优秀的活动执行者应该具备如下能力：

1. 工作执行能力

在微信活动执行过程中，最看重的就是活动运营者的执行能力，这是由活动运营者的态度和工作经验决定的，执行能力强的人会很好地将每一个活动策划落实到位，尽量将每一个活动细节做到最好。所以，优秀的活动执行人员不是每个人都可以做的，需要时间和经验的积累，与其工作态度相关。

2. 协调能力

除了执行能力之外，活动执行者还需要协调能力。微信活动是一个团体性的活动，要求从文案编辑到广告设计、活动推广、客户服务、奖品发放、活动进程监测等都需要面面俱到，所以这要求各个部门在各司其职的情况下，还要做到相互沟通、互相合作。能否做到这一点，与微信活动执行者的协调能力密切相关。

3. 气氛调动能力

在进行活动的过程中，要不断引导参与者加入微信公众号，后续提供拉票支持，而且在微信活动期间，随时针对领先者进行表扬，对落后者进行鼓励。同时在相关活动期间、相关平台进行内容推送、比赛情况播报等。这一切都需要活动执行者不断观察活动与情况，及时做出气氛调动，以提高参与者的激情。

4. 技术要求

技术要求是指在活动进行过程中对相关技术能力的要求。微信活动运营者在做活动之前，首先要了解第三方服务上有没有相关的活动控件，即便是有，也要亲自尝试；否则在活动中活动设置出现瑕疵或问题，用户就会觉得你不靠谱，反而造成严重的负面影响。

5. 危机处理能力

在微信活动过程中，微信活动运营者必须实时跟进活动效果，一旦遇到问题或者漏洞，微信活动运营者必须及时调整活动、化解危机。

6.5 效果评估

活动执行并不难，难在团队的管理和执行力上。如果没有一个好的团队去执行活动，再好的活动也不会有满意的效果。在实际执行过程中，不能保证每个人都能够完全按照策划中的思路来执行，这就需要在活动执行中做好效果评估，及时根据当时的评估结果来进行调整和修改。

微信活动效果追踪和评估，是指对整个活动的效果进行统计和评估，这是所有营销活动的最后一个环节，也是最重要的一个环节。对微信活动进行效果评估，首先应确定微信活动营销的目的是什么，如有些企业举办微信活动是为了吸粉引流，有些企业是为了提高品牌知名度和粉丝忠诚度，也有些企业是为了进行产品推广和销售，只有确定企业营销的目的是什么，才能对微信活动进行最有利的统计和评估。

微信活动统计、评估除了微信运营者感官分析之外，还可以通过第三方统计代码（如GA、CNZZ、皮皮微信）等软件来进行统计，没有接入的，可以通过公众平台查看数据。通过活动效果统计，找出这次活动的成功之处和失败之处，对下次活动有很大的启发。微信活动营销衡量的数据指标大致有以下几种：

1. 有效到达率

有效到达率是指微信公众平台在推送微信信息时，用户接收到信息并收到提醒的占比。

2．浏览量

浏览量是指用户在接收到微信公众号推送的信息后，打开微信内容进行浏览的次数。这是衡量微信活动内容创意的关键因素。

3．图文转化率

这个指标用来判断微信活动信息转化情况。电商企业通过微信公众号卖货，如果用图文作为产品的载体转到电商平台就需要关注该指标，或者通过微信号为网站导流也要看此数据。

4．转发率

转发率是指用户对微信活动信息或微信活动页面进行转发的情况。比率越大证明用户阅读后有分享或收藏的欲望越高。

5．互动人数

互动人数是指在微信活动期间，用户跟微信平台进行互动反馈的情况。该指标是对粉丝活跃度的一种反映，如图 6-4 所示。

6．活动参与人数

活动参与人数是指在微信活动期间，用户参与活动的人数。这个指标是反映微信活动影响效果的关键指标。

7．用户增长数

用户增长数是指通过微信活动，公众平台粉丝数量增长的情况。如图 6-5 所示，这个指标对于微信吸粉引流的活动营销来说尤其重要。

全部消息(文字消息保存5天，其它类型消息只保存3天)　✓ 隐藏关键词消息

孤单°无名指 ZJD		18:45
旺 zjd		18:45
陈伟春 ZJD		18:44
huang ZJD		18:43
小东 zjd		18:42
不会飞的仙 Zjd		18:41

图 6-4　微信活动互动情况

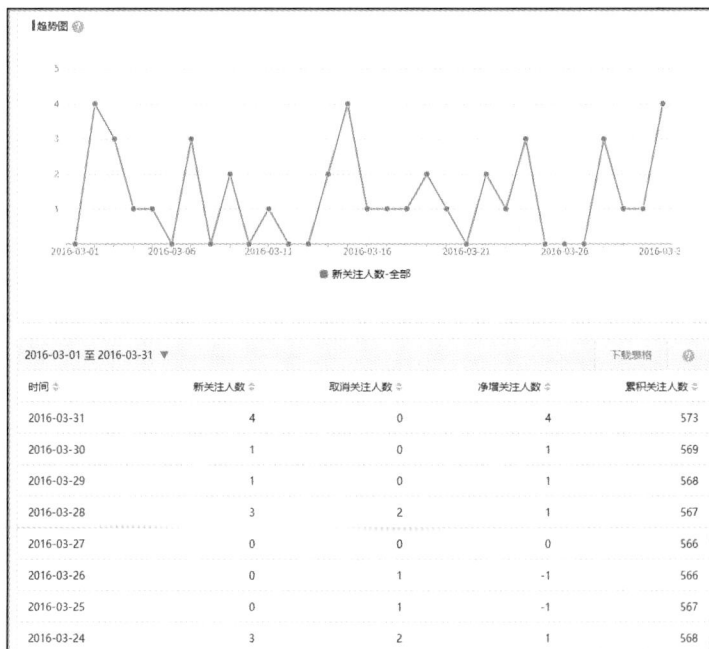

趋势图

新关注人数-全部

2016-03-01 至 2016-03-31 ▼　　　　下载表格

时间 ⇅	新关注人数 ⇅	取消关注人数 ⇅	净增关注人数 ⇅	累积关注人数 ⇅
2016-03-31	4	0	4	573
2016-03-30	1	0	1	569
2016-03-29	1	0	1	568
2016-03-28	3	0	1	567
2016-03-27	0	0	0	566
2016-03-26	0	1	-1	566
2016-03-25	0	1	-1	567
2016-03-24	3	2	1	568

图 6-5　用户增长情况

8. 销售业绩

销售业绩是指在微信活动过程中，通过微信活动所带来的产品销售额。

9. 投资回报率

投资回报率是指在微信活动过程中，资源投入与获得资源的比值，如获得每个新粉丝所需要的成本、产品销售业绩的投入产出比等。这个指标是衡量微信活动营销成功与否的关键，也是衡量微信活动值不值得做的关键指标。

10. 整体评价

整体评价是指在微信活动结束之后，企业管理人员或者微信运营负责人对本次微信活动的整体评价。这是一个感性的、衡量微信成功与否的指标。

需要重点阐明的是，在上述微信活动效果统计指标中，目前朋友圈的分享还没办法统计出来。除此之外，微信运营者从进行活动营销的第一天开始，就必须针对各个指标做出数据记录表格，如表 6-1 所示，并且要求每天都要针对各做指标进行统计，才能准确地统计出微信活动的效果。

表 6-1　微信活动效果统计表

时　间	信息到达人数	图文打开人数	新增人数	累计人数	互动人数	活动参与人数	销售业绩
20151203							
20151204							
20151205							
20151206							
20151207							
20151208							
20151209							
20151210							
20151211							
20151212							
20151213							

结合活动的数据结果，我们可以得出以下具体的衡量标准和衡量方法：

（1）粉丝依赖度=功能受欢迎度×互动频率×粉丝评价

微信公众号粉丝依赖度与公众号平台的功能受欢迎程度、粉丝互动情况以及粉丝评价相关。

（2）互动频率=粉丝数×功能受欢迎度

微信公众平台的互动频率取决于微信公众平台的粉丝数和功能受欢迎程度两个因素。

（3）功能受欢迎度=粉丝数×粉丝评价

功能受欢迎程度取决于公众平台粉丝数和粉丝评价。

（4）粉丝质量=粉丝评价×功能受欢迎度×推广力度

微信公众号平台粉丝质量取决于公众平台粉丝评价、功能受欢迎度及微信运营者对公众号平台的推广力度。

（5）粉丝评价=功能受欢迎度×公众号自身服务

微信公众号粉丝评价取决于微信公众号的功能受欢迎度及公众号自身服务。

（6）转化率=粉丝依赖度×粉丝数

微信公众平台进行微信活动营销的转化率取决于微信公众平台的粉丝依赖度和粉丝数。

6.6 改进措施

营销本身就是一个不断发现问题和解决问题的过程。所以，在微信活动过程中，需要我们及时根据活动收益情况，对活动进程和内容做出改进。同时，在活动开展过程中，客户可能会产生这样或者那样的问题，有时甚至会因为不满而向客服投诉，遇到这类情况，客服人员除了及时、合理地解决，建立良好的客户关系之外，还需要在总结会议中及时提出，以便及时做出活动改进。

当活动结束后，微信运营者应该根据后台数据统计，综合分析此次活动所达到的效果，为下一次活动总结经验，打造更好的活动策划方案。改进活动的实施、提高微信活动的效果，主要从以下几个方面分析：

1. 活动周期是否合理

活动周期是指从前期推广预热开始，到活动结束为止的整个过程。这个时间不能太长也不能太短，若时间太短（如只有一两天）则会造成活动影响力不够，报名人数不多，活动效果不会太明显；活动时间太长（如几个月甚至半年）则会造成疲劳和厌烦，甚至最后对活动淡忘了，同样影响活动效果。

所以，微信活动运营者要根据活动特点，合理安排活动周期。活动类型不一样，微信活动的周期也不相同。对于投票类型的微信活动，推广报名时间最好是 1~3 天，投票时间最长不能超过 1 周。

2. 奖品选择是否吸引人

奖品的选择是否有诱惑力，这直接决定了订阅用户的参与程度。例如，如果奖品是一辆玛莎拉蒂跑车、价值 200 万元的豪宅，那么估计用户的兴奋度和参与激情会很高。

如果奖品做不到有诱惑力、奖品设置没有新意，看到别人赠送 iPhone，你也赠送 iPhone；别人微信公众号活动赠送代金券、折扣券之类的奖品，你也如此赠送，那么对于每天接触和参与各种微信活动的用户来说，已经没有兴趣了。所以，在进行微信活动时，奖品要有吸引力、有新意。

如果奖品没办法做到有诱惑力，也做不到有新意，那么还有一个办法，就是增加奖品数量，提高中奖率，中奖率高的活动同样能打动人。

3. 文案有没有提炼出活动的亮点

在微信活动推广过程中，除了考虑如何进行推广之外，还有一个因素也是非常重要的，那就是活动文案"怎么说"。从广告学的角度，"说什么"是指微信活动的类型；"怎么说"则是指活动推广的文案创意和广告创意。"说什么"很重要，"怎么说"也同样重要。一个好的文案创意或广告创意，能带来意想不到的效果和影响。

所以，好的文案尤其重要，好的活动文案让用户看后就有兴趣参加，甚至过目不忘。要做到这一点，就必须在文案创作过程中做到亮点提炼。

当年曾国藩带领湘军跟太平天国打仗屡次失败，他向朝廷汇报请罪时，在上书文中有一句"臣屡败屡战，屡战屡败，请求自罚"。这时候有个幕僚建议他把"屡败屡战，屡战屡败"改成"屡战屡败，屡败屡战"。这样一改，果然成效显著，皇上不仅没有责备他，反而还表扬了他。原因很简单，因为"屡败屡战，屡战屡败"强调的是每次战斗都失败，成为了常败将军；而"屡战屡败，屡败屡战"却强调的是自己对皇帝的忠心和作战的勇气，虽败犹荣。这就是文字的魅力所在。

同样是一、二、三等奖，最高奖品是五万元。第一个文案写的是"参加微信抽奖活动，赢大奖"；第二个文案写的是"动动手指，一分钟赢取五万元大奖"。哪个效果会更好，不言而喻。

在进行微信推广时，一定要对活动进行多提炼，抓住用户的眼球，这样才有冲击力。例如，可以增加活动礼品的神秘感。

4. 活动规则是否简单、公开、透明

目前很多企业在进行微信活动时，创意和主题都不错，但是效果不太理想。仔细研究之后，才发现在活动规则设置上不是太清楚，导致很多用户看了半天的活动规则，要么发现活动规则太过于烦琐，要么觉得活动说明写得太过于啰唆，用户看完之后觉得是不是自己的理解出了问题。

在撰写活动规则时，应尽量注意用户的体验，在活动规则描述过程中做到简单明了。要做到这一点，与活动文案撰稿人员的写作功底有关。我们建议，活动文案撰稿人员在描述完活动规则时，多找人看一下，看看其他人能否看懂，是否知道怎么参与活动，需要多久才能完成整个活动的参与过程。如果其他人觉得能快速看懂，并且操作简单，则说明活动规则设置和描述是成功的；否则，必须对活动规则进行修改，直到他们都看得懂、操作简单为止。

5. 活动预热是否充分

微信活动参与的人越多，活动才越有效果，特别是活动的目标人群参与越多，微信活动就越成功。如何让更多的目标人群参与到活动中来呢？除了活动本身具有吸引力之外，还与活动的预热有关。

尤其是针对潜在用户和新订阅用户的微信活动，活动预热就更加重要了，那就需要充分利用好微信以外的媒介手段，如官网、官方微博、官方微信公众平台、线下门店广告，

甚至广告媒体等一切载体。如果活动针对的是老用户，则可以利用短信、邮件等联系老顾客，将老顾客吸引到微信公众平台上来。

此外，微信运营者还需要充分利用微信的关注自动回复和消息自动回复功能，做到尽可能全面的活动告之。

6. 活动推送时间是否正确

在微信上进行活动营销，信息推送时间点要选择好，正确的推送时间可以大大增加活动信息的阅读率和参与率。根据微信用户的使用情况，一般高峰期基本上是在早上和晚上，活跃用户已经形成了早上起床、晚上睡觉之前看微信的习惯。所以在活动推送时，可以先晚上推送，形成第一轮口碑分享；第二天早上再进行推送，形成第二轮暖身。这样信息阅读率和分享率自然会更好一些。此外，中午休息时，也是微信推送的最佳时间。总之，选择在目标订阅用户活跃度最高的时间段，效果才好。

6.7　本章小结

1. 活动运营的概念、主要原则和工作内容

活动运营是指通过组织活动，在短期内快速提升微信相关指标的运营手段。在活动运营中要符合：门槛低、简洁易懂、有趣、突出用户收益四项原则。

活动运营的主要工作内容包括：活动策划、文案编写、活动执行、活动评估、活动改进等。

2. 活动策划文案撰写方法和技巧

活动文案包括：活动主题、活动背景、活动目的、目标人群、活动形式、文案编写六大要点。

活动文案的思路是，应当以企业自身目的、目标为前提，结合目标人群的特点，选择合适的主题和活动形式，将最吸引人、最具诱惑力的文案展现在目标人群面前，吸引他们参与。

3. 活动执行、效果评估和改进措施

活动执行由活动负责人率领相关的团队人员负责，按照策划方案中明确的相关人员及相关的执行计划步骤进行。

在执行过程中，要注意数据的收集和分析，及时对阶段性的活动效果进行评估，检查是否达到阶段目标。

在完成活动评估后，需要及时根据评估结果给出结论，并指导活动改进，及时修补漏洞，提升效果。

6.8 思考与练习

（1）怎样策划一场活动，才能形成良性的扩散和良好的宣传效果？

（2）在活动策划中，需要注意的要点都有哪些？

（3）在实际活动策划、执行中，会遇到哪些阻碍？

（4）使用学到的知识和技巧，做一次活动策划和执行，把遇到的问题记录下来，并与导师讨论。

（5）分析题

某企业生产的产品是一种由特殊的果实压榨出的食用油，其有别于现有市场上的调和油、花生油、葵花籽油、橄榄油等，除了包含现有食用油的营养元素外，还可以起到降低血压、血脂的作用。由于是全新产品，而且价格偏高，前期推广起来很难。现在这家企业想要做一次微信营销活动，希望能够打开市场。你认为这家企业该如何做微信活动呢？请帮助企业策划一次微信活动，并阐述活动如何能够打开市场。

第7章

微信营销

营销达人出师记

通过勤奋的学习和在实践当中不断地摸索，小咖逐渐掌握了微信公众号运营的基本功，知道了内容怎么做、用户怎么维护、活动怎么搞，自己公司的微信号也办得越来越好，得到了同事们的赞扬，小咖心里也小有得意。

但老板的一席话，又让小咖的心里仿佛压了一块大石头！

老板说，我们搞微信，有粉丝不是目的，最终目标还是为了营销，要能带来业绩！

是啊，怎么才能带来业绩呢？怎么才能通过微信，帮助公司把产品卖得更好，能赚到真金白银呢？

带着这个疑问，小咖果断地请何然吃饭，想套些干货，何然可是通过微信赚到了大钱的！

何然知道了小咖的真实意图后，笑着说："自从微信实现了支付功能，打通商业交易的闭环之后，微信公众平台就成了非常好的移动互联网营销平台。你有了原来的基础，再精通微信营销，基本上就可以出师了！"

何然接着说："你前面的工作都不是白做的，都是在修炼内功，没有内容运营、用户运营和活动运营，哪有忠实的粉丝，粉丝不忠实，何谈微信营销呢？你看小米，把'米粉'维护得多好，只要小米的产品一出来，'米粉'们都疯狂抢购。不过微信营销可不像面对面卖东西那么简单，水可深着呢！得从什么是微信营销开始，慢慢说……"

学习目标

- 熟悉微信营销的主要步骤和策略
- 掌握微信营销的常用方法
- 了解客户服务的重要性和工作要点
- 熟悉微信小店的申请和运营流程

本章预览

伴随着微信支付接口的全面开放，商家交易的闭环全面呈现，用户可以通过微信公众号直接购买商品，并完成整个支付过程。越来越多的商家、企业、个人纷纷通过微信开展营销活动。微信营销，这种以分众和精众市场为目标诉求的营销模式，正成为当今移动互联网营销时代的先锋和代表。

本章总结了常用的微信营销方法，微信运营管理师可以结合实际案例，在学习与实践中，不断提升微信营销技能。

7.1 什么是微信营销

7.1.1 微信营销的作用

微信营销是基于微信平台，帮助企业以实现品牌提升、渠道扩展为目的，同时创造并获取客户价值，建立长期稳定客户关系的过程。微信营销是一种新型的互联网营销方式。

相比于传统的网络营销，微信营销基于庞大的用户群体、基于强关系的平台，信息交流的互动性更加突出，同时碎片化的沟通和信息展示方式让人与人、企业与人之间的沟通变得更加自由。

微信的用户是真实的、私密的、有价值的。通过微信可以获得更多的真实用户，这也逐渐在改变以粉丝量的多少来衡量新媒体营销效果的论调。企业通过微信给用户提供更好的内容和服务；用户也可以通过微信与企业进行一对一的沟通和交流，让品牌更落地，让服务更细致。

微信公众号的价值随着粉丝的数量和质量、互动性等各方面因素的提高而提高，并且与同等社媒平台相比，公众号的粉丝价值更大。

越来越多的企业开始使用微信营销作为企业营销中的一种重要渠道。通过微信营销，企业可以获得高质量的用户，与用户进行互动，可以建立牢固的关系，并获得长期的价值回报。

7.1.2 微信营销的主要步骤

微信营销的步骤可以等同于营销的规划步骤，但同时也要遵循企业整体营销战略的规划。微信营销是整体营销战略的一部分，也可以单独作为企业的营销战略布局使用，是一种较为灵活的营销方式。

微信营销的主要步骤如下：

第一步，明确营销目的。这要符合整体营销战略的内容，也可以根据企业的目标来制定微信营销的目的。

第二步，制定营销策略。微信营销也是网络营销的一种，在微信营销中，可以组合使用多种营销方式来实现目的。比如，可以将活动营销与口碑营销结合使用，实现销量的提升；或者结合使用 O2O 营销和互动营销，实现品牌的提升和渠道的拓展。

第三步，分析营销结果，调整策略方向。在执行过程中，要实时监控营销的效果，并通过数据分析、市场环境的变化等，实时调整微信营销的策略方向，以实现最终的目的。

7.1.3 微信营销的主要策略

微信营销，核心点是创造用户价值，并构建牢固的用户关系，获得价值回报。

创造用户价值，就是通过企业的一系列经营活动帮助用户解决问题，获得用户的认可，继而与用户建立牢固的关系，获得更高的价值回报。这是一个完整的营销过程，也融入到每个营销步骤和计划当中。以此为指导思想，帮助运营者来实现企业的目标。

在微信营销的三个步骤中，前两个步骤就是创造用户价值的过程。明确目的是基础，制定营销策略是帮助运营者了解用户、制定合适的方案、创造用户价值的重要步骤。

制定营销策略，需要进行如下分析：

1. 市场环境分析

进行市场环境分析的主要目的是了解产品的潜在市场和销售量，以及竞争对手的产品信息。只有掌握了市场需求，才能做到有的放矢，减少失误，从而将风险降到最低。以凉茶为例，凉茶一直以来为南方人所热衷，这其中有气候、饮食上的差异，因此应该将主要的营销力量集中在南方城市。如果定位错误，将力量转移到北方，无论投入多大的人力、财力，都不会取得好的营销效果。

2. 消费心理分析

只有掌握了消费者因为什么原因、什么目的去购买产品，才能制定出有针对性的营销创意。营销大多是以消费者为导向的，根据消费者的需求来制定产品策略，但仅仅如此是不够的，还需要对消费能力、消费环境进行分析，这样才能使整个营销活动获得成功。脑白金能够畅销数十年，从它不间断的广告和广告语中就能看出端倪：过节不收礼。正是利用了国人在过节时爱送礼的特点；而作为保健品，两个活泼老人的形象，在无形中驱使晚辈在过节时选择脑白金。但是如果换成两个年轻人在说广告语，影响力就会下降很多。

3. 产品优势分析

这里的产品优势分析包括本品分析和竞品分析。只有做到知己知彼，才能战无不胜。在营销活动中，本品难免会被拿来与其他产品进行对比，如果无法了解本品和竞品各自的优势与劣势，就无法打动消费者。在某次营销类课程中就发生过这样的情况，在实作模拟中，两位学员进行销售情境模拟，其中一位扮演销售人员的学员在整个过程中对本品和竞品都缺乏足够的了解，导致另一位学员只能通过直观的感觉来判断产品特性，最终导致整个销售过程以失败告终。营销的目的也是如此，通过营销手段，让消费者了解到本品的优势，进而产生购买欲望是营销活动中重要的环节。

4. 营销方式和平台的选择

营销方式和平台的选择既要考虑企业自身情况和战略，同时还要兼顾消费者的喜好。

以上分析是基础，通过分析的内容和得出来的结果，结合以下步骤，即可得出营销策略方案。

第一步，确定目标人群。

在这一步，要对用户分类。按大众分类法可以分为男人女人、老人孩子；按社会职能可以分为蓝领、白领、黑领等。中国十三亿人，做营销策略切忌说："我要把产品卖给所有人！"一定要定位好自己的用户群体。

定位用户群体是为了能够找到这一类用户群体的需求点，通过对用户群体的分类，结合所在行业或者所提供的产品或服务，分析目标用户群体的需求，并对这些需求进行分类——产品是满足顾客衣食住行这些显性需求，还是保健类潜在需求，抑或是车子、房子这些趋势性、未来性需求。

用户经常聚集在哪里，平时都经常用什么样的平台与其他人沟通。如果把广告投放到目标用户不去的地方，等于是竹篮打水一场空。

第二步，定位产品卖点。

卖点必须是独特的。假如有人推销一款化妆品，说可以"包治百病"，那是一定不会有人敢买的。同理，制定策略也要考虑用户消费产品或服务时会怎么想，就是从用户的角度出发，分析用户的思维模式。

用户消费的思维方式包括：

- 能否解决我的问题；
- 能否带来好处；
- 能否创造价值。

这些问题也是有主次之分的。当一款产品解决问题、带来好处、创造价值碰在一起时，用户首先会想什么？肯定是解决问题。比如病人头痛去看病，大夫肯定不会说：给你开个保健品，连续吃半年后就能从根本上解决你的头痛。用户需要的是解决现有的问题，而不是未来的问题。

第三步，确定微信营销目的和目标。

通过微信营销，想要达成什么样的目的。尤其是结合企业自身的情况，在此次营销活动中，想要实现品牌扩散，还是提升用户数量，抑或是提升用户二次购买率。

在做策划时，确定好目的并设立目标，才能在接下来的步骤中选择更加合适的方式方法去实现这个目标。

第四步，选择微信营销方法。

根据以上的分析结果，选择最合适的微信营销方法。不同的目的、不同的用户群、不同的产品定位都可以有不同的营销方法，可以是一种，也可以是多种方法进行组合。

比如，想要在某一阶段爆发式地增长粉丝，则可以使用活动营销、朋友圈广告、红包营销等方式；如果想要提升用户的转化率，则可以使用口碑营销、互动营销、面对面营销等方式。

所以，在实际的操作过程中，根据不同的分析结果，可以选择不同的营销方式进行组合。

第五步，核算投入产出。

在策略中，必须要核算整个营销活动的投入，预估此次营销活动的产出，尽量避免无意义的投入。

- 投入包括：人员投入、费用投入、物料投入、渠道投入等。
- 产出包括：销售额、销售利润、用户数、覆盖人群等。

第六步，总结分析。

在整个营销活动中，随时收集数据内容，定期或不定期做数据分析，总结这一阶段的得失，指导下一阶段的营销方向。

7.2 微信营销的主要方法

策略指导企业前进的方向和目标，方法帮助企业实现目标。每种营销方法既可以是独立的，也可以组合使用。

7.2.1 活动营销

活动营销是企业通过重大的社会活动或整合有效资源策划活动，迅速提升企业级品牌知名度、美誉度和影响力，进而促进产品销售的一种营销方式。简单地说，活动营销是围绕活动展开的，以活动为载体，使企业获得品牌的提升或销量的增长。

基于微信的活动营销是微信营销活动中常用的一种手段，是获取粉丝、活跃用户、提升品牌的一种重要方式。

【案例思考】 澳贝婴幼儿玩具——小鸡砸金蛋

澳贝玩具是广东奥飞动漫文化股份有限公司旗下的婴幼儿品牌，主打 0~3 岁婴幼儿玩具。澳贝婴幼儿玩具系列拥有"奥迪双钻"这一母品牌作为"专业和优质"的坚强后盾，但作为一个新品牌，缺乏知名度和影响力，在品牌推广上面依然存在较大阻力。

因此，借助社会化媒体及移动互联网的力量是澳贝在营销推广中的重要渠道之一。通过微信结合澳贝的定位，澳贝策划出如下微信活动，如图 7-1 所示。

图 7-1　砸金蛋活动

这款界面有趣、互动简单的"砸金蛋"游戏，直接把产品软性植入其中，赢得更多的曝光点。

用户进入活动页面后，点击金蛋抽奖，一旦中奖就可以领取现金券，继而跳转至微店购买使用。而未中奖用户，按照指引分享到朋友圈或分享给好友，还可以再获得一次抽奖机会。

通过趣味性的游戏互动，以产品为利益驱动，使用户在有了乐趣体验的同时，还能获得奖品利益。而对于企业来说，既达到了品牌宣传的目的，又达到了粉丝引流的效果。这对于一个全新上线的企业微信号来说，未尝不是一种可以借鉴的有效方式。

7.2.2 口碑营销

口碑是通过人与人之间的口口相传,将企业的品牌、产品、服务等内容传播出去,在目标用户群体中自发形成传播的一种营销模式。在企业品牌营销过程中,产品是基石,营销是手段,口碑是目的。

口碑营销主要适用于:

- 塑造企业品牌,打造企业影响力;
- 新品上市,形成舆论导向;
- 破解公关危机;
- 提高转化率。

口碑营销的主要方法是:

(1)明确目的。根据定位,明确要进行口碑营销的目的。例如,想通过口碑营销塑造品牌;或是提升产品销量;或是避免公关危机等。另外,还要明确想要传播的对象,也就是目标用户是谁。

(2)根据定位做传播因子策划。传播因子可以是文案、图片、视频、活动等富媒体内容。在策划过程中,充分考虑目标用户的特点、痛点或兴奋点,将传播因子与目标用户相结合,做出有利于口碑传播的内容。

(3)选择平台。不同的传播因子,使用的传播渠道不同。例如文字、图片等适合在朋友圈传播,视频适合在微博、视频网站上传播等。同样结合目标用户的活跃平台,选择合适的平台发布相应的内容。

(4)舆论引导。在传播过程中,要产生正面的口碑,有两个方面要做:一是初期引导,在传播初期,需要由一部分核心人群去发现并扩散这部分信息;二是舆论引导,在传播过程中,品牌要及时监控舆情,引导用户正面传播。

(5)数据统计。将传播过程中产生的数据,例如传播平台、覆盖人群、阅读数、转发数、评论数等记录下来,对于一些正面的内容要及时做截图,以留待配合其他营销活动使用。

✎ **【案例思考】 星巴克"自然醒"**

一直以来，星巴克都致力于提供最优质的咖啡和服务，营造独特的星巴克体验，将遍布全球各地的星巴克门店打造成家和办公室之外，最为宜居的生活空间。在星巴克看来，微信代表着一种生活方式，不但为人们提供了丰富的聊天模式，更拉近了人和人之间的距离。星巴克企业发展战略向来注重数字媒体与社交媒体，走在科技与时尚的前沿，身体力行，打造新鲜时尚空间。

星巴克曾经在其微信中推出"自然醒"活动：在微信中加"星巴克中国"为好友，只需发送一个表情符号，星巴克将即时回复你的心情，即刻享有星巴克《自然醒》音乐专辑，获得专为您心情调配的曲目，感受自然醒的超能力，和星巴克一同点燃生活的热情和灵感。这种创新式的互动推广获得了消费者的喜爱，活动宣传页如图 7-2 所示。

图 7-2 星巴克自然醒活动宣传页

星巴克的互动使得大量用户在朋友圈、微博中分享自己的体验，这让看到分享的用户第一时间感受到其他人对星巴克的评价。受此影响，开始体验星巴克的咖啡和服务。

当有人在自己的圈子中传播星巴克的活动时，周边人受到他的影响，会对星巴克产生印象，甚至是直接消费星巴克的产品，这就在营销过程中形成口碑传播。

7.2.3 撒网式营销

在互联网及移动互联网的平台上，进行全平台式的传播与展示，通过全面的展示，抓住其中用户及潜在的用户，将此部分用户转化为成交用户。即在营销过程中把网做大，把线做长，不管结果怎么样，先把大网撒出去。

撒网式营销主要适用于：

- 新品上市，全面覆盖；
- 提升品牌；
- 寻找核心用户群；

撒网式营销的主要方法是：

（1）制作传播因子。确定想要传播的内容，可根据平台的不同，选择不同的展现形式。

（2）全平台撒网。借助互联网、移动互联网、地推、门店等将传播因子扩散出去。

（3）数据分析。收集传播过程中的数据，每个平台都要进行收集，并对收集上来的数据进行整理、分析，找到获得用户来源最多的渠道。

（4）调整改进。通过对数据的分析，调整接下来的投放策略，改为重点跟进最优渠道，减少或放弃较差渠道。

【案例思考】 尤志雄——爱衣微[1]

尤志雄的"爱衣微"洗衣连锁洗衣间（以下简称"微洗衣"），分为上东店、陈村店两个分店。洗衣间里井然有序，清洁剂一字整齐排开，客户的衣物分类挂好，阳台上正晾着客户的沙发套，而长方形大桌子上摆放着的是已经打包好的客户的衣物。在打包好衣物的塑料袋上，印刷着店名、微博、微信预约免费上门服务的字样以及二维码。

微信预约上门取送，银联、支付宝、上门刷卡付款……对于微洗衣的运行模式，尤志雄自称为"微信奇葩营销"，即打造移动互联洗衣时代。在他的微洗衣店里，市内的客户可享受微博、微信、QQ 预约，满 59 元免费上门取送衣物。人们不用出门，不用跑干洗店、擦鞋店，不用找车位停车，只需支付宝付款即可，既省时又省力。"洗衣洗出了淘宝网购的

---

1 案例内容摘自南宁新闻网 http://www.nnrb.com.cn/html/2013-05/13/content_13347.htm。

感觉"，不少客户都有这样的体会。

通过微信，尤志雄得到了第一批用户。随后，尤志雄对微洗衣开展了团购活动。团购活动放在网上时间不到一个月，微洗衣就拥有了 124 份订单。

独门秘籍、不断改进服务质量，尤志雄追求的不止这些，他还要走规范化企业线路，为客户打造贴心服务。自带鞋套，穿工作服、戴帽子，打包整齐，这些看似微不足道的细节，在尤志雄看来，都是必不可少的。只有正规的服务，才能打消客户诸多的疑虑。尤志雄说："即使在南宁洗衣市场，价格也属于中高档层次。但是微洗衣在服务、质量相对好的情况下，稍微提高一下价格，客户还是愿意出这份钱的。"这种做法，极大地提升了微洗衣的知名度，让更多的人从不同的渠道了解到微洗衣，并慕名前往。如今微洗衣已经发展成为一家综合性的服务公司，公司业务也有了很大的改变。

微信营销绝非局限于微信这一个工具，凡是和营销有关的任何营销工具，都可以拿来为微信营销服务。

7.2.4 互动营销

互动营销是企业与用户通过多种方式进行沟通交流，相互之间形成连接的一种营销方式。在互动营销中，互动双方一方是消费者，一方是企业，他们直接通过互动交流，实现信息传递和产品销售目的。

互动营销主要适用于：

- 定位精准用户；
- 完备用户数据库；
- 促进二次购买；
- 建立客户忠诚度。

互动营销的主要方法是：

（1）目的。首先要明确的就是互动的目的是什么。确定目的后，有针对性地去策划互动的环节和表现形式。

（2）互动环节。想要怎样让用户参与到互动中来，尤其是互动的形式是否契合企业的品牌、产品的含义，是否可以让用户从中感受到品牌文化和产品特点，并且让大家喜欢参与。

（3）承载平台。通过什么样的形式来承载这次互动效果，通常在微信上是通过 H5 页面来实现各种互动效果的。

（4）数据收集。根据活动的目的，收集相关的数据并进行整理、分析，得出互动的结果，并指导接下来的工作。

【案例思考】　Burberry——从伦敦到上海的旅程

Burberry（博柏利）拥有 156 年的历史，是具有浓厚英伦风情的著名品牌，长久以来成为奢华、高品质、创新以及永恒经典的代名词。

Burberry 通过微信平台与用户完成深度沟通与互动，借助微信平台的用户群和传播力，吸引更多的潜在受众关注。微信 H5 页面如图 7-3 所示。

图 7-3　从伦敦到上海 H5 页面

要进入这个浑身上下散发着浓浓文艺气息的 H5 页面：

（1）得先"摇一摇"；

（2）点击屏幕进入油画般的伦敦清晨；

（3）摩擦屏幕使晨雾散去；

（4）点击"河面"，河水泛起涟漪；

（5）最后点击屏幕上的白点，达到终点站上海。

奢侈品在巨大的中国市场，拥有更多的年轻群体。因此微信平台正在成为越来越多的高端奢侈品牌拉近与用户之间的距离的形式，通过增加互动和交流的机会，扩大其品牌影响力，并得到消费者的认可，达成宣传推广的目的。

7.2.5 O2O 营销

O2O 营销模式又称离线商务模式，是一种线上线下相融合、相促进的营销方式。O2O 通过打折、提供信息、服务预订等方式，把线下商店的消息推送给互联网用户，从而将他们转化为自己的线下客户；也会通过线下店铺的展示、二维码扫描等，把线下客户转化成线上客户，与客户保持长期稳定的关系。

O2O 营销主要适用于：

- 带动线上线下的消费；
- 促进二次消费；
- 获取用户数据库；
- 新品促销；
- 减少支出。

O2O 营销的主要方法是：

（1）分析线上线下模式的结合。在做 O2O 营销之前，分析自身情况是否可以做线上线下相结合。例如数据打通、线上线下如何消费等。

（2）选择平台。选择已有的 O2O 平台，或使用微信公众平台，或自建平台。在运营 O2O 的过程中，微信公众平台是成本最小、运营效果最佳的移动端平台。

（3）模式设计。设计自身的营销模式，确定线上主要目的是为了促销，还是方便支付，抑或是为了扩大展示空间等；同样线下目的是为了配合线上实现消费，还是提供服务，抑或是做体验。

（4）运营。O2O 营销也是运营，在实现 O2O 的过程中，需要配合互动、场景式营销等模式，结合数据分析，提升 O2O 营销效果。

【案例思考】　微信+外婆家，掌上餐饮时代已到来

外婆家餐饮连锁机构成立于 1998 年。从最初的马滕路"外婆家"餐厅发展至今，已成为在全国拥有 80 余家门店及 8000 多名员工的大型餐饮连锁机构。外婆家凭借精准的定位、高性价比的优质菜品和专业贴心的服务占得先机，消费群不断扩大。

随着微信的应用越来越广泛，外婆家信息部部长王伟表示，"当用户排队等位的时候，微信能自动推送订餐信息，然后进行支付，自动下单，顾客排到号时就可拿着入口牌，进去享用美食了，不需要进去之后再点餐。"外婆家正在大力推广的微信点餐及支付场景，如图 7-4 所示。

"很多第三方的支付平台，不能和 POS 结合起来，形成一个好的闭环。"王伟表示，传统商家借助微信平台实现 O2O 落地，不仅可以提升用户的消费体验，还可以为商家带来系统的用户信息管理。"外婆家希望通过微信支付，把中餐做成快餐化，让用户的移动用餐消费更加便捷、优惠。"

图 7-4　外婆家微信点餐

未来这类有针对性的营销将会做得更细分化，让用户体验到更高品质的差异化服务。业内人士认为，O2O 不仅是一种新的营销模式，更重要的是为客户带来了前所未有的消费体验。只有服务差异化，才能吸引更多的消费者到实体店消费。

7.2.6 面对面营销

面对面营销（F2F 营销）的意思是通过与目标群体面对面的沟通，了解客户群的需求，为客户提供个性化的营销服务。

F2F 营销要求通过一对一的沟通，为客户量体裁衣，为每一个客户提供不同的定制化资源和服务。F2F 营销的精髓就是注重客户以及以客户为核心的营销需求。

F2F 营销是通过企业公众账号，用户数据一目了然，而且手机端的特性决定了信息能随时随地到达用户手中，可以准确了解企业的用户，也可以直接与用户进行沟通，甚至进行交易。

F2F 营销主要适用于：

（1）直接进行企业产品销售

微信 F2F 营销可以直接帮助企业跳过中间商的链条，直接进行销售，第一时间收回企业的生产成本，实现企业效益。

（2）直接与消费者进行沟通

微信 F2F 营销可以帮助企业跳过第三方机构，直接进行沟通，收集第一时间的用户反馈和意见，或者是对用户的言论等进行舆论监测。

（3）直接开展营销与品牌宣传

微信 F2F 营销可以跳过媒体渠道，直接进行宣传。品牌推广的企业对终端有直接的控制权和传播权，也在整体的推广中处于优势主导地位，抛弃掉了中间服务商或渠道推广商的控制，直接将自己的产品和企业品牌形象第一时间展现给终端客户。

F2F 营销的主要方法是：

（1）沟通。此模式类似于互动营销，但是相对于互动营销更加深入。在沟通的同时，收集用户数据，分析用户价值，做用户数据库。

（2）分级。对用户进行分级，类似于会员制度。每一个等级对应的服务和企业的重视程度不同，等级越高，企业的重视程度越高，而此用户可以为企业带来的价值就越大。

（3）服务。为优质客户提供更加完善的服务。抓住重点客户，提供个性化对话和服务，让客户成为粉丝。

✏️　【案例思考】　江小白 F2F 营销

江小白是一家位于重庆市的白酒企业。江小白崛起于白酒行业的冬天，在当时白酒行业整体低迷的情况下，江小白异军突起，定位年轻一代的酒。江小白几乎不在主流媒体做广告，除了地铁广告，其他全是通过免费的社交媒体来塑造品牌的。江小白的微博、微信始终都用创新能力改造企业的文化输出方式和能力，这也是在新媒体时代始终不被超越的关键所在。

从创立伊始的江小白卡通形象，如图 7-5 所示，到最后通过漫画、语录、约酒、新媒体宣传等一系列运作不断扩大品牌自身与年轻人情感的交集，再到此时的微信游戏开发，这正是创新型互联网企业，以目标客户的需求为导向的成熟之举。与此同时，江小白的游戏开发也是对传统品牌营销思维与模式的破局，这不仅是江小白娱乐营销的重要尝试，同时也开创了小酒品牌涉足全新领域的先河。

图 7-5　江小白

江小白公关总监舒波表示，除了微信公共账号，江小白还运营"小白哥"的私人账号。该账号由专人负责维护，并不属于江小白的任何一个员工。"因为有些粉丝会给小白哥说一些自己的隐私，所以这个账号除了负责运营的人，内容是不公开的，包括我也不知道。"舒波说。

江小白改造了传统酒企的营销模式，以最佳的定位、最符合目标人群的社交媒体为基础，与用户面对面，打破了中间商的环节，将品牌与用户连接起来，倾听年轻人的想法，打造核心粉丝，实现了传统品牌在移动互联网时代的弯道超车。

7.2.7 身份互换式营销

每一个人在社会上都有很多身份，在父母面前，我们是子女；在孩子面前，我们是父母；在老师面前，我们是学生；在学生面前，我们就是老师。

他们是微信公众号的阅读者，也有可能成为内容的传播者。圈子不同身份自然也不一样，而微信本来就是一个具有多个圈子的平台，在微信平台里面，我们需要根据自己不同的身份融入不同的圈子。

在进行微信营销的过程中，我们经常会用到身份互换营销的方式，比如文案人员在进行文案创作时，会将自己换成目标用户，分析他们会喜欢什么样的消息；销售人员在进行产品销售时，会将自己换成买家，自己会因为产品的哪些因素而被打动。

身份互换式营销主要适用于：

- 提升品牌影响力；
- 转化成交；
- 转化用户成为粉丝；

身份互换式营销的主要方法是：

（1）以用户的角度来体验产品、服务，将这种感觉记录下来。

（2）在营销活动中，以用户的角度发声，引起用户共鸣；或者将用户带入某一种身份当中，让用户自然而然地产生共鸣，形成分享。

【案例思考】 天创时尚——亲们，爱吧！

作为国内时尚女鞋品牌营运商，天创时尚是首家尝试通过新媒体，运用轻 APP 进行公益慈善捐助的企业。以"说爱"的方式，呼唤更多的社会善心人士共同关注社会女性发展群体。

在"亲们，爱吧！"的企业传播主题下，天创时尚打造首个专属轻 APP，借势移动端应用浪潮，击中消费者的社交分享习惯，通过移动端互动体验、新颖的语音分享功能，引发参与热潮。"亲们，爱吧！"轻 APP，倡导关爱女性，为爱发声，为慈善勇敢说爱。嵌入企业微信服务号的便捷应用，如图 7-6 所示，统一主题下的系列互动游戏，极具意义的情感营销，让消费者更愿意参与互动并进行分享，形成传播圈层。

图 7-6　亲们，爱吧！

让消费者成为慈善家，让消费者为爱发声，同时借助明星的力量，将消费者的情感代入，通过微信及轻 APP 的配合，把品牌价值传播开来。

7.2.8　朋友圈营销

朋友圈营销是指通过微信朋友圈所进行的一系列营销活动，包括在朋友圈发表文字、图片和视频，通过其他软件将文章或音乐分享到朋友圈，以及通过朋友圈发送产品图片、消息等来进行产品销售等。

朋友圈营销主要适用于：

- 定位精准用户群体，获得最佳的用户群；
- 转化用户消费，基于圈子的影响，可以提升转化率。

朋友圈营销的主要方法是：

（1）设计传播内容。朋友圈通常适合于文字、图片、小视频等内容传播。朋友圈是熟人关系的互动平台，因此设计的内容要适合在朋友圈传播，比如可以是一段文字，可以是图文结合，可以是一个小视频。但是内容要能够吸引人关注，比如做一个朋友圈的活动，或者发起一个话题等。

（2）确定传播频率。传播内容可以做多个，但需要在朋友圈中确定发布的频率是只发布一次，还是要多次发布，以及多长时间发布一次信息。

（3）发布时间。选择圈子中朋友最活跃的时间发布，这需要平时的测试和观察。

（4）互动。发布之后，要及时与圈子中的朋友互动，如有必要，可以把互动内容再次截图，分享到圈子中，扩大影响。

【案例思考】　如何在十个小时赚十万块钱现场演示给你看[2]

咸叔朋友圈某年年终的最后一条信息，留言参与人群爆棚，如图7-7所示。网友拥堵一度无法打开朋友圈信息，赞助商主动提供高额奖品，这一切是如何发生的？

图7-7　朋友圈里互动

（1）先在朋友圈发布活动主题信息，围绕它，用微信群、微信群发引导在这个信息源留言，建立一个信息聚合源。鼓励留言，这是关键与核心。

2　案例摘自"咸叔"公众号。

（2）在这个信息源中滚动式互动，带动网友的参与热潮。这是由朋友圈信息提醒规则决定的，朋友会收到互相提醒，人越多，这个话题被重复提醒阅读与跟进的机会就越多，形成壮观度与热度。

（3）建立的话题要有吸引力。这是能否形成话题关注的重要指标。咸叔一个话题是"如何在十个小时赚十万块钱现场演示给你看"，一个话题是"年终的微信朋友圈微访谈我的2013"，均有话题性与热点效应。

（4）满足网友推广需求，把信息源变成平台，网友在朋友圈信息源留言，信息是不对称的，不是好友互相看不到，不对称后就有需求即服务机会。于是咸叔逐一重复跟帖发布，满足了网友的推广需求建立价值点，参与人越多，彼此获得人脉共享的机会就越多，具有优势效应。激发网友参与的动因，并不断推波助澜鼓励网友分享实时事件，吸引更多的人汇入这个平台，形成共赢信息能量场。

（5）基于聚合起来的优质人脉与巨大影响力，让赞助商产生主动赞助意愿。在传播受众中也可诞生赞助商，因为强大的聚焦与聚合能力，以及亲身参与，被触动的受众会主动提出赞助要求。从某种意义上说，奖品会让活动更有氛围，有一些敏锐的商家或机构，在感受到活动热度后，主动要求赞助，奖品自然就产生了。这种自发性参与的行为，才是广告传播的本质！

7.2.9 朋友圈广告营销

广告展现在朋友圈的信息流中，以文字+图片的形式出现，右上角带有"推广"字样。广告朋友圈和一般朋友圈类似，会随着时间线而被新的朋友圈往后推进，并没有固定位置。

广告具有追踪效果，如果某用户点击或点赞、评论某广告了，则该广告会自动抓取该用户的通讯录，并展现在通讯录好友的朋友圈中，因此朋友圈广告是较为精准的广告投放方式。

朋友圈广告营销主要适用于：

- 提升品牌；
- 新品上市。

朋友圈广告营销的主要方法是：

（1）申请广告主通过，即可申请朋友圈广告。

（2）基于推广诉求，广告主可自行按照规范进行方案创意。方案包含：广告投放计划、外层方案（外层图片+外层文案）、详情页内容、分享文案四项内容。完成方案设计后，按照《朋友圈广告合作文档》填写，邮件至 wxad@tencent.com 提交审核。

（3）审核通过后，即可进入方案制作阶段，在此阶段可根据情况制作公众号图文消息或自定义 H5 页面，完成后提交验收。

（4）验收完成，广告上线根据自身情况确定上线时间，开始投放。

（5）广告主投放完广告后，在 3 个工作日后会收到一份广告结案报告。结案报告会就投放的广告给出数据，并提供每天广告的执行情况，让广告主对广告投放的效果有所了解，并可以针对数据做出分析，调整广告投放的策略。

【案例思考】　vivo：向音乐致敬

微信朋友圈商业化模式正式启动时，vivo 凭借"向音乐致敬"主题拿下了朋友圈第一个广告，广告以信息流形式呈现，当用户刷新朋友圈时，广告的创意信息会像一条普通消息一样出现在朋友圈中，如图 7-8 所示。

图 7-8　vivo 朋友圈广告

以音乐为主线，祭出经典音乐元素，从贝多芬到迈克尔·杰克逊，从微信、微博蔓延到网站，引发音乐发烧友们向音乐致敬，堪称借势朋友圈首次商业化的行业大事件，其品牌传播和创意自传播效果惊人。

文案可圈可点，故事性强："乐享极致，向音乐致敬。与你一起，认真对待每一段音乐。"主题性强的广告语配上贝多芬、金色大厅、留声机、调音台、摇滚、vivo 六幅创意画面，对应天赋、梦想、经典、坚持、自由、极致六大主题，凸显出品牌格调与追求，给用户留下了深刻的印象。

7.2.10 广告主营销

公众号运营者通过广告主功能可向不同性别、年龄、地区的微信用户精准推广自己的服务，获得潜在用户。

广告主营销主要适用于：

- 提升品牌；
- 新品上市。

广告主营销的主要方法是：

（1）微信认证通过，可申请广告主。

（2）开通广告主后，制作广告，并提交审核。

（3）审核通过，即可开始投放。

使用广告主营销需要掌握的技巧：

（1）如何提高广告点击率？

- 细分用户：例如，针对不同的人群投放最适合的广告类型，找到最合适的潜在用户。
- 优化广告位文案：通过挖掘用户需求点，合理优化广告位文案创意，采用更吸引人的文案描述，可提高点击率。
- 改变定向设置：尝试不同的定向组合，找到适合的定向投放方式，帮助提升有效点击率。

（2）如何提高广告曝光量？

由于相同定向的广告会相互竞争流量，不同广告的竞争力不一样，新创建广告无曝光量或曝光量不高属于正常现象。可以通过以下 6 种方式提高广告的曝光量：

- 增加广告投放数。适当增加广告投放数量，可获得更多的曝光。
- 设置合理的投放时段。在广告设置时，合理控制投放时段，可提升曝光量。
- 放开定向条件。适当放开定向设置，扩大广告受众范围，可提高曝光量。
- 提升广告出价。出价也是影响曝光的一个重要因素，适当提高出价会促使曝光的增长。
- 提高广告限额。曝光的分配会受到广告限额的影响，提高广告限额可获得更大的曝光量。
- 提升广告点击率。只有点击率达到了广告系统内点击率均值以上，才可能获得大量的曝光。

（3）广告效果如何监控，应该重点关注哪些指标？

广告投放后，可以进入【广告主】→【报表统计】页面，选择对应的广告和投放时间，查看曝光量、点击量、点击率、关注量、点击均价、总花费等关键指标。及时关注广告点击率，并及时调整出价，可获得最佳的广告效果。

- 曝光量：广告文字链被用户看到的次数。曝光量主要受点击率和广告出价影响。
- 点击量：广告文字链被用户点击的次数。

点击率：广告点击率=广告的有效点击量/广告的曝光量*100%。点击率主要受广告文字链文案和广告定向设置影响。如果广告点击率下降，则可以优化文字链文案或选择不同的定向条件来提升点击率。

- 关注量：广告带来的公众号关注量。
- 点击均价：广告平均获得单个点击的花费。

（4）为何复制优质广告投放的效果会变差？

对用户来说，对重复广告的兴趣度较低。因此，我们鼓励广告主更新广告位文案，不建议复制相同的文案和推广页进行投放。

【学术知识】

在微信广告主中，投放的广告展现在流量主的图文页面最底部，如图 7-9 所示。

图 7-9　广告主营销[3]

7.2.11　微信群营销

微信群营销是指企业通过微信群与用户进行交流互动、管理、销售的过程。微信群营销属于社群营销的一种。

微信群营销主要适用于：

- 提升转化率；
- 线下引流；
- 售前、售后服务。

微信群营销的主要方法是：

（1）创建。创建一个微信群。

（2）分享。在微信群中，多分享有价值的内容，讨论一些话题维护活跃度。

（3）好友。群中每个人都可以成为好友，当个人活跃度高时，加好友的通过率会比较高。

（4）解决问题。在群中帮助其他人解决问题，建立信任关系。

3　图片摘自微信官网 http://kf.qq.com/faq/120911VrYVrA14070736BVjA.html。

（5）红包。在群中发红包，然后请其他人协助帮忙传播。

（6）互动。与微信群中的好友进行有效的互动，可以是聊话题，也可以是做活动，让群成员活跃起来。

✏️ **【案例思考】　鼎好家常菜——餐饮群营销**

如图 7-10 所示，这是"鼎好家常菜"的其中一个微信群。

图 7-10　鼎好家常菜微信群活动

在活动开始前，先要进行预热，在群内公布活动：一场资深吃货之间的智商抢答。

这个活动是为了配合新品上市而举办的，奖品：30 元新品代金券！在活动的 10 道题中，有结合济南当地特色的，也有考验粉丝对电影的熟知程度的……

说实话，30 元代金券其实并不多，如果放到店内免费赠送说不定顾客还看不到眼里，但是转变一个玩法，既巧妙地活跃了群内的气氛，又为新品做了宣传，一举两得！

7.2.12　功能分享营销

微信功能分享营销是指利用微信的一些功能软件进行营销，如微信朋友圈的转发功能等。在微信上，我们可以轻松地进行社保查询、住房业务、购买汽车票/火车票/电影票，以及享受在微信中预定吃、喝、玩、乐、旅游、购物等方面的服务。对于这一系列的微信功能，商家只要认真去了解和研究，就不难找到适合自己的功能分享营销模式。

从目前微信功能分享开发情况来看，主要涉及民生和城市服务方面，其中与我们生活密切相关的一系列服务，都已经在微信上开通了相应的功能。

功能分享营销主要适用于：

- 促进消费；
- 获取用户数据。

功能分享营销的主要方法是：

（1）开通功能。首先要开通功能模块，可以是微信公众平台自身的模块，也可以是第三方开发的模块。

（2）在模块中融入品牌、产品信息。除了模块中蕴涵的基本信息外，还要融入品牌或产品的宣传信息，甚至可以加入其他活动的推广信息。

（3）促进分享。在功能模块设计中，核心是要促进用户分享，分享给朋友或分享到朋友圈中。

（4）评论反馈。可以设置评论及反馈，收集用户信息，进行二次传播。

【案例思考】　滴滴桔色星期一

滴滴推出桔色星期一，0 元拼快车服务，让用户产生自主分享的欲望。

如图 7-11 所示，在滴滴的公众账号中，点击【桔色星期一 0 元拼快车】图文，进入之后会直接通过功能调取当前的时间，并自主生成多位明星与用户进行对话的界面，在这种模拟界面中，包含了"明星"发送的信息及滴滴的活动信息。这样的方式极大地促进了用户的分享欲望。通过这种功能实现用户的自主分享，让滴滴的活动及品牌得到大量的曝光。

同时，这种形式避免了产生诱导分享的内容，完全是用户自主的行为。而且这样的功能既抓住了用户的心理，同时又具有趣味性，在能够增大传播量的同时，也吸引了更多用户的关注。

图 7-11　滴滴功能分享

7.2.13　二维码营销

利用二维码进行营销，是微信营销的另一种重要方式，相信大家对二维码都有一定的了解。不难发现，随着智能手机的流行，二维码已经成为国内各大企业进行营销的重要工具。无论是在广告板、宣传单、产品、户外媒体、电视媒体还是数字媒体等载体上，我们都能看到二维码。

二维码营销主要适用于：

- 获取用户；
- 改变消费渠道。

二维码营销的主要方法是：

（1）制作二维码。下载微信公众平台二维码，然后进行变形制作，配合营销活动，做成有特点的二维码。

（2）全面撒网。二维码要全面撒下去，只要是能体现二维码的地方，都出现二维码。

（3）活动配合。在活动中，二维码要配合出现，尤其是某些活动要求必须扫码才可参与。

✎ **【案例思考】 美诺币创意二维码**

在一次广州网货交易会上，美诺彩妆带来一场精彩刺激的"抢钱"活动。为了抓住分销商心理诉求，美诺彩妆奇思妙想——现场发钱。不过，发的不是人民币，而是独创的美诺财富币，如图 7-12 所示。美诺财富币将美诺元素和创意二维码融入其中，持有美诺财富币不仅可以享受分销支持优惠，用手机扫描、收藏美诺二维码，即可获取百元美诺彩妆淘宝天猫商城的兑换券，还可以在广交会现场登录美诺天猫商城，了解美诺彩妆品牌、产品等详细信息，方便、快捷。

图 7-12 美诺财富币

7.2.14 卡券营销

卡券营销是指微信运营者通过微信平台或第三方平台设置各种电子卡券（如现金券、优惠券），再通过多种渠道投放给用户，用户领取之后，在使用时可以用卡券获得设定好的优惠。

卡券营销主要适用于：

- 提升消费及二次消费；
- 配合 O2O 模式布局。

卡券营销的主要方法是：

（1）创建卡券。通过公众号后台【卡券功能】插件，根据商家的需求创建电子卡券，并提交平台审核。

（2）投放卡券。当卡券审核通过后，可以在各大平台进行投放，以便用户领取。

（3）核销卡券。商家后端服务平台，对用户在消费过程中使用的卡券信息进行核对和消费处理。

（4）管理卡券。对卡券相关情况进行管理，包括开发、制作、发放、核销、查询、删除、修改等内容。

【案例分析】

中央电视台和很多地方电视台开始在春节联欢晚会接入微信摇一摇，极大地增加了微信消费群体的数量。同时，在春节期间，各大商家也利用微信摇一摇等功能发放优惠券，如图 7-13 所示。通过发放优惠券，既能获得更多的新用户，也能促进老用户的重复消费。

随着微信卡券的普及，越来越多的企业开始介入微信使用卡卷功能。而用户通过卡券不仅仅可以优惠打折，还可以与朋友分享，微信卡券切实地将用户与品牌连接起来。

图 7-13　通过微信发放优惠券

7.2.15　支付营销

通过移动支付的方式，给予用户优惠，获取用户数据，提升用户到店量。互联网变革了许多购物属性，如移动支付，它已不仅仅是现金或信用卡购物的替代品，甚至已经升级为大数据渠道。也就是说，今天的移动支付，其实就是一个企业低成本获取客户的渠道、市场营销的平台、大数据分析的宝库。

支付营销主要适用于：

- 获得用户数据库；
- 提升服务质量和品牌。

支付营销的主要方法是：

（1）申请微信支付。

（2）配合线下店面，提供微信支付结算方式。

【案例思考】　海底捞的微信支付[4]

海底捞和微信支付开启合作，吃火锅可以用微信结账。

结账时，服务员拿来的不是小票，而是 iPad，点击结账后就会弹出消费账单，本来的流程接下来就是点击店内结账确认账单，然后消费者掏钱或者掏卡买单走人，现在多了个手机网上支付，即微信支付。

点击手机网上支付后，就出现了微信支付的二维码。

拿出手机打开微信扫一扫二维码，然后在手机里输入微信支付密码，就能完成付款了，同时海底捞的收银系统会马上接收到付款信息显示付款成功，如图 7-14 所示。

对于商家来说，O2O 模式不管线上到线下，还是线下到线上要形成真正的闭环，就必须解决支付环节，让用户能够在线上完成所有的事情，包括支付。而微信支付等第三方移动支付的普及，将彻底解决最后一公里的问题，为 O2O 模式画上一个圆满的句号。

4　案例摘自餐饮军师博客 http://blog.sina.com.cn/s/blog_48dbd9310102eu8l.html。

图 7-14　微信支付

7.2.16　红包营销

通过在公众平台和微信群的圈子中发放红包，从而达到消息扩散、产品消费等目的。

红包营销主要适用于：

- 促进消费；
- 信息扩散，提升品牌；
- 产品上市，快速覆盖市场。

红包营销的主要方法是：

（1）通过微信群发放红包。

（2）通过微信公众平台发送红包、摇一摇红包等，配合开业、线下活动等，实现营销目的。

【案例思考】　禾丰牧业微信抢红包

禾丰牧业股份有限公司是国家级农业产业化重点龙头企业。随着互联网的发展，禾丰牧业也开始使用微信作为营销手段。而在这次营销活动中，禾丰牧业充分使用微信的红包功能，将其品牌扩散出去，如图 7-15 所示。

图 7-15　微信红包案例

在禾丰牧业 20 周年庆典的前几天，大大小小的朋友圈都在转发庆典消息。通过这次活动，达到了 6 万人关注。一个企业的庆典，为何能够得到 6 万好友的关注？除了禾丰牧业的知名度外，禾丰牧业推出的 10 万元现金微信红包活动可以说是功不可没。相比 10 万元的成本，接近 6 万人的关注、参与，以及在整个行业内外造成的影响，可以说禾丰牧业收获颇丰，是一个成功的微信红包营销典型案例。

微信用户抢到的红包显示"某企业给你发了一个红包"，而通过分享好友拆红包、分享到群和朋友圈等渠道实现传播。另外，微信还要玩摇一摇红包，可以随机抢到企业发的红包。

"抢红包"的爆红，让处于移动互联网时代的更多企业和行业接触和获取客户的方式正在发生巨大变化，策划一次客户喜闻乐见的营销活动，就可能快速接触到大量潜在用户，从而锁定客户，更全面地掌握客户信息。

7.3 客户服务

7.3.1 客户服务的重要性

为什么客服人员很重要？我们来看。表 7-1，列出了流失客户的原因，取自 *Rockefeller Corporation of Pittsburgh* 进行的一项调查，结果刊于美国新闻及世界报道中。

表 7-1 客户流失的原因

原　　因	百　分　比
逝世	1%
迁居	3%
与其他公司建立关系	5%
竞争	9%
对产品不满	14%
公司业务代表对客户态度	68%

从表 7-1 中我们可以看到，"公司业务代表对客户的态度"占据的比例最大。公司的客服人员对客户的留存起着至关重要的作用，因此在整个服务过程中，我们要全面提升客服人员的素质和能力。

基于微信的迅猛发展，微信客服作为一种全新的客户服务方式出现在客服市场上。微信客服依托于微信精湛的技术条件，综合了文字客服、视频客服和语音客服的全部功能，具有无可比拟的优势。

微信客服是微信平台中跟客户互动最多的部门，因此他们能及时掌握客户信息、需求等相关情况，然后将客户相关情况总结反馈给其他各个部门，为其他部门的营销策略调整提供依据。同时，微信客服是客户最直接接触公众号平台的部门，微信客服的服务态度在很大程度上影响了客户对公众号平台的看法。所以，微信客服部门在微信营销过程中占据着非常重要的地位。

目前，很多公众号并没有安排专门的客服人员，而是采用机器人回答来替代微信客服工作。在条件许可的情况下，公众号在运营过程中必须安排专职人员进行客户工作，有必要的话，企业各运营主管都要承担一定量的客服工作。这样做，一方面增强了微信公众号的亲和力；另一方面是让主管直接接触微信客户，了解客户相关情况，为后续微信运营提供帮助。

7.3.2　客户服务的工作内容

客户服务不限平台和方式，需要客服人员通过各种渠道和方式方法为客户提供关于品牌、产品、服务等方面的问题解答及关系维护，如图 7-16 所示。

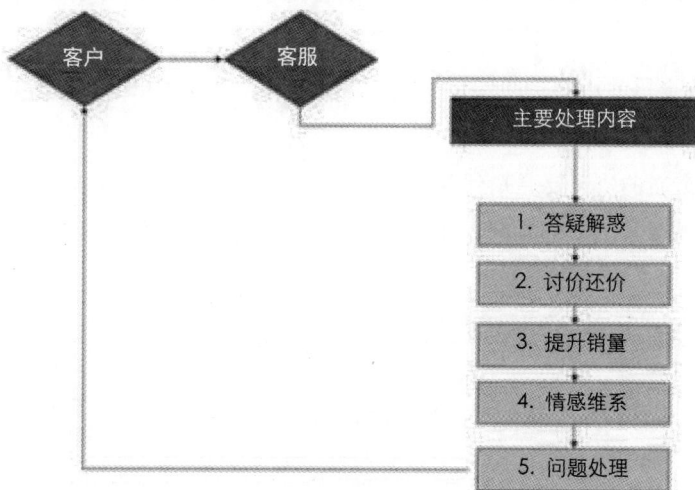

图 7-16　客服的主要工作

在微信客服工作中，服务工具主要包括：

- 微信公众平台后台；
- 手机端微信；
- 微客服工具；
- QQ 等工具。

就一般公众平台客服人员而言，主要工作内容如下：

（1）每日查看微信公众平台客户留言并回复，对公众平台客户进行管理和维护。

（2）对包含但不限于微信群、QQ 群等直接与客户产生对话的平台进行客户维护，及时发现与品牌、产品、服务相关的话题内容，并给予及时、正面的解答和引导。

（3）配合运营、产品、营销等部门，做好客户意见反馈收集、需求整理、活动咨询、营销推广等相关工作。

（4）快速掌握公司的新政策、新业务，在与客户沟通过程中，积极主动推介公司的新产品，促使客户产生使用公司产品的意愿。

（5）对于资料库内没有的问题或资料，记录问题内容，录入问题或资料。

（6）对客户进行分级整理，重点跟踪高级别客户，重点解决高级别客户问题。

（7）与客户建立良好的关系，深度挖掘客户需求，促进转化和二次消费。

（8）定期通过定性（客户访谈）、定量（调查问卷）等分析方式对客户需求进行挖掘和分析。

（9）对客户平日的短信息问候、祝福、温馨提醒、管理资讯的分享等，至少要保证每周一条。

（10）有关最新的资讯要通知到客户。

（11）逢年过节，以及在客户生日、家人生日、公司成立日等重要日子对客户问候。

7.3.3 客户服务的工作流程

微信客户服务的工作流程大体如图 7-17 所示。

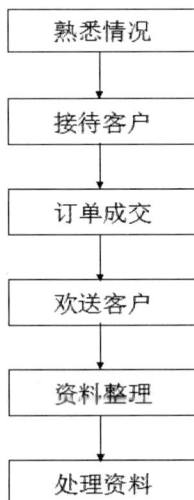

图 7-17　客服工作流程图

（1）熟悉情况。熟悉公司、产品以及公众号的相关情况，并且能熟练使用微信客服软件。

（2）接待客户。针对客户提出的相关问题及时进行答复，跟客户建立良好的关系。

（3）订单成交。确认付款，核对订单信息。

（4）欢送客户。解决好客户的问题，让客户满意离去，并对客户资料及所涉及的问题进行收集。

（5）资料整理。将涉及客户的所有信息和问题进行整理，上交主管。

（6）处理资料。对所收集的资料及时进行处理，如客户回访等，并详细做好备案。

除以上 6 个基本步骤外，还要做好以下两项工作：

（1）每个月进行客户数据清单总结，每次微信活动之后，做好相关数据监测和总结。

（2）对涉及产品销售的，还需要做好售后跟踪服务。

7.3.4　客户服务的基本技能

微信客服人员需要具备的基本技能如下：

- 良好的心理素质及自控能力；
- 富有团队合作精神；
- 良好的倾听与沟通能力；
- 引导与判断能力；
- 计算机基础知识；
- 微信公众平台基本操作能力；
- 能熟练使用手机微信、QQ 等工具；
- 能够很好地辨明公司与客户间的利益关系；
- 语调抑扬顿挫，令人愉悦；
- 学习能力，能不断地学习新的业务知识；
- 说话前后富有逻辑性，能够熟练驾御语言；
- 普通话标准。

除以上基本技能外，客户服务水平的高低直接影响着品牌的口碑。在服务过程中，要注意以下几点：

（1）心态。要想做好客服工作，首先要解决的就是心态问题，心态好，服务自然就好，在服务过程中做到自然、热情、周到、贴心。

（2）专业知识。全面系统地掌握客服相关知识，从服务态度到业务知识，都要进行系统的学习、培训和熟练。

（3）服务态度专业化。在微信客服工作过程中呈现出专业化的服务态度，包括客服话术专业化、客服接待专业化、处理问题专业化、响应顾客专业化、客户分类专业化等多个方面。

（4）处理问题流程化。对客户所涉及的问题进行流程化处理，大致分为客服受理、解决问题、回复顾客、问题反馈四个流程。

（5）工具使用专业化。熟练掌握各种客服工具，以及各种资料、数据整理工具。

7.4　微信小店

微信公众平台的"微信小店"，是基于微信公众平台打造的一套原生电商模式，具备添加商品、商品管理、订单管理、货架管理、维权等多种能力，开发者可使用接口批量添加商品，快速开店。"微信小店"极大地丰富了微信以及微信支付的应用场景，提升了用户体验。

企业商家可以基于自己的微信公众号，通过微信小店来售卖商品。借助微信小店提供的接口能力，企业商家可以更方便地管理后台的商品系统，以自定义菜单、公众号消息下发等多途径、多入口的运营形式来经营和宣传自己的公众号。同时，通过微信小店的后台系统，也能更加方便地联系客户和维护企业与客户的关系，微信小店再次提升了微信"连接一切"的能力。

7.4.1　申请步骤

1. 申请条件

微信小店功能入口，目前仅对微信认证的服务号，并且成功申请微信支付商户的用户开放使用；政府、媒体两大类型的订阅号认证后支持开通微信支付功能，同时支持开通微信小店。

2. 申请步骤

（1）进入微信公众平台【功能】→【添加功能插件】→【微信小店】→【开通】。

（2）填写微信支付的商户号、商户密钥等，然后点击【提交审核】，即可完成申请操作。

7.4.2　店面装修

在完成微信小店申请开通工作之后，接下来需要做的工作就是对微信小店进行装修，具体操作如下：

（1）登录微信服务号，进入服务号后台页面，点击【功能】→【微信小店】，跳转至【微信小店】管理页面，如图 7-18 所示。

图 7-18　微信小店管理页面

（2）在微信小店管理页面中，点击【货架管理】，选择【模板库】选项卡，进入微信小店模板库页面。在该页面中有普通模板、品牌图模板、分组展示模板、混搭模板四种微信小店模板，选择所需要的目标类型，点击使用。

（3）按照跳转出来的微信小店效果图页面，在更改小店店招处，点击该位置中的编辑按钮，上传符合大小要求的图片作为店铺的店招。

（4）以同样的方式在微信小店的活动板块处，点击编辑按钮，上传商品分类目录图片或活动促销广告图。

（5）在微信小店效果图页面的最下方点击【添加】按钮，在弹出的【选择需添加的模块类型】中选择商品楼层。至此，完成了首页商品页的添加。

7.4.3 运营管理

1. 小店运营的主要工作

微信小店运营主要包括以下工作：

- 调整店铺装修，符合当下产品、节日等主题。
- 调整运费模板，根据地区、产品、快递、活动等设置不同的运费模板，适用不同的情况。
- 添加新品，新品图片、文案等的制作。
- 商品上下架管理。
- 处理订单及维权中心问题。
- 配合整体规划，做产品计划、运营计划、营销计划等。
- 每日、每阶段数据统计分析。

2. 商品管理

（1）添加商品

进入微信公众平台【功能】→【微信小店】→【添加商品】。

注意事项： 商品的类目上架后不可修改，请谨慎选择。

按照指引填写商品的基本信息，包括商品名称、商品图片、运费、库存、详情描述等。

（2）商品分组、排序管理

进入微信公众平台【功能】→【微信小店】→【商品管理】→【商品分组管理】。

排序方式可选择最新上架排最前、按销售热度排序、按价格从低到高排序、按价格从高到低排序。商品排序方式将影响商品在分组货架上的排序方式，可以通过预览分组货架查看最终效果。

（3）商品编辑、删除

进入微信公众平台【功能】→【微信小店】→【商品管理】→【商品上下架】。

- 可以对商品进行分组管理，通过商品价格、商品销售可以快速搜索到商品；
- 已上架商品可以选择下架，已下架商品可以选择删除、编辑、再次上架；
- 商品上下架内的复制链接，指的是添加到自定义菜单里面的链接；
- 已上架商品可复制链接在微信手机端发送给任何好友，打开链接可预览编辑效果；
- 已上架商品都具有不同尺寸的二维码供下载，客户端扫描二维码可以进入商品详情页面。

3．订单管理

进入微信公众平台【功能】→【微信小店】→【订单管理】。

- 用户支付成功会生成一笔订单，商家可以查询订单，并进行发货、处理维权信息等操作；
- 订单管理中的关键指标趋势图、关键指标明细保存时间目前暂时没有限制；
- 订单详情可显示订单编号、成交时间、商品信息、买家的信息及物流信息；
- 在订单管理页面可以将筛选出的订单列表以表格形式下载到本地，方便商家管理订单。

4．运费模板管理

进入微信公众平台【功能】→【微信小店】→【运费模板管理】→【新建运费模板】。

运费模板就是为一批商品设置相同的运费。如果需要针对不同地区或者件数来调整运费的话，就可以通过运费模板来实现，当需要修改运费时，这些关联商品的运费将一起被修改。

5．查看待发货订单

进入微信公众平台【功能】→【微信小店】→【小店概况】，点击【待发货订单】，会直接进入订单管理的【待发货】功能中，查看目前还没进行发货的订单信息。

6．维权中心

点击【待处理维权/仲裁单数】，会直接进入【订单管理】→【维权中心】。

购买产品的用户可以在交易消息中对已经购买的商品进行维权。商家可以在微信公众平台上查看客户的维权信息并进行处理，保证双方利益的平衡。

7．小店数据统计

（1）昨日关键指标
- 订单数：指查看订单管理内的全部订单数。
- 成交商品数：指查看订单管理内的全部成交商品数。
- 成交额：指查看订单管理内的商品成交额。
- 商品浏览量：指在某时间段内所有商品详情页访问次数总和。
- 货架浏览量：指在某时间段内所有货架页面访问次数总和。
- 小店访问人数：指在某时间段内访问小店的微信用户数。

（2）关键指标趋势图

可选择最近 7、15、30 天或者某个时间段的订单数、成交商品数、成交额、商品浏览量、小店访问人数的关键指标趋势图。

（3）关键指标明细

可选择最近 7、15、30 天或者某个时间段的订单数、成交商品数、成交额、商品浏览量、小店访问人数的关键指标明细，可下载关键指标明细表。

（4）数据推送功能

进入微信公众平台【功能】→【微信小店】→【小店概况】→【数据推送】→【绑定微信号】，扫描二维码后，即可绑定个人微信号，获得小店每日推送的数据。

7.5　本章小结

1. 微信营销的步骤和策略

微信营销主要分为三个步骤：明确营销目的；制定营销策略；分析营销结果，调整策略方向。

制定营销策略需要六个步骤：确定目标人群；定位产品卖点；确定营销目的和营销目标；选择营销方法；核算投入产出比；总结分析。

2. 微信营销的常用方法

在营销策略中，可选择的微信营销方法有很多，本章总结了 16 种方法：活动营销、口碑营销、撒网式营销、互动营销、O2O 营销、面对面营销、身份互换式营销、朋友圈营销、朋友圈广告营销、广告主营销、微信群营销、功能分享营销、二维码营销、卡卷营销、支付营销、红包营销。

每一种方法都有适用的情况和恰当的操作方法，在实际营销过程中，根据分析得出的实际情况，使用最佳的方法，以更好地实现营销目的。

3. 客户服务的要点

对企业来说，产品是核心，服务是灵魂。客户服务是企业与客户建立联系的重要桥梁。

想要得到用户的认可并产生消费，就需要用超出预期值的服务来建立长久稳定的关系。所以，在客户服务中，要明确工作内容和工作流程，保证客户服务的质量；明确客服人员需要掌握的技能，以应对客户服务中产生的各种问题。

4. 微信小店的申请和运营流程

微信小店的运营与管理包含三个方面：创建、装修和运营。

创建微信小店，可以通过微信公众号后台直接开通创建。微信小店申请成功后，需要对店面进行装修，根据企业自己的风格特点，选择合适的模板，而后便开始微信小店的运营工作。

7.6　思考与练习

（1）除书中提到的方法以外，还有其他什么有效的营销方法？

（2）你理解的微信营销是什么？该如何做？

（3）什么是用户体验？怎样做好用户体验？

（4）分析题

海尔某智能家居产品上市推广。该产品是针对空气问题设计的一款智能空气净化器，定位于以女性为主的家居人群。现需要设计一套微信营销方案，来提高人群覆盖量，以及与目标用户的互动，最终达到让产品快速占领市场的目的。

针对这样的企业和产品，如何设计微信营销方案？请写出自己的思路和营销方案，并与导师讨论。

附录 A

微信各种开放平台解析

　　本部分内容作为知识拓展章节，通过对微信各种开放平台的整理分析，帮助微信运营管理师快速了解微信各开放平台的功能及典型的案例应用[1]。

A.1　微信开放平台解析

A.1.1　平台简介

　　微信开放平台为第三方移动程序提供接口，使用户可以将第三方程序的内容发布给好友或分享至朋友圈，第三方内容借助微信平台获得更广泛的传播，从而形成了一种主流的线上线下微信互动营销方式。如图 A-1 所示为微信开放平台后台。

图 A-1　微信开放平台后台

　　微信开放平台的主要功能包括：

1. 移动应用开发

　　（1）增加应用传播：通过分享给微信好友、分享到朋友圈，使得你的移动应用被用户进行快速社交传播。

　　（2）支持微信收藏：通过微信收藏，用户可以将移动应用的内容收藏到微信中，带来

1　附录 A 的内容主要来源于微信各开放平台的官方网站，如有变动，以微信官方网站为准。

更的多下次使用。

（3）支持微信支付：通过接入微信支付功能，用户可以在移动应用中方便、快捷地通过微信支付来付款。

2．网站应用开发

（1）微信联合登录：通过接入微信登录功能，用户可以使用微信账号快速登录你的网站，降低注册门槛，提高用户留存率。

（2）支持账号统一：同一用户使用微信登录你的不同应用和公众账号，会对应同一个UnionID，以使不同业务间的账号统一。

（3）未来更多能力：未来网站应用将会开放更多、更有价值的接口和能力。

3．公众账号开发

（1）更易获得用户：相比移动应用，微信公众账号更容易获得用户，也更容易进行传播。

（2）支持微信支付：通过接入微信支付功能，用户可以在公众账号中方便、快捷地通过微信支付来付款。

（3）申请微信认证：微信认证的订阅号可获得自定义菜单权限，认证服务号能够获得所有高级接口。

4．公众号第三方平台开发

（1）微信官方许可规范运营的服务，代公众号实现业务。

（2）公众号免烦琐设置，使得公众号运营者不再需要理解烦琐的参数设置。

（3）安全可靠的授权密码不提供给开发者，保证公众号的安全。

A.1.2　接入方法

1．移动应用开发

（1）创建移动应用：通过填写应用名称、应用简介、应用图标、各平台的下载地址等信息，开发者可以创建移动应用。

（2）提交审核：开发者提交移动应用创建申请后，微信团队将对移动应用信息进行审核，确保移动应用的质量。

（3）审核通过上线：审核通过后，开发者得到 AppID，可以通过 AppID 进行微信分享、微信收藏等功能的开发。

2. 网站应用开发

（1）创建网站应用：通过填写网站名称、简介和图标以及官网地址等信息，开发者可以创建网站应用。

（2）提交审核：开发者提交网站应用创建申请后，微信团队将对网站应用信息进行审核，确保网站应用的质量。

（3）审核通过上线：审核通过后，开发者得到 AppID，可以通过 AppID 进行微信登录等功能的开发。

3. 公众账号开发

（1）注册公众账号：注册微信公众账号，建议开发者注册服务号，服务号认证后可获得所有高级接口。

（2）成为开发者：通过填写接口回调配置来验证接口，正确配置后可在服务端接收用户的消息和请求。

（3）申请微信认证：申请微信认证成功后，服务号可获得所有高级接口，为用户提供体验更佳的个性化服务。

4. 公众号第三方平台开发

（1）通过开发者资质认证：必须先通过开发者资质认证，才可以开始公众号第三方平台开发。

（2）创建公众号第三方平台：认证后，在管理中心可以创建公众号第三方平台，创建前请先仔细阅读资源中心中的开发文档。

（3）测试公众号第三方平台：创建并实现公众号第三方平台的功能后，只能利用测试公众号进行测试，确保授权托管有效。

（4）申请全网发布：在测试完成后，需为公众号第三方平台提交全网发布，全网发布后，才能被其他公众号授权。

A.1.3 典型案例

1. 移动应用开发案例

在大众点评中，用户可以通过微信分享，如图 A-2 所示，将喜欢的店铺、团购快速转发给自己的好友，或分享到朋友圈，在给用户方便的同时，大众点评也获得了更多的流量与曝光。

图 A-2 通过大众点评分享

2. 网站应用开发案例

易迅网通过接入网站应用开发，为用户提供了微信登录功能，降低了注册门槛，并可以在用户授权后，获取用户基本信息，包括头像、昵称、性别、地区。出于安全考虑，网站应用的微信登录，需通过微信扫描二维码来实现。如图 A-3 所示，通过扫描二维码直接登录。

图 A-3　扫描二维码登录

3．公众账号开发案例

对于招商银行持卡人，可快捷查询信用卡账单、额度及积分；快速还款、申请账单分期；微信转接人工服务；信用卡消费，微信免费笔笔提醒。如果不是持卡人，可以通过微信办卡。如图 A-4 所示，招商银行通过微信提醒交易。

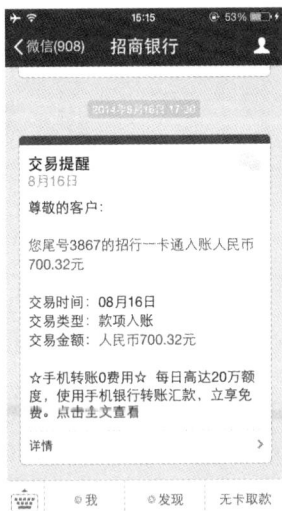

图 A-4　招商银行通过微信提醒交易

A.2　微信智能开放平台解析

A 2.1　平台简介

2014 年 4 月，微信官方发布了微信智能开放平台，该平台包括语音开放平台和图像开放平台。开发者可以登录微信智能开放平台官网（http://pr.weixin.qq.com/），如图 A-5 所示，下载 SDK 包进行试用，也可以将相应智能技术服务接入到自己的 App 中，让第三方开发者可以借助微信，为用户提供更加智能的移动生活服务。

图 A-5　微信智能开放平台

1. 微信图像开放平台

微信图像开放平台是面向广大第三方开发者推出的开放图像识别能力的开发者平台。通过此平台，第三方开发者可以把微信图像识别能力集成到自己的应用中，通过集成图像开放平台 SDK，使得应用具备识别移动视觉搜索的功能。应用可将图像识别请求发送到云端服务器并获取识别结果，可识别海报、广告、杂志、报纸上的图片和内容，并可提供更多的延伸阅读内容，可引导受众进行购买、深度阅读、参与互动、点评分享等。

2．微信语音开放平台

微信语音开放平台致力于为开发者提供免费的语音技术，已经开放的语音技术包括在线语音识别、在线语音合成等。语音识别功能已经在微信上使用并获好评无数，提高了聊天输入效率，准确率达 90%以上。自定义词表识别技术也在此次对外开放，用户可以自定义词表，识别结果非常精准，而不会像通用识别那样有同音字词的问题。语音合成功能，用标准的声音将文字朗读出来，让你的应用可以张口说话，未来会有更多的相关技术陆续开放。

A.2.2　接入方法

1．微信图像开放平台的接入方法

所有使用图像识别服务的应用都需要有一个应用授权码，使用该应用授权码监控图像识别服务的使用情况。授权码分 iOS 版和 Android 版，根据不同的平台下载不同的 SDK。

具体的接入步骤如下：

（1）访问微信图像开放平台的开发者页面，并使用 QQ 账号登录。

（2）完善个人或者公司信息。

（3）登记"我的应用"。

（4）注册完毕，微信官方会在 3 个工作日内完成审核工作。应用审核通过后，就可以在"我的应用"界面中看到对应的应用授权码。

（5）进入下载页面，下载 SDK，获取压缩包中的 Demo+SDK+开发文档+测试应用授权码。其中的 Demo 使用 SDK 的各功能 API。

（6）把 SDK Demo 安装到手机上，并使用测试应用授权码注册。测试应用授权码的作用是为了让你的应用在通过审核之前，可以使用该应用授权码进行前期的开发工作。在审核通过后，应尽快用正式的应用授权码替换。

（7）在手机上打开 SDK Demo，在开始界面中选择"拍照识别"，对测试图片进行拍照识别。

（8）识别成功后，在识别结果页面中会显示出对应图片的名称和 MD5 值。MD5 值是图片的唯一标识，可用于开发图片识别延伸服务。

2．微信语音开放平台的接入方法

使用语音识别服务的接入方法，与使用图像识别服务的接入方法类似。

A.2.3　典型案例

1．图像识别应用案例

通过摄像头扫描书的封面，利用微信图像识别技术识别出书籍，并提供购物通道，可直接微信支付购书，如图 A-6 所示。

图 A-6　微信扫描购物

2. 语音识别应用案例

腾讯地图提供了语音识别功能，通过语音，可以识别出用户准备去的目的地，进而规划路线，实现导航，如图 A-7 所示。

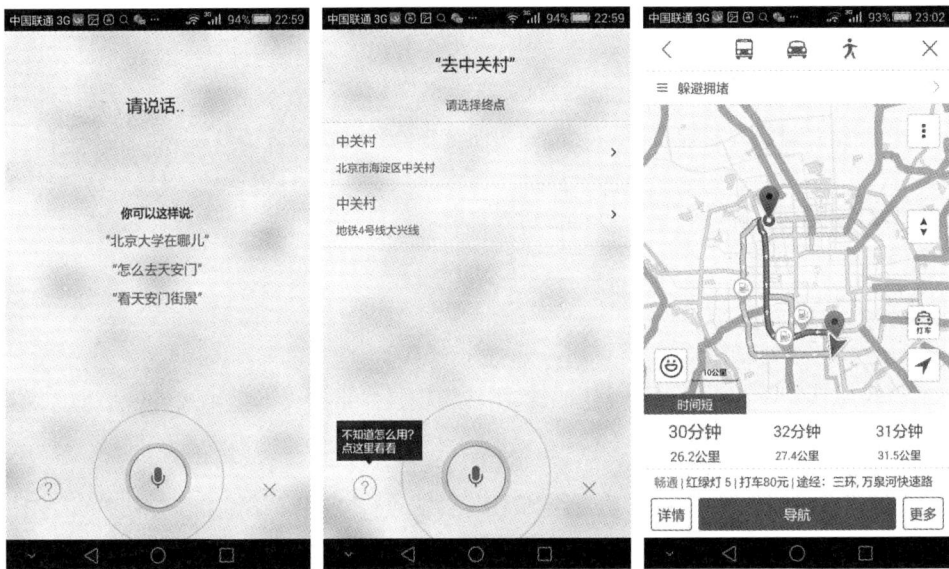

图 A-7　腾讯地图语音识别自动导航

A.3　微信硬件平台解析

本部分内容摘自微信硬件平台（http://iot.weixin.qq.com/）。

A.3.1　平台简介

2014 年 7 月，微信推出了硬件平台。微信硬件平台是微信在连接人、连接企业和服务之后，推出的连接硬件设备的物联网解决方案。微信硬件平台以微信用户 ID 体系为基础，以用户价值为依归，立志于打造用户和设备厂家共赢的物联平台，实现人、设备、厂家的互联互通。

微信硬件平台正在致力于打造一个硬件互联生态系统，里面的每个硬件都像一个独立的 App。硬件厂商只需通过微信扫码即可直接连接设备，大大地降低了设备联网的门槛，帮助硬件厂商快速地触达用户，提高了硬件的联网转化率。

目前，设备厂家可以开通微信公众平台服务号，通过在服务号中开通设备功能插件来接入微信硬件平台。设备功能插件是微信硬件平台为服务号提供的接入口，设备功能建立在微信硬件平台之上。设备功能允许硬件设备厂商通过服务号，将用户与其拥有的智能设备相连。

通过微信硬件平台规定的连接协议，各种智能设备如蓝牙设备、WiFi 设备和其他移动网络设备都能方便地接入微信，完成设备、人、服务三者的连接。

微信硬件平台同时还提供了 AirSync、AirKiss 等用于蓝牙和 WiFi 技术的基础支持框架，以及硬件 JSAPI 等，以方便硬件开发人员快速地将微信与智能设备进行互联。

微信硬件平台解决方案的特点如下：

- 国民级应用，个人消息触达能力；
- 社交属性，与微信 10 亿用户互联；
- 物物互联，与设备之间智能交流；
- 信息枢纽，让设备信息自由流转。

A.3.2 接入方法

1. 硬件平台接入流程

硬件平台接入流程如图 A-8 所示。

图 A-8 硬件平台接入流程

接入流程如下：

（1）申请公众号&微信认证

目前设备功能为公众平台的功能插件，开通前需要先申请微信公众号，并通过微信认证。申请链接：https://mp.weixin.qq.com。

（2）申请设备功能

- 登录公众平台，点击左边功能栏中的【添加功能插件】，选择【设备功能】。
- 点击【开通】按钮，阅读并同意《微信公众平台微信互联设备功能服务协议》，开通成功。
- 设备功能开通后，公众号即拥有服务器接口、AirKiss、AirSync，以及硬件 JSAPI 的使用权限，不需要另外申请。

（3）功能开发

- 添加设备

在开发前，第三方需要先在公众平台添加设备。一个公众号允许添加多种品类/型号的设备，每种添加成功的设备都能获得微信硬件平台初始分配的 100 个设备授权配额。

- 设备开发调试

拥有初始的 100 个设备授权配额后，即可调用授权接口对 100 个设备进行授权并获得设备 ID，完成后续的开发。

接口说明可参考微信硬件平台开发中心，官网链接：http://iot.weixin.qq.com。

（4）产品认证

- 产品认证

产品完成开发后，需要通过微信硬件平台的产品认证才能正式对外销售。通过产品认证的设备将获得申请更多授权配额和使用微信互联标识的权限。

微信硬件平台会对产品的基本资料、认证材料和体验效果进行审核，请第三方确认信息正确和体验效果良好后再提交认证。

- 微信互联标识

通过产品认证的设备将获得使用微信互联标识的权限。第三方可在设备详情页面阅读《微信互联标识使用许可书》并下载微信互联徽标。

- 更多授权配额

通过产品认证的设备可以申请获得更多的设备授权配额。填写申请资料并提交申请后，第三方可在申请记录中了解审核结果。

（5）使用公众平台测试号调试

测试号不需要通过认证就可以开通设备功能，并且提供和正式服务号一样的服务，是开发者开发设备功能的捷径。

- 申请测试账号

测试账号申请，点击登录即开通测试账号。

- 开通测试账号设备功能

开通测试账号后，在测试账号主页下方的表格中找到【设备功能】选项，点击【开启】，即开通设备功能。

设备功能开通后，测试账号即拥有服务器接口、AirKiss、AirSync，以及硬件 JSAPI 的使用权限，不需要另外申请。

- 功能开发

设备功能开通后，在测试账号主页【设备功能】选项处，点击【设置】，进入设备功能配置页面，为设备添加配置等。后面的开发流程和正式服务号相同，这里不再熬述。

2．为什么要接入微信硬件平台

（1）通过开通设备功能接入微信硬件平台，服务号中已绑定设备的用户可以与其智能设备进行交互。硬件设备能够与用户的微信客户端进行连接，例如，用户可以通过公众号查看和控制自己的手环、电视机和其他智能家电等。

（2）智能设备能够通过各种方式进行绑定，比如扫描设备二维码、App 跳转公众号和JSAPI 与用户建立对应关系，硬件设备厂商可以因此准确地了解到设备用户的相关信息。

（3）微信硬件平台对硬件产品提供了增值服务，包括社交元素、模式识别等，可以为用户提供更多的服务，以提升对用户的黏性。

3．微信硬件平台的优势

（1）微信拥有完善的 ID 体系，接入微信硬件平台即意味着第三方设备能够使用微信的ID 体系。

（2）微信为第三方提供了轻应用的开发方案，结合标准微信 JSAPI 和微信硬件平台特有的 API，硬件厂商可以快速构建自己的轻应用。

（3）微信拥有庞大的活跃用户，用户每天打开微信客户端的频率较高，有利于硬件设备口碑传播，同时 App 推广的成本也将大幅降低。

（4）微信硬件平台可以简化第三方的接入云。微信的服务器分布范围广，即使第三方服务器资源分布范围有限，整体架构也依然能够为用户提供较好的体验。

（5）微信硬件平台为第三方提供了 O2O 的可能。设备厂商可以在公众号上建立微信小店，根据设备运行情况，定期提供配件和耗材的购买服务，为用户提供更好的服务体验。

A.3.3 解决方案

微信硬件开放平台联合芯片、模块和云服务的合作伙伴，推出智能空调、智能玩具、智能路由、智能家居、智能电视、智能充值、智能健康、智能穿戴、智能车位锁等智能硬件解决方案。不难看出，微信硬件平台正基于微信账号体系和社交平台，向智能家庭生活、健康医疗等领域延伸，打造一个用户与合作伙伴共赢的生态系统。

1．智能空调

通过微信对智能空调进行管理，用户可随时了解空调工作状态与使用情况，合理调整使用习惯；不需要遥控器，直接通过微信设置空调，如空调开启定时，让房间保持舒适的温度环境；故障通知、滤网清洗等设备异常信息可微信通知用户；厂家也可通过微信向用户提供售后服务。

2．智能玩具

利用微信消息、语音对讲能力，在公众号内实现家庭群聊；通过公众号、H5 页面给儿童播放故事、儿歌等学前教育资源。

3．智能路由

微信绑定路由器后，不再需要输入后台管理地址、记住管理员密码，便可以轻松管理路由器；不需要了解复杂的网络技术，一键获取路由器的网络质量，自动优化路由器；通过微信可以管理上网终端，有效解决蹭网问题。

4. 智能家居

通过微信为用户实现低成本、轻量化的智能家居体验。微信智能插座，智能化的传统家电，实现远程开关；微信设置灯的规则，每天定时开启和关闭；统一接收报警信息，消息更加及时；实时接收摄像头移动侦测报警信息，随时查看家中情况。

5. 智能电视

微信发送语音、图片、视频到电视上；直接通过公众号语音或者微信中的 H5 页面，搜索节目；可以看到好友在看的近期热门电影、电视剧；给同时观看的好友发送弹幕；可以将节目从微信推送到电视上等。

6. 智能充值

微信硬件平台提供基于蓝牙的 AirSync 技术，让设备通过蓝牙与微信客户端直接沟通，并通过微信公众号得到用户信息，从而实现设备与微信直接互联的功能。家庭水电卡、校园一卡通以及各种虚拟账号等，均可实现智能充值。

7. 智能健康

通过提供数据管道、定义 API，使服务提供方可在用户授权的前提下，获取用户从设备上产生的健康数据，从而提供分析指导，打通第三方和第三方之间的数据流转与消费。

8. 智能穿戴

智能体重秤、血压计、血糖仪、体温计等家庭健康设备，采集用户体质数据后，可利用微信的消息收发能力，将测量数据及时传递给用户，在微信上实现家庭成员远程关怀与健康数据记录及信息管理。微信利用好友关系链能力，增加轻量级互动玩法，提升用户活跃度。

9. 智能车位锁

借助微信硬件平台能力，通过智能车位锁，将私家车位的空间时段释放出来，提供更多的停车位，同时为私家车主提供额外营收。其包括：微信查询车位信息、微信预约车位、微信支付停车费等功能。

A.3.4 典型案例

口袋故事作为国内最大的儿童故事平台，之前已经实现在平板电脑、手机、电视、车载四种终端的播放。么么公仔的内置合作，是口袋故事的第五端应用，也是最具人性化、最受宝宝家庭欢迎的终端产品。讲故事是儿童家庭教育的刚需，是亲子关系中重要的环节，么么公仔可以帮助爸妈更好地实现用故事陪伴宝贝。

"年轻父母们常常因为工作不能白天陪伴孩子，目前的玩具产品难以实现与孩子的隔空互动，么么的出现解决了这个难题。"工程师爸爸 CEO 李文华说。家长可以用微信远程遥控么么，实现与宝宝的异地对话，为宝宝点送故事。如图 A-9 所示，么么采用的一键控制，符合孩子的年龄特征，能让孩子通过么么进入跟家人的"群聊互动"中，甚至连祖辈们也能实现异地跨网络云端为宝宝点播故事。

图 A-9　微信远程控制

家长对公仔附带的二维码进行扫描后，可使用手机微信和孩子进行语音对讲，孩子按住么么公仔的腹部，即能一键启动，如图 A-10 所示，与家长进行语音沟通。另外，家长通过微信可全面了解么么公仔的故事列表，从而选择最适合自己孩子的故事进行播送。

图 A-10　通过微信与家长沟通

A.4　微信城市服务开放平台解析

本部分内容摘自微信城市服务开放平台（https://city.weixin.qq.com/）。

A.4.1　平台简介

2015 年 7 月，微信团队宣布微信城市服务开放平台正式上线。已认证的政府、事业单位公众号，只要登录微信公众平台，即可全自助完成"城市服务"接入流程。

"微信城市服务"是政府政务民生服务在微信上的统一服务平台，市民可以在这里便捷地办理医疗、交通、交管、社保、公积金、出入境、公安户政、教育等业务。

微信城市服务开放平台是面向政府单位、事业单位及具备服务资质单位的开放平台，以上单位可以在此平台上提交服务，通过相关流程后，即可上线到对应的微信城市服务板块。

城市服务开放平台的上线，使接入流程更加简单、标准化。微信团队通过这种方式，降低了沟通成本，缩短了接入流程，帮助更多的政府部门连接民生服务的"最后一公里"，通过手机里的"办事大厅"让更多的用户享受到微信"城市服务"的智慧和便捷。

微信"城市服务"将微信上分散的城市生活服务功能集合到一起，市民办事不必再担心"跑断腿、说破嘴"，动动手指即可随时随地完成政府相关机构提供的各类业务办理，以最简单的方式享受最"智慧"的生活。而政府也从中提升了服务水平。

A.4.2 接入方法

申请接入微信城市服务开放平台的步骤如下：

（1）需要在微信已经开通的城市，才能使用该功能。

（2）运营者在【功能】栏目下点击【添加功能插件】。

（3）选择城市服务功能插件，并填写必要的申请信息。

（4）申请提交后，请等待3个工作日左右，微信会反馈申请审核结果。

（5）成功添加插件后，可在线申请将已有的服务添加至城市服务中。

（6）申请接入的服务通过以上流程后，将在条件允许的情况下正式加入"微信城市服务"，为所覆盖城市的用户提供服务。

（7）如果公众号主体非政府或事业单位，则可提供民生服务，或者有其他疑问，可关注微信城市服务公众号或联系微信团队。

城市服务上线前，准备流程如下：

1．基础信息填写

城市服务团队通过你提交的信息，核对服务是否符合对外发布的资质标准，并存档服务负责人联系方式，以便后续紧急沟通使用。

2．自检服务可用性

检测服务的功能完整度、界面视觉设计与微信标准的相符度。功能完整、符合设计规范，将有助于用户按照熟悉的方式使用服务，减轻使用负担。如不符合标准，需完善优化功能后再提交申请。具体的自检内容包括：

- 确认服务页面设计符合微信设计规范；
- 确认是否使用 OAuth 接口功能；
- 确认服务页面有服务所属单位说明；
- 确认服务有无涉及付费的环节；
- 确认服务有无涉及业务办理的环节。

3．技术检测

压力测试：对服务进行抗压性能测试。如测试结果不达标，为避免服务上线后出现访问服务器超载情况，建议优化性能达标后再申请。此步需请开发技术人员操作。

申请安检：为避免服务在微信中发布上线后受到恶意攻击或泄露信息，城市服务团队会对该服务进行安全漏洞排查扫描，如发现涉及安全的漏洞，必须修复后再次申请安检，直到查无漏洞为止。

4．提交上线申请

提交上线申请后，城市服务团队将在后台收到上线请求，准备排期上线。排期上线时间：如该服务所提交的城市已在微信城市服务中发布，则 1~2 个工作日可上线；如该服务所提交的城市未在微信城市服务中发布，则需要等城市发布后再上线，此种情况微信城市服务团队将会与你电话联系通知。

5．在服务列表中查看所有的服务进度、已上线服务运营情况（如图 A-11 所示）

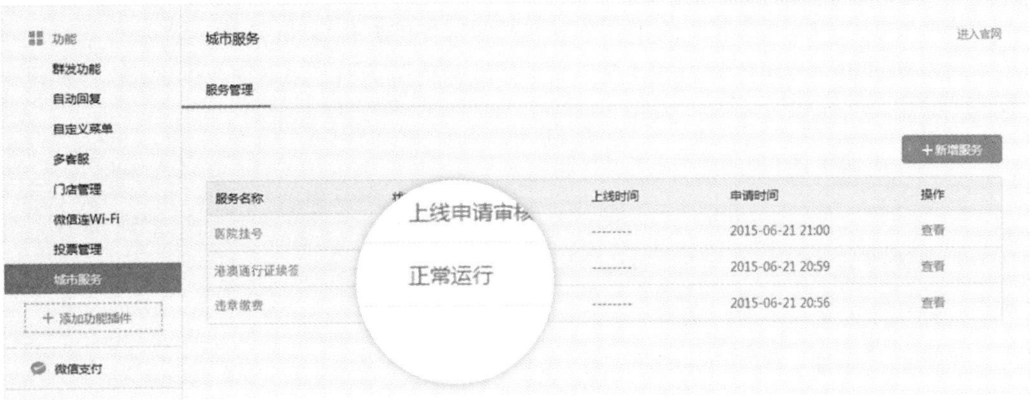

图 A-11　服务列表

A.4.3　解决方案

下面列举一些典型的微信城市服务解决方案，供大家参考。

1．"微信+医疗服务"解决方案

微信在医疗服务行业的解决方案主要实现的功能包括：

- 信息查询：可查询医院的相关信息。
- 预约挂号：可直接通过微信在线预约挂号。
- 药费支付：可直接通过微信支付药费。
- 电子病历：通过微信查看电子病历。
- 院内导航：通过微信查看医生办公室位置。
- 满意度调查：通过微信调查就医人员满意度。
- 住院预约．微信预约住院。
- 住院缴费：微信直接缴纳住院费用。
- 其他辅助的功能有 WiFi 建设、高端医疗、智能停车、住院餐饮、医院宣传等。

2. "微信+交管服务"解决方案

微信在交管服务行业的解决方案主要实现的功能包括：

- 信息查询：可通过微信查询交通违法、驾驶证状态、机动车状态、拖车查询、实时路况、交通管制、电子警察、交管资讯等信息。
- 办理预约：可通过微信实现驾驶证年审预约、违章办理预约、新车上牌预约、驾驶证或行驶证补换申请、补换检验合格标志申请、异地车辆通行证申请等。
- 在线缴罚：可实现车主实名验证、绑定车主信息、实时推送交通违法信息、违法信息确认、确认后在线支付缴罚和扣分、实时解档等功能。
- 快速理赔：通过微信实现上传事故位置和照片、系统记录、快速撤除、推送最近快赔中心信息、各自保险公司赔付等功能。
- 举报提醒：通过微信实现违法提醒、机动车检验有效期到期提醒、驾驶证满分提醒、随手拍违章、语音咨询回复等功能。

3. "微信+教育培训服务"解决方案

微信在教育培训服务行业的解决方案主要实现的功能包括：

- 招生服务：招生微官网、招生专业查询、招生计划查询、往年分数线查询、电话直通招办、招办老师驻点查询、考生报名登记、录取查询、校园风光、招生微电影、院校地址导航等。
- 培训服务：机构微官网、机构微相册、招生机器人、学员预约、报名登记、在线视频课程、机构微会员、微信优惠券、机构微调研、微考试、机构分校查询、微信团购、多客服系统、机构留言墙等。
- 教育信息：为考生、家长、教师等提供招考信息、招考分数查询，以及所在市院校公众号链接，还有教师职称认证、优秀名师表彰、学习培训、教研活动等功能。
- 家校互动：提供家长与班主任在线互动、学校信息查询、考勤查询、学校缴费服务等功能。
- 校园卡：为学生提供学生校园卡扫码、校园一卡通应用、饭卡支付、图书馆借阅、校园缴费的一卡通建设等服务。

4."微信+旅游服务"解决方案

微信在旅游服务行业的解决方案主要实现的功能包括：

- 微信购票：通过微信可以直接购买景区门票，生成电子票券，直接扫码即可进入景区。
- 展示介绍：通过微信可以直接查看景区简介，也可以点开其中某一点内容查看详细介绍。
- 年卡卡券：城市景区年票，提供购买、补卡、续期、客服等，方便统一管理及推广。
- 景点地图及导航：查看景点地图，可以通过地图在景区内进行导航，方便在景区内游玩。
- 语音导游：当查看到某个景点时，可以通过语音导游听到对这个景点的讲解，可随心游玩。
- 智能导览：通过扫一扫或摇一摇等方式，查看某个物品的介绍。
- 加入网络扫一扫 WiFi：通过扫一扫加入景区网络、上 WiFi 网络。

5."微信+水电气缴费服务"解决方案

微信水电气缴费服务解决方案的主要功能包括：

- 信息查询：价格查询、营业网店查询、暂停服务信息查询、节能知识查询、安全使用公告、重要公告、活动通知、缴费方式查询等。
- 电子账单：绑定合同号、账单下发等。
- 缴纳费用：账单模板缴费、纸质账单+二维码等。
- 故障上报：公司故障上报、客户故障上报等。
- 客服：用户咨询回复、人工维修单分派等。
- 派单、转接：应急维修人员管理、应急维修任务分派等。
- 满意度：维修信息确认、维修人员满意度调查等。

6."微信+出入境服务"解决方案

微信出入境服务解决方案的主要功能包括：

- 发布查询：出入境信息发布、出入境业务咨询、证件有效期查询、出入境业务办理进度查询等。
- 预约、预受理：护照新办、更换、补办证预约；港澳台通行证新办、更换、补办证预约；再次签注预约等。
- 在线签注：通行证再次签注在线办理、再次签注费用微信支付、签注成功模板消息推送等。

7."微信+公安便民服务"解决方案

微信公安便民服务解决方案的主要功能包括：

- 户政服务：身份证业务预约；户政服务受理进度查询；办证中心实时排队情况；户口登记、迁移、改名及出生日等；在线提交及审批；新生儿取名指引；身份证解读；身份证异常处置等。
- 治安服务：治安许可申请、违法线索举报、乘车自主备案等。

A.4.4 典型案例

"武汉交警"微信官方账号推出了缴罚功能，为车主提供了交通违法缴罚的移动解决方案，只需一部智能手机，就可随时随地处理交通违章。绑定、查询、缴罚，整个流程耗时 1 分钟不到，既节省了车主处理交通违章的时间成本，也提高了交管局的工作效率，如图 A-12 所示。配合该账号的违法信息主动推送功能，车主甚至能在知晓违法信息后的第一时间就将自己的违法记录清零，轻松行驶。

图 A-12　绑定账号并处理违法信息

通过微信提供车辆违法信息查询、车辆年审查询、路况地图、交通通告、微博动态等。通过一键绑定，即可查询机动车、驾驶证等个人相关信息，或者查询实时路况、电子眼等信息。

除了查询、缴罚外，还可以在线办理快速理赔，大大节省了人力、物力，并提高了理赔效率。发送车损事故，通过微信上传事故地理位置、事故图片即可完成，同时可引导驾驶员自行前往快赔中心。推送最近的快赔中心，各自保险公司赔付。通过微信可完成费用缴纳，如图 A-13 所示。

图 A-13　微信支付完成缴款

附录 B

微信运营常用工具简介

本部分内容作为拓展知识篇，总结了在微信运营管理工作中常用的工具，并对每个工具做了简单的描述，帮助运营管理师快速熟悉并使用这些工具。

B.1　第三方服务平台

微信公众平台自身所具备的功能有限，通过微信提供的开放接口，技术开发商开发出功能丰富的微信第三方服务平台，使得微信的应用更加强大和广泛。现在越来越多的企业和个人，正在通过这些第三方服务平台开展业务。

下面介绍两个常用的微信第三方服务平台：微盟和企微云平台。

B.1.1　微盟营销平台

微盟营销平台是专门针对微信公众账号提供营销推广服务的第三方平台，针对微信公众平台提供差异化的、有针对性的营销推广服务。

微盟营销平台的使用非常方便，只需要将微信公众平台接口地址和 Token 换成微盟的接口，即可实现微盟平台上的功能，如图 B-1 所示。

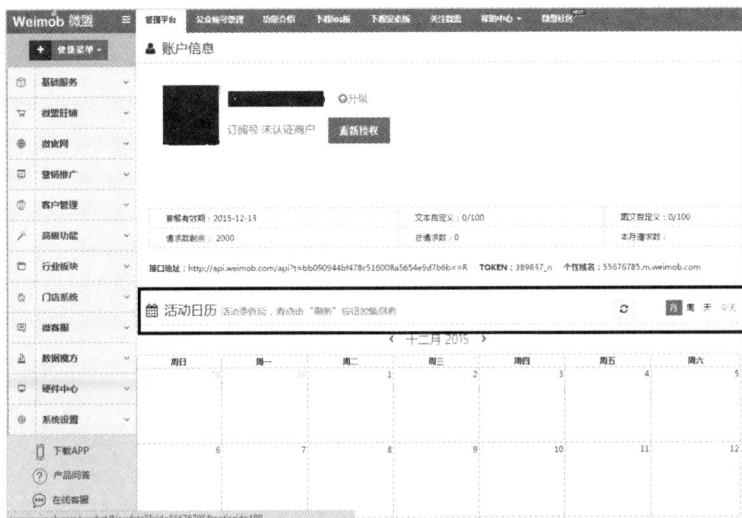

图 B-1　微盟后台

微盟营销平台提供了丰富的营销功能模块，下面介绍一些典型应用[1]。

- 微官网：用户只要通过简单的设置，就能快速生成属于自己的微信移动网站，提供数百套精美模板供选择，也可通过自定义模板设计个性化风格。

- 微活动：主要包括一些典型的营销活动工具，用来帮助商家做营销推广，如优惠券、刮刮卡、大转盘、微投票、一战到底等。

- 微服务：主要是接入第三方互联网服务，如天气查询、股票查询、快递查询、公交查询等。

- 微生活：专为用户提供全方位生活服务的移动网站，通过微生活服务，用户可以时时刻刻享受在线购物、点餐、定机票、预约酒店等服务的功能。

- 微会员：帮助企业建立集品牌推广、会员管理、营销活动、统计报表于一体的微信会员管理平台。清晰记录企业用户的消费行为并进行数据分析；还可根据用户特征进行精细分类，从而实现各种模式的精准营销。

- 微旺铺：是在原微信商城组件上的升级组件产品，是基于微信小店的第三方解决方案，在原微信商城基础上，做了功能组件上的大幅改动和细节设计上的优化，可满足移动电商运营的核心需求。

- 微客服：提供完善的在线客服功能，包括沟通对话、消息群发、获取用户信息、客户关系管理、标签设置、文件传输、常用语管理、聊天记录、访客识别、客服转接、接入设置、自动回复等。

- 数据魔方：通过数据魔方，商家可轻松了解买家，诊断微网信息，提供强大的数据分析功能，包括用户分析、图文内容分析、渠道分析、关键词分析等。

- 微信墙：现场用户关注活动主办方微信公众号，发送文字、表情、图片消息就可上墙展示，迅速提升现场互动热度。

- 微拍：通过该产品可轻松打印时尚美照、给微信加粉、对企业进行品牌推广，让顾客在体验中感受企业的魅力。

- 微团购：微团购商家管理分为后台管理和门店管理两个部分。后台管理分为团购管理、订单管理、团购券管理以及会员管理、退款管理；门店管理分为团购券验证及团购券管理。

1　内容来源于微盟官网，具体功能以官网描述为准。

- 微社区：是基于商家微信公众号的社交平台。社区虽小，但商家互不相识的粉丝可以在社区内进行互动，在互动中共同创造内容进行传播，并且支持图片、视频、文字、表情等方式，让交流无限。

- 微支付：微盟支付可为商户代收取消费者支付的相应服务款或货款，经结算系统结算并查验后转付给商户。

- 微邀请：通过微信送达邀请。请帖页面包括：图片、视频、导航、日程安排、人物介绍等，受邀者可以发送回函。

- 微红包：完善的微信红包功能，多样化的提现方式——转赠、充值、抵现。玩转朋友圈，连接旺铺、会员卡、线下，可提高用户黏性。

- 微 WiFi：是集商用路由器和智能营销系统为一体的商用 WiFi，面向社会零售行业及垂直行业企业客户提供全方位的 WiFi 无线上网、广告营销、室内定位、客户营销等商业应用及无线营销解决方案。

- 社会化分销平台：零售业全渠道电商整体解决方案，帮助传统零售企业搭建新一代微商分销体系，可以实现线上线下互通、去中心化流量聚合、客户粉丝沉淀等。

- 微房产：房产行业解决方案，包括楼盘介绍、子楼盘管理、户型介绍及户型图、楼盘相册、房友印象以及专家点评等功能。

- 微汽车：汽车行业解决方案，包括销售管理、预约保养、预约试驾、保险计算、车贷计算、车型比较、违章查询、360 度全景看车、车主关怀等功能。

- 微医疗：医疗行业解决方案，包括在线挂号、内容设置、预约查询、预约统计等功能。

- 微酒店：酒店行业解决方案，包括在线预订、在线支付、库存管理、消息管理、门店管理、用户管理、数据统计等功能。

- 微餐饮：餐饮行业解决方案，包括在线点餐、在线订位、智能选餐、菜品管理、订单管理、餐台管理、座位管理等功能。

- 微外卖：外卖行业解决方案，包括在线下单、智能订单处理、便捷在线支付、自动小票打印、精准的 LBS 智能定位、订单数据统计、菜品实时更新、门店自由管理等功能。

B.1.2　企微云平台

　　企微云平台是第三方应用服务平台，在微信企业号基础上进行的二次深度开发，提供包括协同办公、销售管理、运营管理和数据采集等应用，使企业用户在移动工作场景下通过微信入口进行随时随地沟通、协作、管理等相关工作。

　　企微云平台安装非常方便，进入企微官网，注册、登录后，选择所需要的功能套件，与微信企业号绑定后，即可使用。企微云平台界面如图 B-2 所示。

图 B-2　企微云平台界面

　　企微云平台是面向企业用户的微信企业号应用服务平台，提供包括移动办公套件、销售管理套件、企业文化套件、工作协同套件等多项应用[2]。

2　内容来源于企微官网，具体功能以官网描述为准。

1. 移动办公套件

移动办公套件深度融合微信企业号，创造性地无缝对接移动办公系统，解决企业多组织间沟通协作、移动办公的需要，提升企业内部移动办公的效率和管理水平。该套件集成了审批请示、会议助手、请假出差、考勤打卡、超级表单等应用。

- 移动报销：移动报销应用，通过微信即可快速上报报销明细，领导随时随地审批，提高了财务处理效率。优化了企业烦琐复杂的报销环节，让公司费用管理有据可查。
- 会议助手：通过微信实现会议室查询、会议室预定、会议通知、会议签到、上传会议纪要等功能。
- 请假出差：通过微信发起事假、病假、年假、调休、出差等多种请假形式。
- 审批请示：通过微信完成审批申请、审批审核、审批查看等事件。
- 考勤打卡：通过微信完成指定时间、指定区域签到、签退等，告别考勤机，摇一摇签到等。
- 超级表单：拥有强大的自定义表单设计工具，用于内外部数据采集、资源协调、工作流程审批等场景，包括数据采集单、任务单和审批单、外部表单等多种模式。
- 企业服务：管理、查看个人待办事项、获取员工福利、快速查询产品使用帮助等。
- 拿快递：拿快递应用通过拍照记录、快速选人、快捷通知员工收件等。

2. 销售管理套件

销售管理套件提供移动 CRM 客户管理、销售跟踪、拜访记录、商情商机、外勤签到、外出用车管理、知识百科等应用管理功能，使企业随时把握每个销售机会，让客户牢牢掌握在手中。该套件集成了移动 CRM、移动外勤、车辆管理、知识百科等应用和管理功能。

- 移动外勤：通过微信完成签到打卡、客户拜访汇报、外勤任务分派、外勤工作请示等事件，是流程化的外勤任务管理工具。
- 移动 CRM：通过微信随时随地查看客户资料、联系客户、新增和更新客户资料、新增商机及共享商机等。
- 知识百科：通过微信查询最新产品信息、进行产品搜索、对产品提出疑问等，是企业在微信上的产品知识库。
- 车辆管理：车辆管理应用可帮助企业更方便地管理车辆、灵活调度，提高公司用车效率，实时把握车辆去向，规范申请用车流程。

3．企业文化套件

企业文化套件运用于企业日常信息发布与收集，包括新闻公告、问卷、社区、活动等方面，通过消息驱动方式提高企业内部信息发布与采集的速率。该套件集成了新闻公告、企业活动、问卷投票、同事社区等应用。

- 新闻公告：通过微信完成公司动态、公告发布、员工生日、入职关怀、工资发放通知等事件，还可分享至外部。
- 企业活动：在微信上随时组织发起活动，参与活动报名，查看活动报名情况等。
- 问卷投票：通过微信完成问卷设计、问卷发布、问卷回收和自动统计功能。
- 同事社区：通过微信发布话题，参与话题评论与点赞。

4．工作协同套件

工作协同套件应用于企业内部团队、部门间协同工作的各种场景，通过应用此套件，能够将整个协同工作流程移动化，提高内部沟通效率。该套件集成了通讯录、任务分派、同事群聊、工作日志等应用。

- 通讯录：通讯录是企微应用的基础，通过通讯录快速查看同事联系方式，设置常用联系人、常用群组，员工个人资料更新等。
- 任务分派：通过微信向员工分派工作任务并界定紧急程度，可对任务审批、评分，在线指导交流等。
- 同事群聊：通过微信在企业内部自由创建群组，实时聊天沟通。
- 工作日志：通过微信制订日常工作计划，汇报日常工作，包括日报、周报、月报、工作总结等。

B.2　图文排版工具

图文并茂的页面、炫酷多姿的视角、丰富的色彩搭配和寓意深刻的层次结构，这样的微信公众号很容易打动粉丝。要想轻松选择各种格式进行图文排版，编写新颖的标题，组织形式多样的内容，完成精彩实用、乐趣无穷的微信图文，进行优美的自定义排版等，作为微信运营管理者，需要掌握微信的文字编辑器和图形图像处理工具。

下面主要介绍两款常用的图文排版工具：135 编辑器和秀多多编辑器。

B.2.1 135 编辑器

135 编辑器是一款微信文章美化工具，操作简单、方便，旨在提供丰富的样式、精美的模板。编辑文章时，就像拼积木一样，挑选样式、调整文字、搭配颜色，最后形成排版优质的文章，让读者更赏心悦目。

135 编辑器的基本操作如下：

1. 注册、登录

通过浏览器进入 135 编辑器官网，注册、登录后，即可开始使用，如图 B-3 所示。

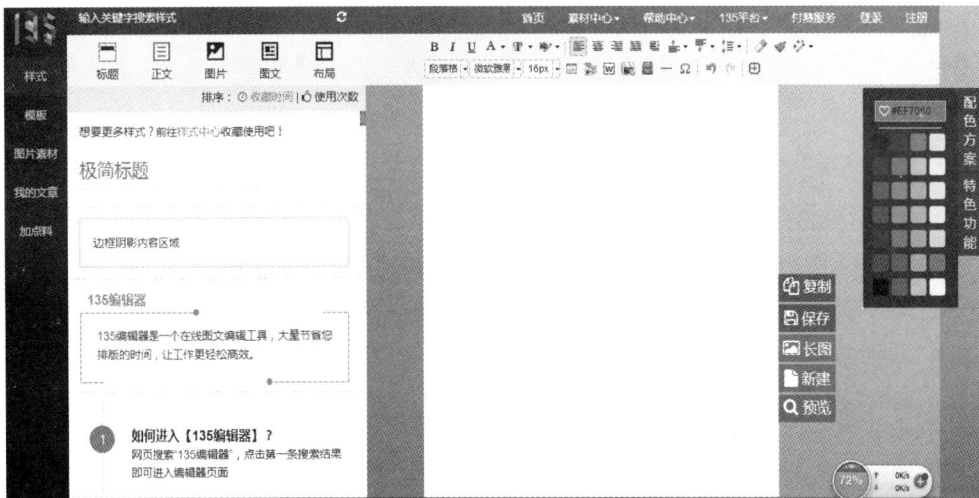

图 B-3　135 编辑器

2. 编辑标题

点击【标题】，在下拉列表中有【编号标题】、【框线标题】、【底色标题】和【图片标题】，选择所需要的标题类型。例如选择【底色标题】，下面就会列出相应的底色标题类型，选择一种类型，在右边的编辑窗口中显示，进行编辑即可。

3．编辑正文

点击【正文】，在下拉列表中有【边框内容】、【底色内容】、【序号/轴线】、【单页】和【竖排】，选择进行正文编辑。

4．编辑图片

上传图片，选中图片，点击左侧的图片样式，即可完成图片操作。编辑器提供了很多素材。

5．编辑图文

上传图片，编辑文字，选中图片和文字，点击左侧的图文样式，即可完成图文操作。

6．换色

在编辑器中换色方式主要有两种：全文换色和单样式换色。通过右侧的【配色方案】可灵活改变编辑框中内容的背景文字颜色。

7．秒刷功能

点击【模板】命令，选择【系统推荐】，在【模板展示区】内将鼠标指到所需要的模板上，系统自动弹出【模板秒刷】和【插入编辑器】两个命令，点击【模板秒刷】命令，在编辑区就出现了秒刷样式，根据需要修改即可。

8．发布

内容编辑好后，直接点击右侧的【复制】按钮，然后粘贴到微信平台即可。

B.2.2 秀多多编辑器

秀多多编辑器不仅可以按照自己的喜好创建新的图文排版，还可以套用秀多多提供的图文模板，修改文字和图片后，就是一个精美的图文模板。

秀多多编辑器的基本操作如下：

1．登录

进入秀多多官网后，点击【QQ 登录】，用 QQ 号码登录。登录成功后，点击【图文消息排版助手】进入微信图文编辑器，如图 B-4 所示。

图 B-4 秀多多编辑器

2．编辑

秀多多有非常丰富的模板，选择模板之后，在编辑区进行修改。

3．预览

微信图文编辑、排版完成后，点击【保存并预览】命令，弹出二维码窗口，点击【新窗口预览】命令，先预览检查没有问题了再发布；如果要返回修改，点击【编辑】命令。

4．发布

编辑、排版完成后，扫描二维码分享到朋友圈。

B.3　微场景制作工具

在朋友圈分享精美的图片、炫目的场景、好听的背景音乐，再配合优质的内容，必然会给用户耳目一新的感觉，爆发力不容小觑。即使不会技术，利用各种工具来整合已有的资源，同样可以制作出超酷的、创意十足的微场景。

下面主要介绍两款常用的微场景制作工具：易企秀和 MAKA。

B.3.1　易企秀

易企秀是一款针对移动互联网营销的手机网页 DIY 制作工具，用户可以编辑手机网页，分享到社交网络，通过报名表单收集潜在客户或其他反馈信息。

用户通过易企秀，无须掌握复杂的编程技术，就能简单、轻松地制作出基于 HTML 5 的精美手机幻灯片页面。同时，易企秀与主流社会化媒体打通，让用户通过自身的社会化媒体账号就能进行传播、展示业务、收集潜在客户。易企秀提供统计功能，让用户随时了解传播效果，明确营销重点，优化营销策略；提供免费平台，用户零门槛就可以使用易企秀进行移动自营销，从而持续积累用户。

易企秀的基本操作如下：

1．注册和登录

进入易企秀官方网站，点击【注册】，注册完成后登录易企秀，如图 B-5 所示。

图 B-5　易企秀操作界面

2．创建场景

点击窗口右边的【创建场景】按钮，创建场景后，页面会发生跳转，可以选择空白场景，也可以选择模板，选择好看而且适宜的模板，更能达到事半功倍的效果。

当鼠标指到一个模板上时，就会出现【预览】按钮和【就这个了】按钮，点击【就这个了】按钮应用这个模板。

3．编辑

选择模板后，进入场景制作界面，在页面最上端是菜单栏，可以选择添加背景、音乐、特效等。点击编辑窗口左边的模板栏可以随时更换当前模板。

在编辑窗口右侧是页面管理导航栏，可以选择页面进行编辑、删除等，在最下方点击【+】命令来添加页面。

4．发布

当制作完毕确认无误后，保存场景并分享到微信朋友圈、新浪微博、QQ空间、豆瓣社区等。

B.3.2　MAKA

MAKA 是一款简单、强大的 HTML 5 页面创作工具，用于进行微信公众号内的图文推广，设计漂亮的微场景，即在手机端能够翻页播放的图文结合链接。MAKA 功能齐全，动画效果也好设置，页面清晰，操作方便，有很多模板以及新手帮助。

MAKA 的基本操作如下：

1．注册、登录

进入 MAKA 官网，点击右边的【注册】，注册完成后点击【登录】进入操作页面，如图 B-6 所示。

图 B-6　MAKA 操作页面

2．新建项目

要新建一个项目，点击窗口左边的【新建项目】按钮。

3．使用模板

刚开始就想制作出炫酷的效果，肯定是非常难的,但是可以使用一些模板，通过修改模板的内容来改编成自己的作品。当新建一个项目之后，点击界面左下角的【+】命令，有三种模板供选择，分别是"普通模板"、"统计模板"和"特效模板"，选择所需要的模板。

4．添加文字

如果使用模板，直接有文本框供编辑使用，在其中添加文本就可以了。如果要新建文本，点击上方的【新建文本】按钮，页面中有灰色的文本框，点击文本框可在右侧的编辑栏添加文字。可以修改字体大小、风格、边框形状颜色、背景颜色、行距、透明、阴影、旋转、圆角、对齐以及位置，还可以直接伸缩、拖拽文本框改变位置，来调整文本的整体风格和内容。

5．更换图片

点击上方的【图片库】按钮，在新的页面中进行相应操作。左侧为菜单项，选择【我的】，可以上传图片，支持 JPG、JPEG、PNG、GIF 格式，大小在 2MB 以内；点击其他按钮，可以选择图片库中的图片，包括办公、风景、生活、创意、美食、人物、建筑、情感、动物、科技等；点击【背景】按钮，可以选择背景颜色。

6．添加音乐

点击窗口右上角的【背景音乐】按钮，打开音乐列表，可以点击音乐旁边的播放按钮试听，直接点击音乐名字就可以把音乐添加到作品中。

7．超链接、视频连接与按钮功能

插入外部链接。简单地插入按钮，可以通过在编辑页面直接点击【按钮链接】，页面会直接新增按钮，包括通用按钮（可以调整大小）、跳转链接按钮（有关注、购物、录像、应用）、呼叫拨号按钮（一键拨号）、互动按钮（可以送花、喜欢、顶起和悼念）以及倒计时按钮。

8．分享作品

通过微信分享到朋友圈。打开作品的预览页面，找到作品的二维码与链接，通过扫描作品二维码或直接打开短链接的方法观看作品。扫描二维码打开作品后，通过右上角的【…】分享按钮，将作品分享出去。

B.4　图片处理工具

要制作出漂亮的微信页面，需要专业的图片处理工具。下面介绍两款常用的图片处理工具：美图秀秀和在线 GIF 编辑器 UUPoop。

B.4.1　美图秀秀

美图秀秀是一款国产的免费图片处理软件，独有的图片特效、美容、拼图、场景、边框、饰品等功能，加上每天更新的精选素材，可以做出高质量的图片。美图秀秀界面直观、操作简单、上手比较容易。

美图秀秀的基本功能和操作如下：

1．下载安装

通过美图秀秀官网，下载并安装软件。

2．进入主界面

打开美图秀秀，进入主界面，如图 B-7 所示。

图 B-7　美图秀秀主界面

3．美化功能

进入美图秀秀的【美化】栏目后，可实现的功能包括：局部彩色笔、局部马赛克、局部变色笔、消除笔等。

4．美容功能

进入美图秀秀的【美容】栏目后，可实现的功能包括：瘦脸瘦身、磨皮祛痘、皮肤美白、腮红、眼睛放大、消除黑眼圈、消除红眼、眼睛变色、眼影、睫毛、眉毛、消除红眼、假发、染发、唇彩、纹身等。

5．饰品功能

进入美图秀秀的【饰品】栏目后，可实现对静态饰品和动态饰品的美化处理。

6．文字功能

进入美图秀秀的【文字】栏目后，可实现对漫画文字、动画闪字、文字模板等的处理。

7．边框功能

进入美图秀秀的【边框】栏目后，可实现对各种边框的处理，包括一键边框、文字边框、动画边框，同时可导入自己制作的或从网上下载的边框素材等。

8．场景功能

进入美图秀秀的【场景】栏目后，可实现的功能包括：静态场景、动画场景、抠图换背景、自动抠图等。

9．闪图功能

进入美图秀秀的【闪图】栏目后，可实现的功能包括：多图闪图、条纹闪图、飘落闪图、其他闪图，也可以使用自己的照片组成闪图或导入自己制作的或下载的闪图素材。

10．娃娃功能

进入美图秀秀的【娃娃】栏目后，可实现的功能包括：摇头娃娃、时尚摇头娃娃、多人摇头娃娃等。

11．拼图功能

进入美图秀秀的【拼图】栏目后，可实现的功能包括：自由拼图、照片拼接、模板拼图、抠图换背景等。

12．其他功能

美图秀秀具有比较专业的裁剪功能、旋转功能等。

B.4.2 UUPoop

在线编辑 GIF 图片的软件有很多，UUPoop 是其中的代表之一。UUPoop 支持直接从百度网盘获取图片或直接复制网络图片地址进行编辑。

典型的功能有：图片编辑器、GIF 闪图制作、在线 PS 图片、GIF 闪图分解、UU 美图、照片特效、流光字等。

UUPoop 的 GIF 闪图操作如下：

（1）在浏览器地址栏中输入：http://www.uupoop.com/，打开 UUPoop 操作界面，如图 B-8 所示。

图 B-8　UUPoop 闪图制作功能

（2）点击【GIF 闪图制作】命令，打开电脑中的一张图片，或者绘制一张图片。

（3）添加帧。在【GIF 动画】窗口中点击【添加帧】命令，把左边的图片添加到 GIF 动画面板中。

（4）选择笔刷工具，可以设置笔迹粗细、透明度、前景色等；在【GIF 动画】窗口中点击【添加帧】，可重复设置。

（5）生成动画。在【GIF 动画】窗口中设置速度，点击【生成 GIF】命令，然后点击【保存】命令，动画制作完成。

B.5 视频处理工具

视频制作与编辑也是微信运营管理师应该具备的基本技能。下面介绍两款常用的视频处理工具：会声会影和格式工厂。

B.5.1 会声会影

会声会影界面友好、简洁大方、使用方便，提供了超过 100 种的编制功能与效果；可以导出多种格式，支持各类编码。操作简单、易懂，对于日常的视频处理，初学者也能很快上手。

会声会影的基本功能和操作如下：

1. 下载安装

通过会声会影官网，下载并安装软件。

2. 进入主界面

打开会声会影，进入主界面，如图 B-9 所示。

图 B-9　会声会影主界面

3. 添加视频

添加视频最简单的方法是，在视频轨道单击右键，选择插入视频即可，可插入多段视频。

4. 转场特效

如果有多段视频，使用转场特效可使视频间的过渡显得更自然。进入特效转场区，可以选择各种特效，并可进行预览。选择好喜欢的特效之后，将其拖动到两段视频之间即可。

5. 插入音频

在最下面的插入音频的音乐轨道上，右键插入即可。

6．添加语音旁白

可以在时间轴上的音效一栏，替换视频文件原有的背景音乐，同时也可以增加语音旁白。

7．使用滤镜

进入滤镜专区选择好滤镜之后，将其拖动到一段视频上即可使用滤镜功能。

8．添加字幕

在编辑的视频文件中，可以添加自己的字幕，可以选择右边提供的自带字幕，也可以双击小窗口自己添加字幕。

9．编辑标题

编辑标题时，在编辑面板中输入标题文字，编辑文字。在动画面板中可以设定标题的动画样式和暂停方式。

10．合成分享

完成以上操作后，进入生成视频阶段。单击菜单栏上的【分享】按钮，切换到分享模式，单击【创建视频文件】选项，选择需要保存的视频格式，指定保存路径，单击【确定】按钮，开始渲染文件。

B.5.2　格式工厂

格式工厂是一款免费的视频、图片转换工具，可以实现视频、音频、图片等多媒体文件的不同格式转换，操作简单。

其功能特性如下[3]：

3　内容来源于格式工厂官网，具体功能以官网描述为准。

- 支持几乎所有类型的多媒体格式，如视频、音频、图片等多种格式，轻松转换到想要的格式。
- 修复损坏的视频文件：在转换过程中，可以修复损坏的文件，让转换质量无破损。
- 多媒体文件减肥：可以给文件"减肥"，使它们变得"瘦小、苗条"，这样既节省硬盘空间，同时也方便保存和备份。
- 可指定格式：支持 iPhone/iPod/PSP 等多媒体指定格式。
- 支持图片常用功能：转换图片支持缩放、旋转、水印等常用功能。
- 备份简单：DVD 视频抓取功能，轻松备份 DVD 到本地硬盘。
- 支持多语言：支持 62 种国家语言。

格式工厂的基本操作如下：

1. 软件下载

通过格式工厂官方网站下载软件。

2. 软件安装

安装时选择好安装目录，点击安装即可。

3. 进入主界面

双击打开格式工厂，界面非常整洁、清爽，如图 B-10 所示。可以看到，格式工厂不但能够转换视频、音频、图片、光驱设备，甚至还有视频合并和音频合并。

4. 确定目标格式

首先确定准备将视频或图片转换成什么格式，如【所有转到 AVI】、【所有转到 3GP】、【所有转到 RMVB】、【所有转到 GIF】等，然后选择对应的转换选项即可。

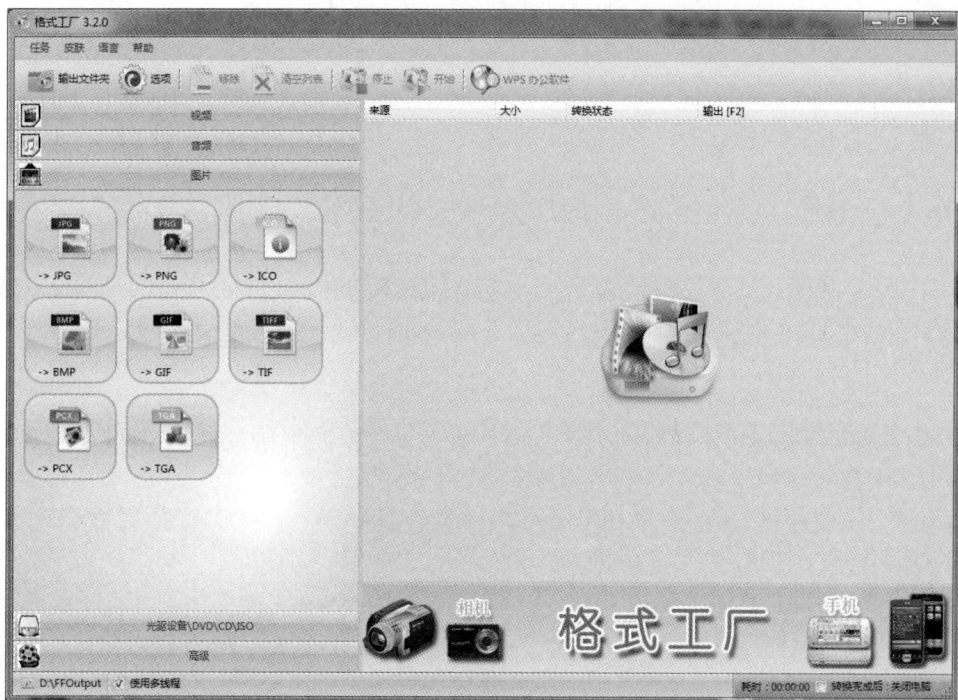

图 B-10　格式工厂主界面

5. 添加源文件

点击之后便会弹出操作对话框，选择添加要进行转换的文件，选择输出转换后的文件存放的文件夹，其中有一项是输出配置选项，可以自行选择输出的类型。

6. 开始转换

确定之后，就来到了转换界面，点击【开始】按钮，开始进行文件格式的转换，转换的过程可能有点慢，需要耐心等待。

7. 自动关机选项

在进行格式转换时，有一个转换完成后关闭电脑的选项，如果有大批的视频需要转换，而转换完成后可能到深夜，则可以勾选此选项，完成转换工作后它会自动关机。

反侵权盗版声明

电子工业出版社依法对本作品享有专有出版权。任何未经权利人书面许可，复制、销售或通过信息网络传播本作品的行为；歪曲、篡改、剽窃本作品的行为，均违反《中华人民共和国著作权法》，其行为人应承担相应的民事责任和行政责任，构成犯罪的，将被依法追究刑事责任。

为了维护市场秩序，保护权利人的合法权益，我社将依法查处和打击侵权盗版的单位和个人。欢迎社会各界人士积极举报侵权盗版行为，本社将奖励举报有功人员，并保证举报人的信息不被泄露。

举报电话：(010)88254396；(010)88258888

传　　真：(010)88254397

E-mail：dbqq@phei.com.cn

通信地址：北京市万寿路 173 信箱　电子工业出版社总编办公室

邮　　编：100036

淘宝大学
电商精英
系列教程

《网店推广.店铺内功》
定价：69.00 元

《网店推广.实战分析》
定价：79.00 元

《网店推广.核心工具》
定价：69.00 元

《网店美工实操》
定价：59.00 元

《网店视觉营销》
定价：59.00 元

《数据化营销》
定价：68.00 元

《流程化管理》
定价：68.00 元

《唯核不破
——互联网+时代创业变革致胜密码》

ISBN 978-7-121-27125-0

"互联网+"时代的本土创业指导新作！

《互联网品牌运营宝典
——全面解析"互联网+"下的品牌战略》

ISBN 978-7-121-27021-5

互联网品牌营销一本通；
全面解析互联网+下的品牌战略。

《电商大数据
——数据化管理与运营之道（第2版）》

ISBN 978-7-121-27162-5

电商数据化运营、市场营销、
互联网营销参考书籍。

《Digital Marketing颠覆你的营销想象
——金鼠标·数字营销大赛经典案例100集锦（全彩）》

ISBN 978-7-121-25848-0

互联网+创意，使营销有趣、有效。
随手翻一翻，提升你的营销策划力。

《断穷根》

ISBN 978-7-121-26824-3

一本助你破除贫穷思维，
走向财富人生的智慧宝典！

《网络营销那些事儿：
顶级营销专家的实战案例分享(全彩)》

ISBN 978-7-121-25421-5

营销界老兵带你剖析
互联网思维和网络营销本质

在哪儿可以买到这些书？
线下书店、当当、京东、亚马逊、天猫网店均可购买。